新商务系列之发现规则⑤

和谐社会与信息化战略

汪向东
姜奇平
叶秀敏
著

商务印书馆
创于1897
The Commercial Press
2014年·北京

图书在版编目(CIP)数据

和谐社会与信息化战略/汪向东，姜奇平，叶秀敏著. —北京：商务印书馆，2014
（新商务系列之发现规则）
ISBN 978-7-100-10195-0

Ⅰ.①和… Ⅱ.①汪… ②姜… ③叶… Ⅲ.①社会主义建设模式—研究—中国 ②社会管理—信息化—研究—中国 Ⅳ.①D616 ②D63-39

中国版本图书馆 CIP 数据核字(2013)第 184851 号

和谐社会与信息化战略
汪向东 姜奇平 叶秀敏 著

商 务 印 书 馆 出 版
（北京王府井大街36号 邮政编码 100710）
商 务 印 书 馆 发 行
北京瑞古冠中印刷厂印刷
ISBN 978 - 7 - 100 - 10195 - 0

2014 年 6 月第 1 版　　开本 787 × 1092 1/16
2014 年 6 月北京第 1 次印刷　　印张 23½
定价：58.00 元

新商务系列丛书

新商务系列丛书总序

姜奇平

商务印书馆历来重视用人类创造的全部知识财富来丰富自己的头脑。其中一个重要取向，是不断用人类新的知识，更新国人旧的头脑。在上一个社会转型时期，通过对工业文明智慧渊源及思想果实的系统引进，为推动中国从农业社会向工业社会转型，提供了有力的智力支持；在下一个社会转型时期，必将通过对信息文明智慧渊源及思想果实的系统挖掘，为推动中国从工业社会向信息社会的转型再次提供智力支持。从这个意义上可以说，新商务，既是商务印书馆的历史，也是商务印书馆的未来。

我们推出这套“新商务”系列丛书的目的，就是继承商务印书馆的启蒙传统，抓住工业文明向信息文明转型的历史机遇，用下一代经济的先进理念，进行新商务启蒙，为迎接互联网带来的新商业文明浪潮，提供值得追随的智慧。

早在上世纪八十年代，托夫勒就预言人类将从单一品种大规模制造，转向小批量多品种的生产方式。以计算机和互联网为代表的先进生产力，有力推动了这一发展方式的转变。这是继农业生产方式转变为工业生产方式之后，人类发展方式又一次深刻的历史转变。从此，人依靠机器生产转变为机器围绕人生产成为可能，个性化制造和规模化协同创新有机结合将成为重要的生产方式。

人类上一次生产方式转变引发的世界范围的经济、社会、文化变化，包括欧美梦幻般的崛起，人们有目共睹；而对这一次意义更为深远的生产方式的转变，包括中国将对人类做出何种贡献，人们没有理由熟视无睹。

“新商务”系列丛书建立在对“下一代经济”核心理念的发现力之上，通过追踪生产方式转变的历史渊源、现实进展以及未来走向，从中发现新的经典，发现新的规则，发现新的方法。为此，丛书开辟“发现经典”、“发现规则”、“发现方法”三个子系列。

“发现经典”系列，主要定位于从世界范围信息革命中发现驱动国家转型的力量。通过系统翻译和重新发现世界知名学者的新经济思想和经典著作，为人们探索下一代经济的元逻辑，提供思考线索。“发现规则”系列，主要定位于从中国信息革命的实践中发现具有普遍意义的游戏规则。通过汇集中国学者对新商务实践的总结，为提炼新商务规则提供进一步研究的基础。“发现方法”系列，定位于指导新商务实践。侧重对国内外新商务概念的归纳、对前沿商业模式及其本地化的阐释，以期推动理论与实践的良性循环与可持续发展。

与工业革命“新商务”思想成果的引进不同，除了具有共同特点外，“新商务”系列丛书具有一些特殊性，一是信息革命正在发生，有待成熟，经典、规则与方法都是相对的，在探索中难免失误，恳请读者以批判态度、宽容心态对待；二是中国与世界同步走上信息高速公路，相对以往，中国学者有了更多产生原创发现的机会和条件，我们将以开放心态力推新人，也希望读者与我们共同前行、共同提高。

春江水暖，先下水者当作先知；继往开来，新商务中敢为人先。让我们共勉。

前　言

本书是我们中国社会科学院信息化研究中心课题组承担的院级课题“构建和谐社会与信息化战略调整”的研究成果。

自中共十六届四中全会以来，作为全面建设小康社会“四位一体”的目标，构建和谐社会，与建设物质文明、政治文明和精神文明一起，已被明确纳入国家发展战略之中。党和国家要求“坚持最广泛最充分地调动一切积极因素，不断提高构建社会主义和谐社会的能力”。构建和谐社会是一个历久弥新的课题。在信息化时代，构建和谐社会不仅离不开信息通信技术（ICT）手段，而且，信息化为构建和谐社会注入了不同于工业化时代的新的价值诉求。在社会经济快速转型和矛盾凸显的今天，构建和谐社会面临着非常复杂而艰巨的挑战。本项研究的任务，是面向我国构建社会主义和谐社会的需要，围绕信息化与和谐社会建设的关系，在进一步梳理国内外相关研究成果的基础上，探讨信息化时代和谐社会的价值取向和信息化对和谐社会建设提供支撑的作用机理，结合相关实践，研究信息通信技术用于我国构建和谐社会实践中存在的一些主要问题，提出我们的观点和建议，以便为制定和改进相关政策提供研究支持。

本课题于2009年年底在中国社科院申请立项，并获得批准。事实上，这是我们对2008年已完成结项的中国社科院B类重点课题“信息化与和谐社会”的深化和拓展研究。在上一项课题的研究中，我们围绕信息化与和谐社会建设的关系，在以下三个方面开展了初步的研究：一是收集了当时国内外相关的有影响的研究成果，对已有的文献和观点进行了梳理分类；二是初步探讨了信息化在我国构建和谐社会中的作用；三是重点分析了信息化助力构建和谐社会要解决的一些主要问题，并为制定和改进相关政策提出了相应的建议。上一项研究形成的成果包括：一篇四万字的研究报告主报告，以及关于数字鸿沟、网民调查、企业信息化绩效和电子政务方面的四篇专题报告。包括专题报告在内，上一项课题的整个研究报告共计九万字左右。

上一项研究在理论与应用两方面取得了明显的进展。一方面，在理论研究上，对当时收集到的国内外文献进行了较为系统的整理与综述，从和谐社会建设的目标和手段两方面探讨了信息化带来的影响，初步探讨了以信息化助力我国构建和谐社会的作用机理；另一方面，在实际应用上，基于文献研究归纳了国际相关领域的八条经验，梳理出以信息化促进我国和谐社会建设需要解决的六个方面的问题，并对其中数字鸿沟、网民权利、企业信息化绩效和电子政务等问题进行了重点研究，提出了完善相关政策的观点和建议。

然而，以上研究远远不够，信息化助力构建和谐社会实践中不断出现新问题、新挑战，要求研究者进行不断跟踪观察、思考和总结。自上一项研究结题到本课题申请立项，信息化助力构建和谐社会领域出现以下新动态：

一是2009年年初以来，国务院新闻办、工信部、公安部、文化部、工商总局、广电总局、新闻出版总署等七部门联手在全国开展整治互联网低俗之风专项行动，清理整治的范围之广、力度之大、持续之久前所未有。以“绿坝”事件为代表，互联网治理所涉及的政策问题众多且相当复杂，引起国内外巨大关注。

二是根据2009年公布的统计数据，2008年我国人均国民生产总值（GDP，以下简称GDP）突破3,000美元。这是传统社会转向现代社会的重要标志之一。同样是2008年，我国互联网网民总数跃居世界第一。在此基础上，人们的生活方式、幸福标准会相应发生历史性的变化；理论界和政策界对由此带来的一系列新问题的研究，关系到信息化与和谐社会建设的理论和政策。

三是这一轮全球金融危机、经济衰退的影响日益显现，至今未走出低谷。

然而，在大危机的背景下，美、欧、日等许多发达国家和新兴国家纷纷将发展下一代信息基础设施和改善公共政策、缓解社会矛盾的措施，纳入克服危机、振兴经济的战略对策中，以信息化加快经济转型升级，对外占领未来竞争制高点，对内建设和谐信息社会的战略意图进一步彰显。

四是在信息化与网络社会继续发展的背景下，近年基于Web 2.0和各类社会网络服务（SNS）涌现出根本上有别于工业化时代的新社会组织和人际关系，“无组织的组织力量”［克莱·舍基（Clay Shirky）语］日益成为当今的现实；另一方面，社会的公共管理因电子政务和电子社区的驱动继续向纵深发展，推动政府及其公共服务进一步转型。

五是国内外缩小数字鸿沟的努力面临新问题，国内以“村村通”工程为代表，为解决基础网络全面覆盖接近完成但实效有限的矛盾，近年实施了“家电下乡”、“信息扶贫”等配套措施；2009年以来国内兴起新一轮“智慧城市”建设热潮，引发人们对城乡差距进一步拉大的担忧；国际社会继续推动发展中国家的信息化建设，但在全球金融危机的环境下需解决许多新的困难。

上述领域新的实践变化值得跟踪研究，他人的研究成果也值得我们进一步总结。此外，2009年，我们的研究团队还承担了国家发改委和工信部委托的“‘十二五’规划思路信息化专题”的研究课题，这也促使我们站在发展全局的高度，立足国情，围绕科学发展和社会和谐的目标，考虑信息化战略调整的问题。

本课题基于以前的研究成果，经过两年多的跟踪研究，在如下方面进行了深化和拓展：

一、继续跟踪研究了国内外在信息化与和谐社会建设领域的新实践和新成果，进一步丰富和完善了我们已有的观点，将这些研究的收获呈现在本书中。比如，关于全球金融危机背景下国外信息化与和谐社会领域的新动向；新型网络社会组织和电子政务发展及其对社会和谐的作用和影响；人均GDP历史性跨越与人们生活方式、幸福标准变化的关系；互联网治理和网络监管的政策分析；国内外缩小数字鸿沟，特别是发达国家和信息化领先国家与地区新一轮信息基础设施建设方面的新进展和新动态，等等。

二、吸收了课题组成员在此阶段开展的其他研究项目的相关成果。比如，近年，中国社科院信息化研究中心在农村信息化领域投注了大量精力，在江苏、浙江、福建、四川、吉林、湖南、河北等地基层农村开展了一系列实地调研，提炼出农村电子商务的“沙集模式”；继续在全国对中央部委、省自治区直辖市、地市、区县的政府网站进行年度发展测评，组织相关的研讨交流；配合工信部组织起草“十二五”信息化规划，重点开展了信息化与国民素质的研究；在开展网民权利调查的基础上，深化对构建和谐网络社会的认识；以宽带改革打破宽带垄断，缩小宽带鸿沟，等等。这些课题中的许多内容与本研究项目的主旨密切相关，自然被吸收在本书相应的章节之中。

三、对原有和最新的研究内容进行了系统化整理、学术加工和理论提升。按照学术专著的要求，对相关的研究成果进行体系结构的设计，形成逻辑联系，进一步提炼基本观点，拓展和深化该领域的理论、政策研究。

本书除此前言以外，下分十二章。第一章讨论与和谐社会、信息化时代的和谐社会有关的概念和基本理论，介绍了这一领域的一些相关的研究。第二章主要介绍国外以信息化助力构建和谐社会的动态与经验。第三章通过解剖国内一个基层农村的案例“沙集模式”，来看以信息化助力构建和谐社会的实践。第四章讨论了和谐社会赖以形成的重要基础，即人们的幸福观与幸福感问题，探讨了信息化时代人们幸福感来源的新变化。第五章分析了信息化通过多种途径影响和谐社会的作用机理以及以信息化促进我国和谐社会建设的着力方向。第六章梳理了我国构建和谐社会需解决的突出问题，其中特别列举了以信息化助力和谐社会建设需解决的七个方面的问题。如果说前六章是总体上论述信息化与和谐社会建设的内容，那么后六章则是分别就以信息化助力构建和谐社会的重点问题展开具体的研究。第七章专题研讨信息化发展对国民素质的影响，讨论了相关的理论和政策问题。第八章专题研讨缩小数字鸿沟，特别针对近年明显拉大的中外宽带鸿沟、城乡数字鸿沟等问题，提出了针对性的意见和建议。第九章专题研讨网民与互联网治理问题，提出尊重网民权利与合作意愿，调整政府互联网治理思路，创新互联网治理模式的建议。第十章专题研讨信息化绩效问题，重点从企业和农村信息化的发展看其经济、社会绩效，提出通过改善信息化绩效助力和谐社会建设的建议。第十一章专题研讨电子政务的战略调整问题，从我国电子政务发展的历史与现状、供求两端的新变化与新要求、国外近年电子政务发展的最新动向入手，论述了我国电子政务顺应时代发展方向，促进政府转型和改进公共服务从而助力和谐社会建设的必要性和大趋势。第十二章专题研讨了信息化相关的体制机制问题，对继续改革创新信息化体制机制以助力和谐社会建设，提出了自己的观点和建议。

本课题主要采取文献研究与实际调研相结合、理论研究与政策研究相结合、问卷调查与定性定量分析相结合、一般规律与我国特点相结合等研究方法，对相关研究内容进行了大范围、大跨度的总结归纳。本课题通过对新的、更丰富的相关文献进行整理、综述和评估，对国内外实践中的新动态进行跟踪研究和理论分析。基于对前期研究的拓展和自己学术观点的进一步锤炼，以及对研究内容的体系化加工，形成了这本专著。希望我们的研究，能弥补国内该研究领域中理论上的某些不足，在实际应用方面，也能为我国有关决策者和实践者提供研究支持和策略建议。

我们深知，信息化时代和谐社会的构建是一项长期、复杂而艰巨的任务，特别在当前重大机遇和矛盾凸显的发展时期，研究信息化助力和谐社会更是严峻的挑战。受我们理论功底、研究视野以及研究工作所及的范围所限，书中难免会有挂一漏万、浅尝辄止，甚至观点偏颇、建议不当之误。我们愿意倾听批评，并在今后的工作中加以改进。

目录

第一章

信息化与和谐社会

纵观人类社会的发展历史，建设和谐社会既是一代代志士仁人和普罗大众的理想目标，也是历久弥新的课题。

作为理想目标，和谐社会符合人们共同的价值追求。人之所以为人，社会发展之所以从“丛林法则”的弱肉强食走向文明，源于共通的人性。从古代中国孔子的“和为贵”，“君子和而不同”，“仁者爱人”，“己所不欲，勿施于人”，孟子的“天时不如地利，地利不如人和”，“老吾老以及人之老，幼吾幼以及人之幼”，墨子的“兼相爱，交相利”，老庄思想中的“道法自然”，“天人合一”，到近代社会的民主法治、自由平等、人权人道、公平正义、宽容诚信、可持续发展等，都体现了和谐社会理想的思想道德基础和价值追求。

作为历久弥新的课题，构建和谐社会是一个历史的动态过程。社会要和谐，必须正确把握和处理特定时空条件下的矛盾，以高超的智慧、有效的方法和足够的资源，不断化解可能造成不和谐的社会矛盾，着力解决影响和谐的社会问题。由于在不同时空条件下，这些矛盾和问题是不同的，从而构建和谐社会的努力也具有特定的内涵，因时因地而异。因此，特别是对于决策层而言，仅有构建和谐社会的良好愿望远远不够，超越特定的历史条件，提出不切实际的目标，或者不能正确认识和解决特定的问题，都会使构建和谐社会成为空洞的口号，或使为此做出的努力付诸东流。

本章围绕信息化助力和谐社会建设的相关的基本概念和问题，对国内外的一些文献进行了收集、综述和评论，用以作为进一步展开后续研究的基础。

第一节　和谐社会

一、什么是和谐社会

研究者一般利用社会系统及其所处的状态来解释和谐社会的概念，即用社会系统的和谐状态来定义和谐社会。例如，高尚全教授明确指出："和谐社会是一个系统的概念，""是社会各个阶层和睦相处，社会各级成员各尽所能，使人民的聪明才智得到全面发挥；是经济社会协调发展的社会，是人与人、人与自然协调的社会。简言之，和谐社会是一个稳定的有效的社会系统。"[1]还有的研究者给出更一般性的定义，认为社会和谐就是"社会内部各要素处于一种相互依存、相互协调、相互促进的状态"。[2]和谐社会就是处于这种和谐状态中的社会。进而，有研究者认为，社会主义和谐社会就是"在保持社会主义基本制度的前提下，社会系统中的各个部分、各个要素相互协调、其功能处于最优化状态的社会"。[3]这里，和谐社会以及与此相关的社会和谐的状态，强调的都是社会复杂系统中各要素在结构组合与功能发挥上的运行顺畅和协调有效。

1　高尚全：《着力建设和谐社会，促进经济社会和人的全面发展》，http://www.chinareform.org.cn/cirdbbs/dispbbs.asp?boardID=6&replyID=117613&ID=47493&skin=1。

2　袁新涛：《社会主义和谐社会的哲学基础》，http://www.xslx.com/htm/zlsh/zxfl/2006-11-03-20751.htm。

3　冯桂林：《试析和谐社会的内涵层级及其阶段性发展进程》，《长江论坛》2006年第2期。

和谐社会或社会和谐的状态不是自然形成的，构建和谐社会，是社会成员不断解决社会矛盾的过程。社会矛盾普遍存在，从而，和谐社会的概念和社会和谐的现实状态便是相对性与绝对性的统一。对此，著名法学家李步云指出：社会和谐是相对于社会不和谐而言的，社会和谐不是说社会不能有矛盾。相反，贫富之间的矛盾、人们因信仰不同而产生的矛盾、社会公共秩序和个人自由之间的矛盾和社会公共管理组织的应有权威同社会成员的矛盾，是普遍存在的。社会矛盾如得不到合理的处置和正确解决，因而发生重大对抗，以致严重影响到社会的安定、人们的幸福、文明的进步和历史的发展的社会状态，便是社会不和谐。人们对不和谐程度的认识存在差异，但因为“重大对抗”、“严重影响”客观存在，相对而言，人们对和谐也可以形成某种共识。[1]

张大平则从另一个角度对和谐社会的概念做出解释，他认为，社会的“和谐”没有上限，但有底线，如果社会的不和谐突破了底线，社会将发生动荡。因此，理解和谐社会首先必须找到这个底线，通过构建社会安全网等措施保证社会和谐的底线不被突破，进而在此基础上追求更和谐的社会。[2]

我们认为，人们在用社会系统的和谐状态，特别是社会的稳定有效状态来定义和谐社会时，不能仅仅强调稳定有效的状态本身，而必须关注构成社会稳定有效状态的基础。在我们看来，社会系统的稳定有效及社会成员间求同存异的和睦相处，固然是社会和谐的一般表现，然而，这种状态之所以形成，源于社会成员及其群体在根本价值目标上达成了某种共识，社会矛盾可以得到正确解决。换言之，社会和谐应该以社会成员的幸福为基础，社会的稳定有效，应该是社会成员追求幸福过程中良性依存互动的结果。

---

1 李步云:《深刻认识和谐社会的本质属性》，http://theory.people.com.cn/GB/49150/49152/5301472.html。

2 “政府转型与建设和谐社会”改革形势分析会会议综述，http://business.sohu.com/s2005/zhengfuzhuanxing.shtml。

二、为什么要建设和谐社会

如前所述，建设和谐社会符合人作为社会成员的价值追求和共通的理想，当然也是我国广大人民群众的理想。中共十六届六中全会通过的《关于构建社会主义和谐社会的若干重大问题的决定》(以下简称《决定》)指出：社会和谐是中国特色社会主义的本质属性，是国家富强、民族振兴、人民幸福的重要保证。构建和谐社会，反映了建设富强民主文明和谐的社会主义现代化国家的内在要求，体现了全党全国各族人民的共同愿望。

此外，我国在经济建设和社会发展的当前阶段提出构建和谐社会的任务，还具有现实的意义和必要性。

一是使经济建设任务所服务的目标更加明确和完善。改革开放以来，我们国家摒弃了过去"以阶级斗争为纲"的路线，明确以经济建设为中心任务。为了加快经济发展，国家采取了包括拉开收入档次，加大经济刺激，"让一部分人先富起来"，"效率优先，兼顾公平"在内的政策。在经济取得多年快速增长和长足进步的同时，社会不同群体之间利益分配上的差距却日益成为突出的社会问题，影响人民群众的幸福感和积极性。实际上，经济建设本身并不是目的，经济建设的目的是为了人民能过上更美好的生活。因此，提出构建和谐社会，在当前阶段的一个重要意义，就是明确经济发展的性质和目的，明确在当前和未来我国需要的是和谐的经济发展，而非令各方利益关系更加紧张的经济快速增长。

二是为调整和解决当前面临的各种社会矛盾提出了明确的原则要求。我国的改革和发展，在已取得一系列成就的同时，如中共中央的《决定》所言："经济体制深刻变革，社会结构深刻变动，利益格局深刻调整，思想观念深刻变化。这种空前的社会变革，给我国发展进步带来巨大活力，也必然带来这样那样的矛盾和问题。"要很好地调整和解决这些矛盾和问题，就必须把构建和谐社会摆在突出的地位。换言之，构建和谐社会，意味着要以和谐为原则来处理这些社会矛盾，解决社会问题。

三是为有效应对来自国际的挑战，满足提升我国国际地位的需要。随着我国的经济社会实力日趋雄厚，我国的国际地位不断上升。中国要在国际上承担更大责任，一个很重要的条件，就是要首先解决好国内自己的问题。“在经济全球化背景下，只有国内实现了和谐发展，才能应付日益复杂的国际环境，才能在国际上真正确立一个大国的负责形象，并且承担起大国的责任。”[1]

四是我国经济社会发展到当前阶段，有必要提出更加完整的社会发展目标，构建和谐社会是我国社会发展完整目标的内在组成部分。改革之初，我国领导人提出的小康社会主要是经济方面的目标要求，如邓小平1979年提出的“翻两番”和“人均国民生产总值达到800美元”。随着改革和发展的深入与推进，在经济方面国家富强和人民富足目标的基础上，政治的民主，教育科学文化的繁荣，以及社会关系的和谐，逐步纳入社会发展目标，从而使社会发展目标更加完整。这不仅是中国特色社会主义建设理论上的发展，在实践中也是非常有必要的。

1 郑功成:《发展与共享和谐》，http://www.zcdt.gov.cn/html/Community/hxsh/ 20080118 / 1668.html。

第二节 信息化时代的和谐社会建设

一、信息化与信息社会

信息化与信息社会是两个密切联系的概念。信息化与信息社会作为外来的概念，最先起源于20世纪60年代的日本，距今大约已有半个世纪。[1]1963年，日本学者梅棹忠夫（Tadao Umesao）发表了一篇题为《论信息产业》的文章，从分析产业发展原因的角度，在研究工业化的同时，提出了信息化的问题。当时，虽然作者并没有正式使用信息化这一术语，但是这篇文章一发表，就立刻引起了日本学术界、政界、企业界和新闻界的广泛注意和热烈讨论，并导致了信息化（Johoka）概念的产生。1964年1月，日本的神岛（Kamishima）教授发表了《信息社会中的社会学》一文，第一次使用了"信息社会（Joho Shakai）"的概念。在那场大讨论中，大多数日本专家学者接受了这样的一种认识，即：人类社会的发展与动物由低级向高级进化相类似，也是由低级向高级进步的；在工业社会，有形的物质生产占主导地位，而信息社会的主要特征是无形的信息创造价值，并占据社会的主导地位；日本社会需要从工业社会向信息社会过渡。

"信息化"一词，则最早见于1967年初，日本科学技术和经济研究团体提出了这个概念，并用来描述和定义上述社会进化过程，即在整个社会经济结构中，

1 详见（日）伊藤阳一："日本信息化概念与研究的历史"，载于李京文、小松崎清介、郑友敬、R.Pipe 主编的文集：《信息化与经济发展》，社会科学文献出版社，1994年。

信息产业获得长足发展并逐步取得支配地位的这样一种社会变革的历史过程。随着发达国家工业社会基本建成，越来越多的人对后工业社会展开了研究，出现了很多学派和观点。信息化的概念，从一开始就是从社会产业结构演进的角度提出来的，它抓住了后工业社会发展的核心特征，反映了有关社会发展阶段的一种新学说。简而言之，按照当时日本专家学者的理解，所谓信息化，指的就是从物质生产占主导地位的社会向信息产业占主导地位的社会发展的过程。[1]

而后，随着信息化在实践中迅速推进，人们对信息化概念的认识也逐步深化和丰富起来。由于信息技术具有极为广泛的渗透性，信息化的概念也就不仅可以用于社会发展，而且可以用于更为广泛的领域，例如企业信息化、政府信息化、军队信息化，等等。一些人根据自己的理解，从不同角度对信息化的概念重新加以定义，从而形成了不同的观点。那么，从社会发展的角度，我们可以把信息化简单扼要地理解为：信息化是指人们凭借现代信息通信技术等手段，通过提高开发和利用信息资源的智能，推动社会进步与转型和改善人们自身生活方式的变革过程。

正确理解信息化与信息社会的概念，要点在于把握它所带来的社会变革的性质。对此，人们认识上的分歧不在于把信息通信技术作为发展的工具，也不在于人们在应用信息通信技术时会引起自身的变化，对这些，人们比较容易取得共识。关键分歧在于，我们在推进信息化，在应用信息通信技术的时候，对于它所带来的变化的性质怎么看。对于社会信息化，关键之处就在于，是否承认信息化会带来社会形态的某种质变，或者说形成新的社会范式，一种不同于传统工业社会的属于信息社会的范式。而当越来越多的国家和地区陆续把信息社会定为社会发展目标的时候，信息化的过程即使曲折而漫长，也从而具备了它本来应有的社会变革和转型的涵义。

我国2006年颁布了《2006—2020年国家信息化发展战略》，第一次把信息社会作为国家发展的长远目标明确地提出来，即提出到2020年要“为迈向信息社

1 汪向东：《信息化：中国21世纪的选择》，社会科学文献出版社，1998年。

会奠定坚实基础”。我国明确将信息社会作为长远发展目标，其意义十分重大。这意味着我们承认和接受了信息化带来社会范式的变化，尽管人们对信息社会具体是什么样的社会范式见仁见智。

二、信息社会建设与中国特色的信息化道路

经过2003年和2005年先后两次联合国“信息社会世界峰会（WSIS）”以后，信息社会的发展目标已经成为全球的共同选择。联合国“世界信息社会峰会”通过了《原则宣言——建设信息社会，新千年的全球性挑战》。该宣言宣告信息社会是联合国各成员共同的愿望与承诺。我国作为联合国的重要成员，同样承认了该宣言载明的原则承诺。

在人类社会向信息社会迈进的过程中，国际社会已经形成了一些基本共识。这些基本共识包括：以信息通信技术，促进实现联合国提出的“千年发展目标”；信息社会符合人权和自由，以及与民主、可持续发展和各层次良政的不可分割性，尊重法治；承诺个人对社会的义务，建设尊重人类尊严的信息社会；所有国家主权平等；科学在信息社会中发挥核心作用，研究成果共享带来的科技成就构成信息社会的众多基石；教育、知识、信息、通信是人类进步、努力和福祉的核心，信息通信技术是手段，而非目的；要化数字鸿沟为数字机遇；要面向未来，关心弱势群体；建设包容性的信息社会需要广泛合作，呼吁实现国内与国际层面的“数字团结”等。

对于如何迈向信息社会，或换言之，对于如何推进信息化，国际社会也形成了一些通用的规则。这些通用规则主要包括：需改善信息基础设施接入和技术的获取，加大信息和知识的获取；开展能力建设；开发和拓宽信息通信技术应用；增强信息通信技术应用的信心与安全性；促进和尊重文化多样性；承认媒体的作用；创建有利环境，包括解决信息社会中的法律、道德问题；加强国内合作和国际合作，等等。

我们想特别强调的观点是，这些国际公认的一般性的共识、原则固然重要和

必要，但并不足以解决中国信息化中的特殊问题，我们仍需要探索一条有中国特色的信息化道路。

中国特色的信息化道路，是我国自己特有的国情条件决定的。我们在推进中国向信息社会迈进的过程中，面临着许多难以回避的特殊问题，比如：我国是一个发展中的大国，我们是在工业化任务尚未完成的条件下推进信息化的，因此需要面对和处理“三元经济”的问题，需要解决好农业、工业、信息业之间的关系；我国人口众多，大量人口在农村，在信息化带来的结构转型过程中，特别需要解决好“三农”问题，解决好就业问题；我国长期以来形成的传统工业化模式，已经难以为继，以信息化为关键内容的新型工业化道路怎么走，通过信息化实现可持续发展需要大量的探索和创新；此外，如何在信息化过程中，坚持和体现我国的社会主义性质，等等。我们在推进信息化的过程中，必须妥善解决诸如此类很多独特的问题。因而，仅有国际社会形成的上述一般性共识和通用原则还是不够的，尚不足以给我们的信息化提供解决我国特殊问题的现成答案。

我国提出的信息化发展战略，在总结信息化实践经验的基础上，针对我国信息化需要解决的特殊问题，提供了一个覆盖面较全的答案，从而描绘出一条中国特色的信息化路径。其主要内容包括：要以信息化带动工业化，以工业化促进信息化，走新型工业化道路，在经济社会发展的同时实现资源节约、环境友好；要以人为本，高度重视解决“三农”问题，重视老少边穷地区、困难群体、中小企业等，努力缩小数字鸿沟，让信息化惠及全民，提高人的素质和生活质量；信息化要建立在技术自主创新和产业由大变强的基础上，增强技术与产业对我国信息化的支撑能力；信息化本身也要讲求实效，深化应用，低成本推进；注重军民结合，安全可靠，协调发展；信息化要与市场化和全球化结合，以改革开放为动力；要利用我国政治文化的优势推进信息化，等等。

三、信息化时代的和谐社会建设

和谐社会的具体内容及其实现形式具有鲜明的时代性。在全球信息化的时代背景下，研究信息化与和谐社会建设的关系，目前在国内外已成为信息社会学研究中的一个重点领域。其中，多数研究侧重把信息通信技术作为和谐社会建设的手段，这当然是必要的和重要的；然而，也有一些研究从社会发展目标的层面研究信息化与和谐社会建设的关系，我们认为，这同样具有重大的意义。事实上，在信息化时代，构建和谐社会不仅离不开信息通信技术手段，而且，信息化为构建和谐社会注入了不同于工业化时代的新的价值诉求。

从社会发展目标的层面和角度，研究信息化与和谐社会建设的问题，实际上是在肯定不同历史时代社会发展目标存在差异的前提下，研究信息社会与和谐社会价值取向之间的关系，关注于信息社会的和谐性或信息化时代和谐社会建设的目标要求，其要点是把信息社会建设与和谐社会建设的目标结合起来。

和谐社会的基础是社会成员的幸福。由于和谐与幸福的内涵都不是一成不变的，我们不能脱离具体的时代背景泛论和谐问题。在不同的历史时代，人们的价值标准或幸福的内涵既有共性，又有差异。因此，在本研究中，我们首先要结合经济社会信息化的大趋势，研究在信息化时代，相对于工业化时代而言，人们关于幸福的价值取向如何，并在此基础上构建和谐社会目标的共同点和差异点。

第三节 国内外相关的研究

近年，国外的官方机构和学者从社会发展目标的层面和角度研究信息化与和谐社会建设的关系，提出了一些值得我们密切关注的重要概念或重大命题。例如，欧盟国家提出“电子包容（e-inclusion）”概念，以及“惠及全民的信息社会（information society for all）”的命题，就是这方面的典型代表，现在，这些概念和命题已经被越来越多的国家所接受，成为联合国各成员建设信息社会的普遍共识和重要的原则。在国内，尤其自党中央提出科学发展观以来，相关领域的研究也非常活跃。

我们认为，在这个研究领域内，以下方面的研究及其成果，是非常值得我们重视的。

一、收入与幸福的关系

经过工业化时代，许多国家的经济有了突飞猛进的发展。发达国家在陆续完成了工业化以后，政府转而投入大量精力和资源进行旨在提高社会成员生活质量的社会建设，包括环境建设、社会保障体系的完善、发展教育、改善贫困人口生活状况，等等。在此背景下，人们对经济收入与幸福的关系有了较前更多的研究和更全面的认识。相关研究之深广形成了一门被称为“幸福经济学”的学科理论。其核心论题便是所谓的“幸福悖论”或“Easterlin 悖论”，即收入与人们幸福感之间的悖论。[1]

把握收入与幸福之间关系的前提，是打破将幸福等同于经济收入的简单等式，还原幸福本身的丰富内涵，树立正确的幸福观。尽管人们对幸福的定义和其包含的内容各自理解不同，但幸福不仅限于金钱收入和拥有的物质财富，则是显见的。加拿大幸福经济学家马克·安尼尔斯基批评亚当·斯密狭隘的财富观，指出将财富定义为"每年土地和社会劳动力的产物"，而未包含所有带来康乐的生活情形是令人遗憾的。他提出"真实财富"的概念。在他看来，真实财富"不只包括货币和世间拥有物，而且包括诸如健康（生理和心理）、精神康乐、和谐关系、爱和尊重、我们的物质生活环境条件和自然安宁等定性指标。"[2]

在人们对收入与幸福关系的诸多研究中，特别值得注意的是一系列实证研究的结果。例如，芝加哥大学1990年的一项调查表明：自从20世纪50年代以来，尽管美国的经济总量和人均消费支出都接近翻番，但拥有幸福感的人口比例却一直在1/3左右；日本在1958—1986年间的调查表明：虽然在此期间日本人均收入增加了5倍，但同期人们的平均满意度基本上没变。[3]中国社会科学院的一项调查显示，2005年，我国72.7%的城乡居民感觉生活是幸福的，但比上年下降了5个百分点。另有一项调查表明，中国人的幸福感在过去10年中先升后降，与经济发展的曲线并不同步。荷兰伊拉斯姆斯（Erasmus）大学的路德·魏荷文（Ruut Veenhoven）教授的调查显示，中国1990年国民幸福指数为6.64，1995年上升到7.08，2001年却下降到6.60。这些实证研究结果表明，即使经济指标持续快速增长，经济收入不断增加，也并不能保证国民幸福感的持续增强。

比较起来，这些实证研究在对象、方法和数据上有所不同，因而，得到的有代表性的基本结论并不一致。这些基本结论主要包括：

1. 对于个人收入与幸福的关系，梁捷认为，"不是正相关，不是负相关，而

---

1 http://money.163.com/07/0427/10/3D31T2TL002524TK.html.

2 （加）马克·安尼尔斯基:《幸福经济学——创造真实财富》，社科文献出版社，2010年。

3 郑也夫:《收入、消费与幸福》，http://book.qq.com/a/20071009/000009.htm。

是不相关”。他举例说明，城市犯罪、暴力、流血对幸福水平的影响微不足道，收入不平等与幸福水平不相关，经济萧条或者社会动荡对幸福水平影响极小，这些冲击都远比不上离婚或者丧偶对一个人的影响。这里，关于幸福的定义和计算都是至关重要的，“苦行的人以苦为乐，利他的人以助人为乐；亚当·斯密强调‘同情心’，以超然旁观者的身份体会别人的痛苦，亚里士多德则提倡‘政治生活’，以追求勇气、公平、审慎的生活为最大幸福。早有一些学者提出更极端的例子，自杀者的幸福是什么？性虐者的幸福是什么？吸毒者的幸福是什么？要回答这些问题，所需要涉及的领域大大超出了‘幸福经济学’的范畴。总之，你有你的幸福，我也有我的。统计幸福程度，或者编纂幸福指数，也是一个引起极多争议的话题。幸福是否可以衡量，是否可以比较？每个人的见识、思考都不同，没有乘坐过豪华游艇的人不能想象那种幸福，没有经历妻离子散的人也无法体会那种痛苦。面对同样的事物，不同人的幸福判断完全不同”。[1]持此观点的许多学者还将一方面收入不断增加，另一方面对应的幸福感原地踏步的状况，称为收入与幸福的“跑步机效应”或“水车效应（treadmill effect）”。

2. 反对完全否定二者相关的观点，认为二者还是有关系的，只是相关性不大。傅红春指出，经济学对幸福的理论研究和问卷调查，很多都表明经济发展水平和社会幸福水平相关性不大，但绝不能得出结论说，越不发展就越幸福。他认为，“如果进而否定GDP增长和经济发展水平的关系，是非常危险的认识和行为”。原因在于，收入水平和幸福水平之间存在着一种“棘轮效应（ratchet effects）”，即人们消费欲望单向向上的效应。幸福取决于欲望得到满足。因此，比较不同人群的幸福指数时，也要比较他们的欲望。欲望不能说越大越好，但也不能说越小越好。欲望应该是健康的、正常的、符合主流价值判断标准；收入的本质不在于其数字的大小，而在于其满足欲望的能力。“在这里，收入和幸福间‘棘轮效应’表现为，民众更向往从穷国流向富国、从乡村流向城市”。因此，

---

1 梁捷：《收入与幸福不相关》，http://www.hanses.cn/ht/onews.asp?id=397。

"结论是，要提高幸福指数，还需要提高收入水平"。[1]

3. 二者之间是否存在关联关系，与一定的收入水平相关，在一定的收入水平线以下，收入与人们幸福感关联性很强，而在此之上关联性明显减弱。有学者进而指出该收入水平线以人均收入3,000美元或人均GDP 5,000美元为标准。黄有光指出，"多个研究表明，社会的进步程度在一个国家收入水平（以1981年的物价为准，大概在3,000美元左右）还很低的时候，二者密不可分，但一旦超过那个水平，这种互连性就会消失"。[2]

此类实证研究带来的基本启示，是提高了人们对于经济与幸福的关系的根本性认识，即让人们明确认识到，经济发展和提高经济收入只是人们追求幸福的手段，幸福才是目的。从而，政治家们认识到政策不仅应关注人们经济收入的提高，而且更应该关注人们的幸福，从而应保持物质生活和精神生活之间的平衡。说到底，在当前历史条件下，我们要构建和谐社会，就是要去弥补一段时间内片面强调发展经济的不足，为广大人民群众谋求全面的福祉，让人民生活得更幸福。

二、发展与和谐的关系

发展，可以有不同的过程和结果。发展，可能是和谐的，也可能是不和谐的。这正是新一代领导层强调要贯彻科学发展观，构建和谐社会的客观原因。郑功成指出，无发展，则无共享之物质，不共享必产生社会的对抗，有对抗断无社会之和谐。他认为："发展、共享、和谐是一个国家健康发展的三大基本要素。发展毫无疑问是基石，不能共享就不可能产生和谐。"所以从这个意义上讲，我们依然要坚持发展是第一要务，但是新时期的发展，它的目的不是为了鼓励部分人先富起来，一定是让更多人，或者让全体国民来合理共享。只有在不断发展，持

1 http://www.ycwb.com/myjjb/2006-10/23/content_1254261.htm.

2 黄有光：《东亚快乐鸿沟》，http://www.sociology.cass.cn/shxw/cyshx/t20070713_ 12748.htm。

续发展的基础上，合理分享发展的成果，这个社会才能和谐。所以不发展，不可能解决现实中存在的问题，现实中的问题、矛盾、差距不解决当然也就不可能有和谐。科学发展的标志应该是全面发展、协调发展和可持续发展。“如果说我们的发展还是经济与社会存在失衡现象，还是物质与文化以及精神层面上失衡的现象，城乡之间、地区之间不同社会阶层之间存在着不协调现象，应该说它不符合科学发展的原则。”[1]

事实上，发展的过程的确充满着矛盾与竞争。陈淮指出，现阶段国内外的发展中，“和谐底下充满着激烈的竞争”。他认为，主要有三大竞争：一是对资源的竞争，特别是对传统能源的竞争，自2003年以来世界各大国间进入了新一轮对传统能源重新瓜分的趋势；二是就业岗位的竞争，中国也面对着一个严峻的就业岗位全球化竞争的态势。所谓经贸摩擦的背后是对饭碗竞争，这个竞争在2007年和此后将更加激烈地展现出来，所谓的制裁、配额、贸易摩擦、经贸矛盾、增加特别关税等一切都与此联系；三是资产定价权的竞争，货币流动性问题，石油、房地产、矿产资源等价格爆炸式上涨，这个争夺是21世纪以来新展开的一个最新最大的领域。竞争的结果，原来我们习惯于用一方打倒另一方，一方征服另一方的办法解决矛盾，现在这个时代过去了，现在更普遍的哲学与思考是并存、兼容、多元化。[2]

国际社会特别是欧盟认识到，经济发展并不意味着一定会带来社会和谐，因此，他们尤其重视研究社会包容（social inclusion）或社会排斥（social exclusion）问题，已有诸多理论研究和案例研究的成果。

欧共体成立以后，面对各成员国发展的不平衡，各国社会群体间存在的不平等，乃至一些群体存在被社会边缘化的危险，欧盟委员会在1993年和1994年相

1 详见人民网“强国论坛”全国人大常委郑功成谈“科学发展与共享和谐”，http://www.people.com.cn/GB/32306/54155/57487/4918249.html。

2 详见陈淮在“发展与和谐——挑战、机遇与对策”圆桌讨论会上的发言，http://www.stockstar.com/info/darticle.aspx?id=SS,20070202,30545404。

继发表了两份重要文件，一是《增强欧洲团结：加强反社会排斥的斗争，培育整合》，另一个是旨在促进社会融合的《欧洲社会政策之路：选择联合》的白皮书。进入新世纪以来，欧盟还制定了《2002—2006年的反社会排斥的行动项目方案》，并通过公开计划方案，动员各成员国于2010年前实现消除贫穷和社会排斥的目标，以建设和谐的欧洲。

为此，欧盟提出一系列需要采取的关键措施，其中包括：组建社会保护委员会（Social Protection Committee），制订欧盟各个成员国家反贫穷和社会排斥的行动计划，形成成员国之间共同认可的关于社会排斥的衡量指标，比较各个成员国家反社会排斥的工作，协调反社会排斥的政策，评价社会融合的进展，等等。

发展中国家如何在资源相对匮乏的情况下，兼顾发展与和谐，处理好效率与公平的关系，兼顾不同社会目标和不同主体的利益诉求，协调好经济、社会、文化与人本身发展的关系，对同样作为发展中国家的我国来说，自然具有更为特殊的意义。上世纪后叶，拉美国家曾出现经济高速增长与社会畸形发展同步，大多数人无法享受现代化成果，造成严重社会危机、政治危机，反过来导致经济大幅波动、停滞不前的教训，被称为“拉美陷阱”，给发展中国家探索科学发展的道路留下深刻的反面教材。

国内近年在科学发展观的指导下，积极研究发展的丰富内涵，研究发展与和谐的关系，也取得了一系列丰硕成果。这些成果集中体现在中共十七大报告相关精神中，即：科学发展观，“第一要义是发展，核心是以人为本，基本要求是全面协调可持续，根本方法是统筹兼顾”。根据科学发展观，发展与和谐应该相互依存：没有科学发展，就难以实现社会和谐；反之，社会如果不和谐，也难以实现科学发展。

三、社会幸福程度与和谐程度的测度

幸福的概念包含着复杂的内容，人们的幸福观也不尽相同。老科学家徐光宪指出，[1]按照认识的深度可分为直觉观、科学观、哲学观三个层次。首先，从直觉观来看，一是幸福与快乐差不多同义，但幸福更长远，快乐更“即时”。按《中国大百科全书·哲学卷》的定义：幸福指人们在一定的社会生活实践中因目标和理想的实现或接近而感受到的一种内心满足。这类幸福包括期望的达成，好奇心的满足，兴趣与爱好的实现，完成顺心的事情，享受家人、老师、亲友、学生和社会的恩情等。二是从幸福快乐与健康的关系上，幸福是保持好心情，知足常乐，将消极的、不愉快的情绪向积极快乐的方面转化，助人为乐，心胸宽厚等。三是从幸福快乐与工作效率的关系上，幸福是促进良性循环，遏止恶性循环。四是从幸福快乐与个人成功和中华腾飞的关系上，勤奋和效率是个人成功的要素之一，幸福快乐可提高效率，帮助个人成功。一个国家的振兴和富强是她的全体人民的“成功”的代数和。其次，以公式化、数学化的表达方式，幸福 H = 现实的生活质量 / 期望值。人们只要把心中的期望值降低一些，就会增加幸福感。幸福 H 是一个导数，把一个人的物质和精神生活的质量 L 对时间 t 作图，可以得到一张人生起落的变化曲线，个人幸福或苦恼的感受就是 L-t 曲线的导数，即 H = dL/dt。幸福 H 又是环境因素和心理因素的乘积。即 H =（环境因素）×（心理因素）。其中，环境因素 =（世界和平与经济环境）×（国内政治、经济、社会公平、环境保护、官员清廉等环境）×（所在单位的环境）×（家庭环境）等；心理因素 = 现实的生活质量 / 期望值。他还引用程国栋院士关于“国民幸福总值 GNH”的观点，将其表达为国民幸福总值 GNH = 一个国家的居民享受生活的程度 = 个人幸福的总和 = 政治自由 + 经济机会 + 社会机会 + 安全保障 + 文化价值观 + 环境保护。最后，从哲学观看，他引用休谟等哲学家的观点，指出幸福是生命的意义和目的，是人类生存的终极目标；幸福不能“独善其身”，如果只有我幸福，周围的人们都不幸福，那么社会就不会安宁，就会动乱，最后我也得不到幸福，所以必须“共同幸福”。

人们关于幸福的测度，其实历来存在不同看法。有人认为幸福作为人的心理

1 http://www.douban.com/group/topic/9798611/.

感受很难被定量测度；有人则认为幸福不仅是主观的，也是客观的，可以被测度出来。从国际上看，西方学者较早就有利用“幸福指数”或“痛苦指数”测评社会幸福程度的研究。此类指数是人们利用一定的指标体系和评价方法，对自身生存和发展状况的感受和体验进行测度的工具。

幸福指数的概念最早源于不丹。自上世纪70年代以来，不丹政府在不同时期推出了不同的国民幸福目标，以使国民在物质生活和精神生活的追求之间保持平衡。不丹政府在这种执政理念的指导下，创造性地提出了由政府善治、经济增长、文化发展和环境保护组成的“国民幸福总值（Gross National Happiness，GNH）”指标。在这个人均GDP仅为700多美元的南亚小国，国民总体生活得较为幸福。[1]

此后，与信息化浪潮相伴随的后现代主义主张的“幸福观”和“价值观”，日渐形成气候，尤其以发达国家为典型。例如，在日本，青木昌彦提出“国内酷总值”即GNC（Gross National Cool）的理论。他认为日本经济近10年来的深刻变化是难以用传统经济指标衡量的，应该包含更多的内容，以酷来强调文化和社会方面的因素。英国创设了“国民发展指数（MDP）”，考虑了社会、环境成本和自然资本，以此测度“获得幸福的投入产出比”，即以人们对生活的满意度指数乘以人均寿命，再除以当地资源消耗指数。这一指数反映的是能否花费更少的资源让人们过上更幸福的生活。英国“新经济基金”利用该指标对全球178个国家及地区进行“幸福”排名，太平洋岛国瓦努阿图荣登冠军，中国排在第31位，一批发达国家反而名落孙山。经济合作与发展组织（OECD）每年以“社会指标（social indicators）”衡量成员国家的社会发展，其中包括测度社会和谐状况。指标包括总体状况、自我满足、公平、健康、社会凝聚等，其中，社会凝聚指数又包括投票、自杀、囚犯、罢工、工伤、对公共机构信任、生活满意等分项指标。其实，这些指标反映的正是社会和谐的情况。

国内的相关研究也取得了许多进展。中国科学院院士程国栋指出，国民幸福

1 http://www.sociology.cass.cn/shxw/cyshx/t20070713_12748.htm.

指数是衡量和谐社会的有效工具，该指数由政治自由、经济机会、社会机会、安全保障、文化价值观、环境保护6类构成要素组成。国家社会科学基金项目“当今中国城市居民主观幸福感研究”，提出了由10个次级指标构成的我国国民幸福指数指标体系：知足充裕体验指数、心理健康体验指数、成长发展体验指数、社会信心体验指数、目标价值体验指数、自我接受体验指数、人际适应体验指数、身体健康体验指数、心态平衡体验指数、家庭氛围体验指数。

国家统计局部门也宣布将推出“幸福指数”、“人的全面发展指数”、“地区创新指数”和“社会和谐指数”，用以反映社会全面发展的情况。深圳市制定的“和谐深圳评价体系”，包括了社会发展、社会公平、社会保障、社会关爱、社会安全、生态文明6大指标。上海市政治文明建设委员会办公室牵头研制的“和谐社区指数”也已通过实际测试。北京市统计局2007年2月发布了《北京市和谐社会状况调查》，建立了和谐社会评价指标体系，其中有关市民幸福感的研究，包括居民收入差距、安全评价、居民应急避难场所面积等15个指标。公布了国民幸福指数调查结果的还有浙江等。

与此相关，国内外关于“绿色GDP”的研究，则反映了人与自然和谐发展的要求。其中，关于发展测评的理论方法，应该也可以纳入广义的和谐社会范畴之中。

四、信息化背景下和谐社会的目标与原则

2003年，联合国在日内瓦召开了信息社会世界峰会，联合国成员国的政府共同签署和发布了《原则宣言——建设信息社会，新千年的全球性挑战》。2005年，信息社会世界峰会继续在突尼斯召开，又通过了信息社会议程，明确提出要建设以人为本，具有包容性，人人可以创造、获取、使用和分享信息知识，促进经济和社会全面发展的信息社会。这宣告了信息社会已成为包括我国在内的联合国成员共同的愿望和承诺，标志着信息社会已成为包括我国在内的世界各国的共同目标。

在信息化的时代背景下，越来越多的国家把建设信息社会与建设和谐社会的目标结合起来。一方面，和谐社会的建设需要信息化的支撑；另一方面，作为人类社会发展目标的信息社会，也应该是和谐的。根据《原则宣言》明确的内容，各国已达成共识的关于信息社会的价值取向，体现在“以人为本”、“广泛包容”、“面向全面发展”等一系列基本原则上。不难看出，这些原则本身就包含了社会和谐的价值诉求。

国际社会在建设和谐信息社会上形成的共识，主要包括：以信息通信技术促进实现联合国提出的“千年发展目标”；信息社会要符合基本人权和自由的要求；信息社会要保证民主、可持续发展、政府良政和法治；各个国家主权平等；信息社会发展以科学为基础，以教育、知识、信息、通信为核心和以信息通信技术为手段；要化数字鸿沟为数字机遇，面向未来，关心弱势群体，广泛包容；在建设信息社会的进程中，呼吁国内与国际层面的“数字团结”等。基于这些共识，国际社会也形成了信息化建设的通用原则，包括：改善信息基础设施接入和技术、信息、知识的获取；加强信息能力建设；开发和拓宽信息通信技术应用；增强信息通信技术应用信心与信息安全；促进和尊重文化多样性；承认媒体的作用；创建有利环境，包括解决信息社会中的法律、道德问题；加强国内合作和国际合作等。

然而，在共同的基本价值基础上，由于各国情况千差万别，具体到各国，如何实现信息社会的价值追求与和谐目标，又需要对这些共同基本价值进一步细化和丰富。

五、关于数字鸿沟危害社会和谐的研究

数字鸿沟所反映出来的不同群体信息能力的差距，经历了一个发展过程，其内容因时而变。二十年多前，国际电联《梅特兰报告》就首次非常严重地提出了电信发展差距危害社会平衡发展问题，指出由于各国各地区的经济发展水平、历史文化等诸多原因，在拥有和使用信息通信技术方面，男女之间、贫富之间、城乡之间、地区之间、民族之间存在着“缺失的环节（missing link）”。这种在拥

有信息和缺少信息的人们之间存在着的鸿沟，将加剧南北差距和社会成员间发展机会的不平等。当时这种信息能力上的差距，主要反映为电话通信上的差距。到了互联网时代，由信息能力差距导致的发展机会的不平等进一步加大，形成严重的数字鸿沟。联合国前任秘书长安南1999年发出警告：1把这个世界的贫穷人口从数字革命中排除出去是危险的，并一再强调要弥合数字鸿沟。近年，随着信息基础设施的升级，数字鸿沟又进一步表现在宽带鸿沟上。

进入新世纪以来，虽然不同的机构和学者对数字鸿沟的范围、实质、原因、类型等方面认识有所不同，但对于数字鸿沟危害社会和谐发展的性质，有着基本相同的看法。人们认识到，数字鸿沟不仅仅是一个技术层面的问题，它已经涉及社会的贫富悬殊、信息资源、劳动就业、生活质量、社会诚信等，成为一个当今迫切需要得到重视和解决的社会问题。例如，欧盟委员会下属的IPTS研究所的报告《扩大的欧洲迈向2010的信息社会发展与政策》指出，随着欧盟扩员，统计分析表明，欧盟25个成员国（EU-25）地区间收入水平的差距，将是扩员前（EU-15）的两倍。并且，国家间城乡人口系数、地区形势和人口趋势的差距，以及基尼系数、贫困线水平的分布、收入分布等指标的不平衡都在加大。这将给市场增长、社会凝聚、包容和民主参与等和谐社会主要构成因素造成潜在危险性影响。而这些危险，某种程度上，是由于信息化发展不平衡或数字鸿沟所造成的。

归纳来讲，人们认为数字鸿沟危害社会和谐发展的作用，主要表现为：

1. 加深机会不均等，拉大经济差距，加剧经济分化。由于信息对经济发展有巨大的推动作用，信息富有者可以获得更多的信息资源，拥有更多的发展机会，从而可以创造更多的财富；反之，信息贫困者则陷入恶性循环，导致经济上处于更弱的地位。同时，信息化的不平衡发展，将进一步加剧市场的不均衡发展和资源配置的不合理。

2. 增加社会不稳定因素，影响社会稳定。数字鸿沟的存在，将使贫富差距越拉越大，导致富者更富，贫者更贫，这将致使社会不满情绪上升，不稳定因素增

---

1 http://baike.baidu.com/view/95170.htm.

多，必然影响社会公平，进而影响社会和谐稳定。

3. 不利于多元文化的和谐发展。文化作为社会的黏合剂，是维持社会存在和稳定的基础。数字鸿沟的存在，使一些发达国家利用其信息控制优势，通过网络连续不断将其意识形态、价值理念输出到其他相对落后国家。这种强加于人的文化侵略，久而久之，将会使处于数字鸿沟弱势一方的受众对民族文化产生疏离，而对发达国家的文化产生亲近感和认同感，给民族文化的保存和发扬造成困难，甚至导致民族文化被发达国家的异邦文化逐渐取代。

第二章

建设和谐信息社会：国外动态与经验

在全球信息化的进程中，以信息通信技术为手段推进经济、社会、文化和人的全面发展，成为许多国家和国际社会共同关注的问题。自20世纪90年代以来，全球范围的信息化建设大致经历了三次热潮。第一次始于1993年，美国克林顿政府率先推出“信息高速公路计划”，随即，许多发达国家和发展中国家纷纷跟进。一些国际组织随后也逐步确定了以信息化或信息通信技术促发展（e-development或ICT for development）的方针，世界银行还于1995年专门设立了以此为宗旨的“InfoDev”基金。第二次是随着互联网投入商用，全球信息化进入互联网时代，在20世纪最后几年形成新的信息化浪潮。世界各国纷纷建立基于互联网的国家信息基础设施，探索和大力推广基于互联网的信息化应用。进入新世纪以来，“数字鸿沟”问题成为国际性的一个持续的研究热点。欧盟一些国家较早提出了电子包容的概念，采取了相应措施。第三次信息化建设热潮发生在2009年世界金融危机和经济危机的背景下，发达国家和信息化领先国家纷纷推出更新自己信息基础设施的“国家宽带计划”，积极发展移动互联网，并将这种新的信息基础设施广泛应用于经济社会的方方面面。研究借鉴这一历史进程中国外的相关经验和教训，可以为我们加深认识信息化对社会发展和社会和谐的作用，提供重要的帮助。

第一节　国外建设和谐信息社会的动态

一、国外对社会和谐问题的关注

处于不同发展阶段的国家，在建设和谐社会时面临着不同的社会矛盾和问题。以下是若干国家和地区的典型案例，其中有和谐社会建设实践的成功经验，也有失败教训。

（一）欧盟

欧共体成立以后，欧共体成员国家的某些社会成员面临被社会排斥的问题。这严重影响着他们的生活质量，同时也影响这些社会成员被社会整合在一个超越国家的欧盟社会中，影响着欧盟一体化的进程。欧盟在快速发展过程中，面对的社会变迁和社会问题，包括欧洲人口的老龄化发展趋势、信息技术的发展、产业结构的调整变化、新国家加入欧盟、欧盟一体化的扩大与深化等，这些使欧盟社会融合的重要性日益突出。另外，欧盟多数国家如英国、法国、德国面临福利国家危机。欧洲国家渴望以一个整体的强有力的欧洲形象出现在国际舞台上。

20世纪90年代，学者们提出了社会排斥理论（social exclusion theory）。关于社会排斥研究从两个方面向前推进，一方面是对社会排斥理论的探讨，另一方面是对反社会排斥的社会政策研究。欧盟的社会排斥现象主要表现在健康、社会保障、教育、就业等方面。比如，在就业方面，被社会排斥的社会成员主要是长期失业者、残障人士、年幼子女的母亲和吉普赛人等社会群体。再如，在教育方面，被社会排斥的，主要是低收入者、吉普赛人、讲少数民族语言的群体等。

20世纪90年代以来，欧洲共同体委员会（Commission of the European Communities）先后发表了《增强欧洲团结：加强反社会排斥的斗争，培育整合》（Commission of European Communities，1993）的文件，旨在促进社会融合的名为《欧洲社会政策之路：选择联合》白皮书（Commission of European Communities，1994）。进入新世纪以来，欧盟还制定了《2002—2006年的反社会排斥的行动项目方案》（European Commission/Employment，Social Affairs and Equal Opportunities，2001）。欧盟提出的“公开计划方案”，包括了反社会排斥的社会政策和具体的行动执行方案，主要内容包括：组成社会保护委员会（Social Protection Committee），制订欧盟和成员国两级在2010年的消除贫穷和社会排斥的共同目标和相应的行动计划，其中，前者在2001年通过，后者在2003年通过。形成成员国之间共同认可的关于社会排斥的衡量指标（common indicators），比较各个成员国家反社会排斥的工作，协调反社会排斥的政策，评价社会融合的进展。

欧盟国家在实际行动中，采取了一系列有效措施。首先就是促进充分就业，增加社会成员对劳动力市场参与率；其次是提高工作质量和生产率，创造更好的工作岗位；再次是重视劳动力市场的社会融合，培训弥补被劳动力市场排斥的社会成员的技能，将弱势群体整合进劳动力市场。

欧盟国家中，英国最早开始重视社会排斥问题，在20世纪90年代成立了社会排斥部（Social Exclusion Unit），专门研究和处理社会排斥问题。

（二）瑞典

在瑞典，全国上下都把和谐社会看成是整个社会发展所追求的最高境界，尤其重视人与人之间和谐相处，人与自然和谐发展。瑞典的经验认为，建设社会和谐的关键因素和基本要求是社会成员的基本素质，而提高国民素质的关键是要抓好教育。以此理念指导实践，瑞典的国民教育普及面广、程度高、质量好，国民整体素质较高。

瑞典实行国家、省、市三级行政体制，多数行政事务由市级独立执行，但教育政策由国家统一制定，省、市两级必须严格执行。国家财政收入有很大一部分用于教育事业，从幼儿园到高中，全部实行免费义务教育；大学教育收取学费，但学生可以得到银行的优惠贷款；研究生则基本视同就业，每月可以领到不菲的工资，因而，学生受教育基本不受家庭收入高低的影响。

教育成功，对瑞典的社会和谐作用巨大。瑞典人口虽少，但在很多高科技领域处于世界领先地位，如以爱立信等为代表的移动通信领域。较高的教育水平，不仅提高了国民的就业能力，也培养了高水平的道德素养。整个国家贫富之间、岗位之间、工农之间、官民之间的社会地位平等。在职场中，也不存在性别歧视。尽管瑞典是私有制为主体的资本主义社会，但整个国家就业充分、累进收税、合理再分配，贫富差距得到有效遏制，并且维持在一个合理的范围内。因此瑞典没有激化的社会矛盾或阶级冲突，社会成员能够和谐相处，社会各阶层就能合作共存。

除了重视教育，瑞典政府采取了其他方面的政策与措施。一是高度重视就业工作，努力争取让适业人员能够充分就业。瑞典各个省均设有劳动局，下设有职业介绍所。职业介绍所能够对失业人员，尤其是再就业人员提供就业培训、咨询、指导及直接介绍就业等全方位优质的服务。各级劳动局均建有信息齐全的就业网站，充分利用计算机网络为劳动力市场服务。高效率的政府重视和扶持，使瑞典的失业率维持在较低水平，因而社会绝大部分家庭都有稳定的经济收入，保障了民众的安居乐业。二是实施一系列针对个人的税收政策，有力地缩小了因薪酬高低等因素形成的收入差距。实施个人所得税累进制度，收入高的，要更高比例地交税。实施消费税，高收入者如果消费多则缴税也多，奢侈消费品、烟酒等税率明显高于一般生活用品。实施财产税，存款、股票、房子、汽车、船艇等都要交税，使高收入者的生活消费成本明显提高。这一系列的税收调节收入政策，加之完善的市场经济制度和政府引导使得社会认可的各工种之间倍数薪酬差距变得较小。由于国民素质普遍较高，大企业家常是大慈善家，不少人消费平民化，而对社会捐助则是颇为热心慷慨，社会成员间的贫富差距虽存在但不大，尤其是实际生活水平的差距不大。三是通过对税收的合理再分配，形成惠及全民的良好社会保障。如在生育保障、教育保障、医疗保障等方面实行的是无差别待遇，不存在城乡工农之差，也不存在贵贱官民之别。瑞典把税收的很大一部分投入于社会保障，社会福利维系在一个较高的水准上。

（三）拉美国家

讨论经济增长与社会发展的关系，或总结经济与社会不平衡发展的教训，人们常常会提到“拉美陷阱”。所谓的“拉美陷阱”，是指20世纪六七十年代以来，拉美一些发展中国家经济高速增长以后，社会畸形发展，一边是现代化，一边是大多数人无法享受现代化成果的严峻现实。研究拉美国家的现代化进程，吸取其经验和教训，对于我国构建社会主义和谐社会有积极的意义。

20世纪60年代后，拉丁美洲曾取得举世瞩目的成就，经济全面起飞，国民经济年增长速度平均在6.5%以上，短短十年间，人均GDP从400美元，增长为1,000美元。但20世纪80年代以来，拉美经济起伏不定，出现了持续的衰退，金融动荡持续不断，社会问题有增无减，一些国家因经济和社会危机引发执政危机，传统政党纷纷下台。究其原因，拉美经济的发展，存在着严重的问题，尤其是城乡二元矛盾突出，城乡发展严重失衡。国内外资金多投于工业部门，而农业和农村地区得不到足够的资金，农业基础设施落后，而且拉美国家对农业的保护程度非常低。保护程度低的目的是保持较低的城市粮食价格，以防工人工资上涨对资本积累的不利影响。以上原因造成拉美国家的农业生产遭受沉重打击。农业长期萧条，导致大部分农村居民陷入贫困之中。分配不公、社会贫富差距悬殊、两极严重分化，再加上失业问题日趋严重之势，导致社会治安问题严重、犯罪活动频繁、造反之事此起彼伏，社会陷入动荡之中，经济发展也停滞不前。

拉美陷阱启示我们，在现代化建设过程中，必须坚持科学发展观，以人为本，统筹经济，坚持可持续发展的经济增长方式与建设和谐社会的观念。

二、国外以信息化助力建设和谐社会的新动态

2003年，联合国信息社会峰会通过《原则宣言——建设信息社会，新千年的全球性挑战》，标志着包括我国在内的整个国际社会普遍接受了信息社会建设要实行“以人为本”、“充分包容”和“面向发展”三项原则。信息化发展领先的国家更是重视以信息化服务于人的发展，高度关注直接关系国民素质提升的领域的信息化，千方百计让国民从信息化发展中获得实际的好处。

近年，在全球性金融危机、经济危机的背景下，国外尤其是发达国家和后起的信息化领先国家，不仅没有减少，反而加大了推进信息化的力度。他们在战略上，注意将推进信息化纳入各自的反经济衰退的策略组合之中，在更新各

自信息基础设施和将信息通信技术进一步应用于社会发展目标两方面的动态尤其令人瞩目。

（一）国外在更新信息基础设施方面的新动态

面对经济危机，发达国家和信息化领先国家发展下一代信息基础设施的决心不仅没有动摇，反而更加坚定。首先是许多国家纷纷出台和大力实施了新的“国家宽带计划”。奥巴马政府上台后，可以对“三大汽车公司”的危机甚至破产袖手旁观，却提出了旨在“更新美国信息高速公路”、力度堪比克林顿政府的信息化新方案。2009年4月8日，美国宣布正式启动政府投资总额达72亿美元的国家宽带计划，该计划旨在将高速互联网接入服务普及到美国的每个角落。2010年3月，美国联邦通信委员会（FCC）在广泛征求广大美国民众意见的基础上，向国会提交了国家宽带计划的实施细则，将向国会申请的建设计划预算提高到250亿美元，力图确保整个宽带生态系统的健康发展。其目标包括，在10年内，至少1亿美国家庭能支付得起实际下载速度至少为每秒100兆比特，实际上传速度至少为每秒50兆比特的宽带网络服务。并依靠速度最快的、覆盖范围最广的无线网络，使美国引领世界移动创新领域的发展。[1]

2009年3月17日，日本总务省发布了“数字日本创新项目（ICT鸠山计划）大纲”。该计划要在3年内重点推广和实施优势信息通信技术项目，以“努力保持比世界快一步”的要求构建先进的数字网络。包括加速网络完全数字化建设，创建数字新产业，实现放心、安全的信息通信技术环境，加速构建新一代网络系统，通过信息通信技术实现物流、交通流、电力流和信息流的融合，综合性地构建有效的社会基础。2009年日本出台的“i-Japan战略（2015）”，是日本在以前实施e-Japan、u-Japan计划的基础上国家信息化战略的第三级跳。日本政府还提出，要以实现2015年计划为目标，争取在头三年内投资3兆日元（1兆日元约合

1 《美国国家宽带计划细则出炉》，http://www.cww.net.cn/tech/html/2010/6/2/ 2010621021172199.htm。

679.6亿人民币），促使40万—50万人就业。

2009年2月，欧盟委员会发布了《下一代全欧移动宽带：长期演进与超越》的报告，3月13日提出了信息通信技术研发与创新战略。欧盟各国也都很重视发展超宽带基础设施。欧盟委员会推出的“欧洲2020战略”建议方案提出，到2013年，要在欧盟国家全面普及宽带网，到2020年所有互联网接口的速率将达到每秒30兆比特以上，其中50%家庭用户的网速要在每秒100兆比特以上。欧洲议会2010年5月5日还通过决议，要求半数以上的欧盟成员家庭应该在2015年前连接至超高速宽带网，到2020年前实现所有家庭接入超高速宽带网络。[1]

芬兰政府的目标是，到2015年年底前，要让至少每秒100兆比特速度的宽带接入成为芬兰人的法定权利。芬兰最大的有线电视运营商Welho宣布推出最快每秒200兆比特的宽带业务。瑞典政府的目标是要将宽带接入的速率提升至每秒100兆比特。瑞典电信运营商TeliaSonera则要升级其固定宽带接入网，以期为企业及个人用户提供高清电视、实时视频流和网络游戏等富媒体业务。法国政府计划从2011年后的4—5年内投入70亿欧元，用于发展超高速宽带网络。法国总统曾制定目标，希望到2025年时，每家每户都能实现超高速宽带上网。

巴西政府也公布了总投资约130亿雷亚尔（约合73亿美元）的“国家宽带计划”，一方面制定了提高全国，特别是在低收入家庭中的宽带网络接入率的目标，使现有的网络用户数量到2014年时翻两番，达到4,000万；另一方面，是要降低网络使用资费。这一计划的实施内容，包括向前国有电信寡头Telebras注资近32亿雷亚尔，由该公司负责经营一条全长2.3万公里的光纤骨干网。而参与“国家宽带计划”的企业可以向国家发展银行申请贷款，贷款总额为75亿雷亚尔。[2]

1 《欧盟议会呼吁家庭宽带全覆盖》，http://www.cnii.com.cn/xxh/content/ 2010-06/ 01/ content_770136.htm。

2 《国家宽带：告别“纸上谈兵”》，http://www.cww.net.cn/tech/html/2010/6/2/ 2010062102 3417385.htm。

韩国宽带普及率达到93%，平均速率达到每秒49.5兆比特，为世界首位，但仍在加大宽带建设力度。2009年2月韩国政府宣布，国家与业界将投入34万亿韩元建设IT大运河，使有线网最高带宽达到每秒1吉比特，无线网平均速率达到每秒10兆比特。

印度也不甘人后，其发布的《印度的宽带经济：2010年远景、战略和行动建议》预计，2010至2020年间，印度的宽带对经济的贡献将达到900亿美元，并使劳动生产率提高15%。目前，印度从财政政策、内容与应用、基础设施、最后一公里等方面都提出了加速宽带发展的相关措施。[1]

加拿大、澳大利亚、新西兰、新加坡、法国、德国、荷兰、奥地利等，都分别制定了各自的信息化战略和规划，其中，加快部署下一代网络基础设施成为重要的组成部分。

需要强调指出，信息化发达国家正在布局兴建的网络基础设施，就其性质上讲，具有更新换代的意义，而不是简单的量变。物联网、泛在网、富互联网、语义网等，显示了与此前网络基础设施不同的特征，勾勒出未来网络的大体轮廓。更具智能性的信息基础设施与铁路、公路、机场、电网等传统基础设施的融合，令后者的智能化程度进一步提高。智能基础设施的广泛应用，成为“智能地球”发展的必要条件。

（二）国外将更新的信息基础设施用于社会发展方面的新动态

在美国，奥巴马上台后，积极推进庞大的经济刺激方案，推动美国经济进一步“数字化”。通过加大对教育、基础研究和高技术基础设施的投入来提升美国的长期竞争力。美国的“国家宽带计划实施细则”明确规定了社会信息化方面的目标，除了保证宽带普遍接入外，还包括让每个社区都能够支付得起接入大于等于每秒1吉比特的宽带服务费用，以访问学校、医院和政府等机构；让每一个应急救护人员都能访问覆盖全国的、无线的、互操作的公共安全宽带网络，以保障

1 向军:《宽带业务发展趋势及策略研究》。

美国公民的安全；让每一个美国人都能通过宽带跟踪管理其实时能源消耗指标，以确保美国在清洁能源经济中处于领先地位等。此外，医疗记录数字化、学校教育信息化、国土安全、航天监测等关系公民切身利益的信息化应用也被列入奥巴马政府信息化投入的重点。具体包括：（1）使美国信息技术从业人员的数量在现有基础上增加10%左右；（2）建设数字健康网络，在美国公民中普遍实现健康档案电子化；（3）构建21世纪教室，为更多的教室配备计算机等设备，加强对教师的技术培训，在课程中融合更多的技术元素，让学生能够熟练掌握“21世纪经济发展的数字语言”；（4）拨款60亿美元，在宽带网覆盖率不高或未覆盖的乡村等地区普及宽带网，缩小“数字鸿沟”；（5）大量采用Web 2.0等新技术，提升电子政务水平。

加拿大政府认为，宽带普及有利于推动经济发展、刺激创新并改善加拿大全国社区居民的生活质量。在这一波信息基础设施更新热潮中，加拿大投资2.25亿加元用于扩大宽带网络覆盖。其中，最重要的是将宽带连接农村地区，以便让接入宽带服务的个人、家庭和企业分享信息社会重要的经济和社会利益，包括电子医疗、商业机会和远程教育等。[1]

日本在新近出台的信息化建设计划中，明确是以电子政务、医疗保健和教育人才为三大核心领域进行规划的。总体来看，日本政府提出当前应在IT改革新战略思想下重点突出三个支柱产业：（1）重点推进三大项目，包括电子政府及自治体、医疗、教育及人才，构建数字特区等；（2）搞活区域产业及新产业的培养；（3）推进所有领域发展的数字化基础。其中，第一个方面与公民的生活直接相关。具体说来，日本政府的要求是：在电子政务方面，要使行政机关等场所实现信息数字化，可使居民或企业直接上网访问获取信息。在2013年前要广泛普及并落实“国民电子个人信箱”，使国民能够放心获取并管理与己相关的各类行政信息，并经由各种渠道享受电子政务提供的各种服务；在医疗保健方面，

1 《加拿大正式启动宽带计划，2.25亿加元将全部分配》，http://www.cnii.com.cn/gj/content/2010-06/01/content_769986.htm。

要使用远程医疗技术，整顿医疗机构的数字化基础设施，为患者提供高质量的医疗服务，并实现电子病历和个人电子保健信息，改善医疗质量；建立健康信息高速通信网络，使居民自由获取健康信息，提高健康水平和提供高质量的医疗服务；在教育人才方面，推进数字教育，有效培养数字人才，扩大数字人才视野，以解决日本全国潜在的数字人才不足的问题。促进数字化技术的应用，实现教学双向易懂的教育，建立能持续稳定培育高端数字化人才的体制，在普及大学信息教育和整顿数字化基础设施的同时，利用数字化技术促进对远程教育的支持。[1]

欧盟自2005年实施“i2010”战略以来，一直将“电子包容”作为该战略的重要目标，官方把电子包容定义为“确保欧洲所有公民从信息通信技术中获益”。为此，欧盟重视扩大宽带服务的覆盖范围，大力开展数字化推广，向公众提供一流的网上公共服务，建立更安全、更智能化、更清洁和更节能的交通，创建欧洲数字图书馆，使公众更方便地接触欧盟文化遗产。针对许多弱势群体，如老年人和低收入、低学历群体、残疾人等应用互联网时的不便，采取了技能培训和终身学习等措施，以消除数字鸿沟。欧盟还重点资助了信息通信技术研究包括微型和纳米电子学、医疗保健和欧盟道路安全议程等。在全球金融危机的背景下，欧盟高度重视利用信息通信技术驱动经济复苏，促进增长和就业，并把创建100%的互联经济、采用新的数字技术（Web 2.0等）、鼓励欧洲公民参与创新发挥创造力、向公众提供现代化的有效的公共服务、利用信息通信技术改善欧盟公民的生活质量、推进eHealth战略努力提高欧洲公民的健康状况等列为未来信息化的重点。[2]欧洲议会2010年5月5日通过决议，进一步强调，在欧洲，特别是老人、残疾人和低收入者等特殊人群，都应获得相应培训，以便让所有欧洲人都能最大限度地从互联网中获益。信息通信技术培训和电子学习（e-learning）应成为欧洲人终生学习不可缺少的一部分，欧盟成员应向公民提供更好的、容易实现的教育和

1 http://www.soumu.go.jp/main_content/000030866.pdf.

2 欧盟委员会:《欧洲数字竞争力报告》，2009年8月。

培训项目。[1]欧盟还计划到2015年前将网民比例从60%提高至75%；半数公民能够利用电子政务服务；实现网络购物者比例达到总人口半数；20%的人通过网络跨国购物；33%的中小企业开展电子商务。[2]

巴西政府和电信运营商签订了一个合同，在2012年年底，将使城市端口的普及率达到100%。在这些城市中，将有55,000所基础教育公立学校在未来15年内拥有这些免费的网络端口。

1 《欧盟议会呼吁家庭宽带全覆盖》，http://www.cnii.com.cn/xxh/content/2010-06/ 01/content_770136.htm。

2 新华社：《欧盟公布互联网未来10年发展规划》，2010年5月21日 14时30分。

第二节　国外建设和谐信息社会的主要经验

对于如何认识国外在信息化的时代背景下建设和谐社会的主要经验，当然，不同的人会有不同的看法。我们认为，一些国家和国际社会在以信息化服务社会发展目标方面，以下一些观点、做法或经验特别值得我们重视。

一、将“人人共享”、“广泛包容”、“面向发展”确立为信息社会建设的原则

这方面的思想共识和政策成果，集中体现在2003年国际电信联盟（ITU）日内瓦“信息社会世界峰会”的《原则宣言》中。该宣言开宗明义地指出：“我们，世界人民的代表，于2003 年12 月10 日至12 日汇聚在日内瓦，出席信息社会世界高峰会议第一阶段会议，宣告我们建设一个以人为本（people-centered）、包容性（inclusive）和面向发展（development-oriented）的信息社会的共同愿望与承诺。在此信息社会中，人人可以创造、获取、使用和分享信息和知识，使个人、社区和各国人民均能充分发挥自己的潜力，促进其实现可持续发展并改善其生活质量。”

国际社会普遍认识到，信息通信技术是为人服务的，用《原则宣言》的话来说，“信息通信技术本身应被视为手段而非目的”。在信息化进程中，各国各地都必须建设必要的信息基础设施，引入及更新信息通信技术装备。若没有必要的技

术手段，人们很难迈入信息社会的门槛，从这个意义上，一个社会必须重视信息化能力的建设和就绪水平。联合国和一些研究机构，连年开展了电子就绪水平的测评，发布相关的研究报告。[1]但相比起来，更重要的还是需要明确信息化建设的目的和原则。以人为本、广泛包容、面向发展，为信息化建设指明了方向。

二、高度重视并积极致力消除数字鸿沟，重点扶持社会弱势群体

国际社会已广泛认识到数字鸿沟普遍存在的严重事实，在发达国家和发展中国家之间，以及在各个社会内部，人们并没有平等地享受到信息化带来的益处。一系列实证研究表明，在世纪之交，信息化的推进不仅没有缩小原有的南北差距和贫富差别，反而使这种差距和差别进一步升级和恶化，即使得“富者更富、穷者更穷”。

有关国际经济发展的统计资料显示，1950年时发达国家的人均国民生产总值为3,840美元，发展中国家为164美元，相差21倍；到1980年，发达国家该指标增至9,684美元，发展中国家为290美元，相差39倍；到了1990年，前者已增至17,976美元，后者却仍停留在不到300美元，相差约60倍。到20世纪末，最富裕的美国人均国内生产总值超过了30,000美元，最贫穷的发展中国家人均国内生产总值仅有100美元，双方相差高达300倍。据联合国开发计划署（UNDP）1999年度《人类发展报告》的数据，占世界人口20%的发达国家拥有世界总产值的86%，它们占全球出口市场的份额也高达82%。而占世界人口约80%的发展中国家这两项指标仅分别为14%和18%。十年前，世界最不发达国家总共有36个，目前已经增加到48个。撒哈拉以南非洲地区的处境更为严峻。虽然世纪之交非洲的经济增长率在4%左右，但非洲的国内生产总值仅占全世界的1%，贸易仅占国际贸易总额的2%。一些国家的人均实际收入大大低于40年前的水平。显然，在经济全球化趋势不断加强的今天，包括南部非洲在内的一些国家的经济

---

1 见各年联合国的“e-readiness report”。

与世界经济差距越拉越大，这些国家正面临被边缘化的严重危险。[1]

同时，许多国家内部的数字鸿沟问题也非常严重。例如，即使在最富裕的美国，乡村家庭、低收入的家庭、黑人和西班牙语裔家庭、低学历人群、女性等，在掌握信息通信技术方面，也属于“数字贫困”的人群，他们在信息社会中的工作、学习和竞争能力，远远落后于其他社会群体。

许多研究者指出，数字鸿沟对社会的和谐发展存在巨大的威胁。要想真正做到让信息化惠及社会全体成员，就必须重视解决数字鸿沟问题，将数字鸿沟转变为人人享有的数字机遇（digital opportunities）和“数字红利（digital dividend）”。解决数字鸿沟问题的关键，则是要重点扶持弱势群体，包括移民、国内流离失所者和难民、失业人员和社会经济地位低下者、少数民族和游牧民族，还包括老年人和残疾人等社会成员，以及在信息化中发展滞后和更具边缘化危险的国家和地区。为了让这些国家、地区和弱势的社会群体摆脱数字贫困的境地，国际社会和许多国家的政府采取了一系列有针对性的措施。

三、以经济信息化为基础，让信息通信技术在促进经济发展中发挥更大的作用

信息化的发展以及它对社会产生作用，离不开现有的经济、社会和文化基础。其中，经济发展严重不平衡，是导致数字鸿沟的基本原因之一。目前，贫穷正在困扰着全球1/4的人口，一些发展中国家的居民每天的生活费不足1美元，许多人连最起码的营养、卫生条件也不具备。经济的落后，使得这些发展中国家在文化教育、科技水平方面与发达国家相比都存在着较大的差距。联合国的统计材料显示，美国的年人均科研经费为600美元，欧盟为360美元，日本高达700美元，可是大部分拉美国家只有10美元，尼日利亚仅0.22美元。有的发展中国家连一些基本的科研都难以进行。在最贫困的欠发达地区，连食物、水、衣物、药品、电诸如此类最基本的生存条件尚不具备的情况下，这些地方的贫困居民根

1　新华网，记者杨秋艳、王振华报道，2000年9月3日。

本无力问津信息通信设备。在亚非拉最贫困地区，经济、科技的落后，导致资金匮乏、人才匮乏，导致电信基础设施和信息资源的匮乏，当信息化浪潮到来之时，犹如雪上加霜，数字鸿沟便难以避免。

面对信息化的机遇和挑战，发展中国家和欠发达地区，以及相对发展落后的社会群体，有可能也必须利用后发优势，通过加快自身的发展，来缩短与领先者之间的差距；另一方面，他们也有可能因主客观条件的种种限制，错过信息化的历史机遇，进一步拉大与领先者的距离。

缩小数字鸿沟，以信息化促进社会和谐发展，必须重视经济信息化。事实上，较之发达国家而言，发展中国家在迈向信息社会的进程中确实有更多的困难有待克服，需要付出更大的努力。一些国家的政府面对信息化带来的挑战采取积极的应对良策，其中，大力推进经济信息化，充分发挥信息通信技术在促进经济发展中的作用，提高自身的经济竞争力，为社会全面发展提供良性的源源不断的经济支持，在其政策体系中具有基础的地位。

经济的发展当然不等于社会和谐，但社会和谐必须以经济发展为条件。在包括良好的政策引导等有利的条件下，信息通信技术可以成为强有力的手段，帮助提高生产力，促进经济发展，创造就业机会和提高就业可能性，并改善全体人民的生活质量。近年，世界银行等机构非常重视收集发展中国家以信息化促发展方面的经验和案例，他们的做法为广大发展中国家提供了非常宝贵的启示。

四、推进公共领域的信息化进程，向全社会平等提供更多信息化的公共产品，提高信息化资源的复用效率

近年，国际信息化领域的一个引人瞩目的动态，便是以电子政务为代表的公共领域的信息化在全球范围内普遍得到重视。实际上，发展电子政务，推进公共领域的信息化进程，是以信息化促进社会和谐发展的必要和有效的措施。一方面，国家和政府通过公共领域的信息化，可以向全社会平等地提供更多信息化的公共产品，尤其是利用公共机构的非营利性质，让社会弱势群体以更低的成本接

入公共的信息化资源；另一方面，公共领域信息化还有利于提高全社会信息化资源的复用效率，这对信息化资源较为短缺的欠发达国家和地区来说，更具有特别重要的意义。

虽然各国在具体做法上有所不同，但归纳起来主要有以下几种方式：

一是政府加大对公共信息基础设施建设的投入，让更多的人有条件分享信息化所带来的好处。许多国家尤其是发展中国家的政府，为帮助弱势群体克服网络接入的困难，选择在乡村和城市的贫穷地带和在学校、公共图书馆等公共场所发展公共接入，有些国家还与电信公司等商定接入费从他们的收入中划拨，还有的国家通过财政减免或引入竞争机制，为用户降低上网终端和通讯的费用。

二是整合资源，帮助用户更便捷地使用公共服务。例如，美国联邦政府专门开通了门户网站“First Gov”，把美国各级各部门的政府网站整合在一起，向用户提供一站式服务；加拿大的政府网站将各种公共服务按个人、企业和外国人等用户类型的不同分类提供，大大方便了用户。许多国家的政府网站也借鉴了他们的经验。

三是以信息化为手段，拓展公共服务（如卫生、教育、运输、公安）的范围和深度。尤其是面向公众的在线服务的发展，为用户减少了许多麻烦。

四是照顾到弱势群体的特殊需要。例如，在内容方面，印度政府鼓励一些涉农企业和非政府组织把大量英语内容翻译成印地语，方便英语水平低的农民使用网上有关农业、市场信息、政府服务、福利信息、公共医疗服务等内容；一些发达国家面向残障人士，开发出许多专用设备，方便他们使用政府的公共服务。

五、扩大社会成员的电子参与，促进社会包容和社会凝聚

国际社会认识到，个人享有自由发表意见和自由言论的权利，以及通过任何媒体寻求、接收和分享信息和思想的自由，是信息社会的根基。如《原则宣言》所指出的：“交流是一种基本的社会过程，是人类的基本需要，而且是所有社会组织的基础。它是信息社会的核心所在。每个人，无论身在何处，均应有机会参

与信息社会，任何人都不得被排除在信息社会所带来的福祉之外。”

在这方面，欧盟国家的经验特别值得关注。欧盟在国际上较早地明确把解决“社会排斥”、促进社会包容列入重要的日程。按英国政府对社会排斥的定义，人民或者是地区因失业、低技能、低收入、简陋住房、高犯罪率、不健康和家庭破裂等问题的综合影响，不能有效地参与社会生活者，被认为属于社会排斥的范围。

欧盟经研究认为，他们的社会排斥现象主要表现为：在健康领域，低收入者群体难以分享良好的医疗卫生设施；在就业领域，被社会排斥的社会成员主要有长期失业者群体、残障人士群体、有年幼子女的母亲群体和吉普赛人群体；在社会保护领域，除长期失业群体外，被社会排斥的社会成员还有老年人群体，尤其是其中依赖社会救助的那些人；在教育领域，低收入群体、吉普赛人群体、讲少数民族语言的群体是被社会排斥的主要群体；在住房领域，被社会排斥的群体主要是低收入群体。

欧盟在反社会排斥方面已经采取了许多措施，在信息化背景下又很快把它与信息社会的目标结合起来，提出建设电子包容，[1]即以信息化促社会包容、实现社会凝聚的目标。这就是不仅要努力减少数字鸿沟所带来的限制人们参与经济和社会的障碍，而且要以信息通信技术为有力手段来消除原有的社会参与的障碍，让所有人平等地分享信息化所带来的好处。这就体现在要利用信息化让人们的生活变得更方便，提高生活质量，为就业和教育创造更多机会，提高社会网络互联的程度，在信任、希望和互惠的基础上，发展具有共同价值、共同挑战和平等机会的信息社会。

六、将信息化与可持续发展的目标结合起来

联合国各成员在向信息社会迈进的过程中，已普遍制定了扩大信息通信技术覆盖、降低其使用成本的措施。例如，在电信基础设施和服务方面，就广泛实行了电信普遍服务和普遍接入政策。原因在于：信息不仅已日益成为与物质、能源同等重要的基础性资源，而且信息化还可以通过节省物质和能源的消耗，对改善

1 http://ec.europa.eu/information_society/policy/accessibility/eincl/index_en.htm.

人类的发展模式起到更加重要的作用。因此，国际电联曾专门把2004年世界电信日的主题定为“信息通信技术：引领可持续发展之路”。

世界自然基金会（WWF）指出：虽然信息通信技术产品在生产、使用及废弃过程中，也会对生态环境造成负面作用，包括衍生一些公害污染，如废水、废气、有毒化学物质及噪音等，但信息通信技术投资、技术创新与扩散，仍是缩小生态赤字的理想政策工具。加速信息通信技术的创新与扩散，将有利于调整消费模式与消费形态，减少生态消费压力。联合国开发计划署指出：信息通信技术对生态环境的最大效益，在于提供监测与模拟环境的技术，促使研究人员与环保主义者共同携手解决环境问题，建立一个更健康、更公平和充满绿色的未来。

再如，瑞典环境保护署（Naturvårdsverket）组织曾发布过一份专题报告，专门研究了以信息通信技术促进可持续发展的问题。[1]报告总结了政府、企业、研究机构、非政府组织（NGO）等各方的意见，认为信息技术作为可以对迅速改变社会经济结构做出贡献的技术，经常发挥某种或正面或负责的催化剂的作用，信息技术本身的重要性常常是第二位的，更重要的是它的应用和系统解决方案。信息技术可以为新的商业逻辑创造机会。

为避免信息技术与可持续发展变成空洞的流行语，应该在各方成员参与和合作的基础上，选定数量有限的重点领域优先研究。他们提出的四个领域为：（1）信息技术产品本身对能源及环境的影响；（2）交通与通信/虚拟移动性；（3）社区规划（community planning）；（4）生产和消费类型。

世界自然基金会认为，在以信息化促进可持续发展进程中，应更加关注信息通信技术部门可以发挥重要作用的领域，这些领域主要有：（1）完善总体经济政策；（2）城市化、运输—通信、住房；（3）以知识经济/信息通信技术实现去物质化（dematerialisation）；（4）可持续发展区（SDZ）/示范项目（demonstration projects）。

---

1 Dennis Pamlin and Ewa Thorslund: IT and sustainable development – a central issue for the future, August 2004.

特别要关注那些信息通信技术投资密集的重要应用部门，如：公用部门、卫生、运输、通信、批发贸易、零售贸易/销售终端（POS）、职业业务、耐用品制造等。他们认为，信息通信技术助力可持续发展的主要途径包括：（1）完善供应链、清洁生产和提高经营生产的效率；（2）改进物流运输和实行灵活工作制；（3）完善城市规划；（4）智能取暖、节省能源、改进消费和去物质化等。

七、高度重视社会成员的信息能力建设

在信息社会中，对信息资源的拥有和利用能力非常重要，它将在未来的市场竞争、社会生产和财富分配中起到决定性的作用。拥有较强信息能力的社会群体，可以通过信息技术和互联网获得更多的资源，强化自身的竞争能力，取得较高的收入；而不拥有或拥有较弱信息能力的社会群体，则在竞争中处于不利地位，自身发展的机会减少，甚至有可能陷入一种恶性循环的境地。

联合国前任秘书长安南曾把基本电信手段和信息能力，比作工作、住房、食物、健康条件和饮用水等起码的生活保障，认为对于不发达国家和社会的弱势群体而言，基本信息能力的缺乏作为一种贫困，已经和那些生活保障条件的缺乏一样值得重视，它不仅会影响目前的生活，并且还会因此减少未来发展的机会。

因此，各国都非常重视通过加强培训，提高社会成员尤其是弱势群体利用信息通信技术的意识和能力。例如，在韩国，有调查显示，数字鸿沟主要是人们对信息化的认识和应用能力上的差别带来的，即导致一部分成员无法应用信息技术的主要障碍是他们认为自己不需要和缺少信息技术的应用技能。针对这种情况，韩国把相关的培训作为克服数字鸿沟的战略重点，由韩国数字机会和促进委员会（KADO）负责落实和执行缩小数字鸿沟的国家规划，政府与个人计算机协会、福利组织、邮局等机构合作，利用各种可能的方法，提供上网及培训网络技能的机会。韩国政府还针对成人常常没有时间进入专门培训机构接受培训的情况，鼓励并提供机会让他们在业余时间自学，利用网络教育，增强自己的职业技能，从而提高再就业能力。网络大学里传授的多是非常基本的课程，比如外语、电子商

务、信息技术、设计等。

八、将信息通信技术用于社会和谐发展，需制定明智的政策予以干预

正因为信息通信技术本身是中性的，信息化是“双刃剑”，因此，需要关注和解决它可能造成的负面影响。由于“市场失灵”的存在，信息化符合人们趋利避害的利益要求又不可能完全通过市场经济自发完成；加上参与信息化进程的各种利益主体之间利益关系极为复杂，全球化进一步加大了利益平衡的难度，这就使得地方的、国家的政府，以及国际社会的政策取向如何变得至关重要。因而，明智的政策干预必不可少。

首先，要发挥政府在福利再分配方面的调节作用。即使在自由的市场经济大行其道的美国，增加使用数字技术工具的美国人的数量，提高数字包容的程度，也成为美国政府一项至关重要的目标。例如，为了让乡村家庭、低收入的家庭、黑人和西班牙语裔家庭、低学历人群、女性等属于“数字贫困”的人群迅速接纳新技术，美国政府在改善互联网接入，开通公共接入点，联合企业投入财力和人力，开展培训，鼓励低收入用户通过互联网求职和拓展其他网络应用方面，采取了一系列积极的政策措施。

其次，要在社会多目标之间取得更好的平衡。尤其对于广大发展中国家和欠发达地区，克服数字鸿沟，实现以信息化促社会和谐发展的最大挑战，就在于要在经济、文化教育、科技水平等方面都与发达地区存在着较大差距的情况下，在现有资源十分短缺的制约下，使社会发展的多元目标取得尽可能好的平衡，从而使更多的资源投放到缩小数字鸿沟上来。

再者，明智的政策还包括动员更多社会力量，尤其是企业参与进来。许多国家的政府非常关注动员全社会的力量，包括争取跨国公司的支持，形成广泛参与的格局和合力。在此过程中，一些发展中国家也在探讨通过市场开放，引入国外公司的力量，加快缩小数字鸿沟的有效方式。

第三章

信息化助力和谐社会建设
——从一个农村的案例“沙集模式”谈起

信息化助力和谐社会建设，可以也应该体现在社会的诸多方面。在深入讨论信息化助力和谐社会建设的理论问题之前，让我们先从一个发生在我国农村的案例——“沙集模式”谈起，通过这个案例看一看信息化如何助力当地的经济发展和社会和谐。“沙集模式”是中国社科院信息化研究中心的学者联合业界同行，在多次实地考察调研的基础上，对农村电子商务中出现的“沙集现象”进行理论提炼而来的。本章首先介绍“沙集现象”，然后介绍“沙集模式”，并从信息化助力和谐社会建设的角度讨论“沙集模式”的意义，最后结合当前沙集农村电子商务遇到的问题，提出一些建议并做概略的展望。

第一节 “沙集现象”

“沙集现象”特指江苏省睢宁县沙集镇农民网商自发式产生、裂变式成长、包容性发展的现象。自2006年开始，沙集的农民自发在网上开店，销售拼装式家具。经过短短几年，网销如细胞裂变式快速发展，许多人越来越多地被包容其中，有力带动了加工制造、材料配件、物流快递等相关产业，形成一定规模。“沙集现象”开始引起关注。

最先报道“沙集现象”的是地方媒体。2009年7月18日《南方都市报》登出“Ctrl+C 成功复制新型农民军”的文章，2009年9月1日《重庆商报》报道指出“江苏农民开网店年销售5,000万，重庆农民要学习”。2009年9月4日，《徐州日报》以题为“睢宁沙集千余农民开网店”，报道了沙集镇东风村1,200户人家，有300

多户在“淘宝”开出网店的情况。随后，2009年10月16日《钱江晚报》也刊登了题为“睢宁县淘宝村：整村农民‘二指禅’打字开网店”的文章。“沙集现象”浮出水面。

2010年9月，阿里巴巴召开“第七届全球网商大会”，唯一的“最佳网商沃土奖”颁给了沙集。会后，中国社科院信息化研究中心与阿里巴巴研究中心联合组队，在沙集进村入户进行了一星期的调研。随后社科院课题组又做了多次回访。调研越深入，越让作为调研者的我们感到在“沙集现象”的背后，存在着“沙集模式”；而“沙集模式”对解决我国的“三农”问题和促进农村经济转型、社会和谐等，具有极大的推广价值。

一、“沙集现象”产生的历程

沙集镇是睢宁县的东大门，与宿迁市毗邻。镇辖17个行政村，264个村民组，1.3万户，人口6万人，劳动力3万人。耕地面积5.4万亩，2009年农村经济收入100,592万元[1]，其中农业收入9,075万元，牧业6,126万元，工业收入70,693万元，农民人均收入5,882元。

“沙集模式”的发源地——东风村，又是位于沙集镇的东部，与宿迁一河之隔，北临324省道，东靠宁宿徐高速。东风村区域面积6,779亩，耕地面积4,464亩。东风村共有17个村民小组，1,180户，总人口4,849人，2009年农村经济收入2.2亿元。

“沙集现象”的产生，要从东风村经济发展的“三段式”说起。过去，东风村的村民主要以务农和外出打工为主。苏北是有名的盐碱地，东风村的人均土地不足一亩。种田大多为稻、麦两熟，缺水的地方则种小麦、玉米两熟。种田既耗费精力，收入又低。遇到灾年，农户还要赔钱。因而，村里的很多年轻人选择了外出打工。他们远赴北京、南京、上海、深圳等地打工，家里留下老人和孩子耕

1 睢宁县统计局：《2009年睢宁统计年鉴》。

种土地。平时，村里外出打工人数达到1,500人，最多时外出打工的人数达2,000人以上。打工的收入不多，情况好时，春节能带一万元回家。穷则思变，聪明勤劳的沙集人除了务农和外出打工外，经历了养猪业、废旧塑料回收加工业、网店销售及加工业这样农村经济发展的三个阶段。

1. 养猪业（1982年起）

从农村联产承包责任制以后，东风村出现了生猪养殖户。生猪养殖给农民带来了种田以外的额外收入。最赚钱时，每头肥猪的利润可以达到400—500元。到1995年，养猪业发展到最高峰，全村养殖户多达300余户，全村每户平均养猪达到10头以上。养猪业给农民带来了收入，然而，1997—1998年，东南亚金融危机让生猪价格一路下滑，再加上生产能力持续扩张，供过于求，生猪价格从6块多一路掉到 1块多一斤，养殖业利润空间变得越来越狭小，甚至是赔钱。于是，东风村的养殖户开始转行，养殖业开始萎缩。

2. 废旧塑料回收加工业（1995年起）

从1995年开始，东风村部分农户受邻边耿车镇的影响，开始从事塑料回收加工业务。一开始，农户到全国各地，特别是到南方比较发达的地区回收废旧塑料。2000年起，农户们纷纷转型从事回收和加工双业务。塑料回收再加工，作为工业材料用于制造业，然后用于成品出口。到2005年，全村塑料回收加工业务达到最高峰，全村从事该产业农户达到250户，年产值达到5,000万元，利润率达到10%—20%。然而，近年的金融危机导致塑料加工行业陷入低谷。国际金融危机首先影响到的是中国的对外贸易，外贸缩水引发需求急剧降低，废品收购业受到直接影响，价格严重下滑，塑料价格从4块多跌到了2块多一斤。东风村塑料回收加工业务出现大规模亏损。并且，废旧塑料回收加工业务环境污染大，政策风险越来越大，很多废品回收加工企业面临停产或者是减产。

3. 网店销售及加工业（2006年起）

2006年，村里的年轻人孙寒从县移动公司辞职，开起了第一家网店，从事简易拼装家具的网络销售及加工。经过短短的几年，村里的网店生意从无到有，网店模式被更多的村民成功复制，他们在淘宝网上卖起了木制家具。外出打工的农民纷纷回到家乡做起了网店生意。东风村的家具因为物美价廉，远销北京、上海等全国各地，甚至韩国、日本、中国香港的订单也源源不断。网络销售带动了加工制造，网销及加工进而带动了板材生产加工、五金配件、物流、快递等业务的崛起和发展。

下图揭示了东风村农村经济发展的“三段式”过程。

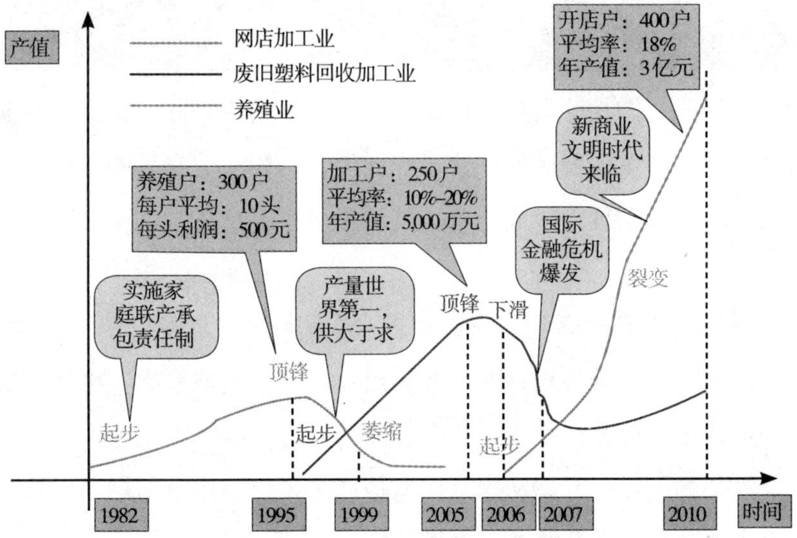

图 3.1　东风村农村经济发展的“三段式”

二、“沙集现象”的主要表现

（一）网销

“沙集现象”，首先是沙集农民自发在网上开店销售的现象。它从东风村开始，并在村内外快速扩散。到2010年年底，在东风村1,180多户人家中，网上开店的已有400多户，沙集镇则有一二千户。有的一家开几个网店，有的是一个IP，有的是几个IP，如按他们所开的网店算，仅东风村的农户就开办了1,000多个网店。在我们的调研中，因网销仍在快速发展之中，很难取得更精确的数据。

沙集农民的网销形式多样，如以下三张照片所示[1]：一种是雇专门的客服来做网销；二是自己在家经营网销；三是兼职做网销。

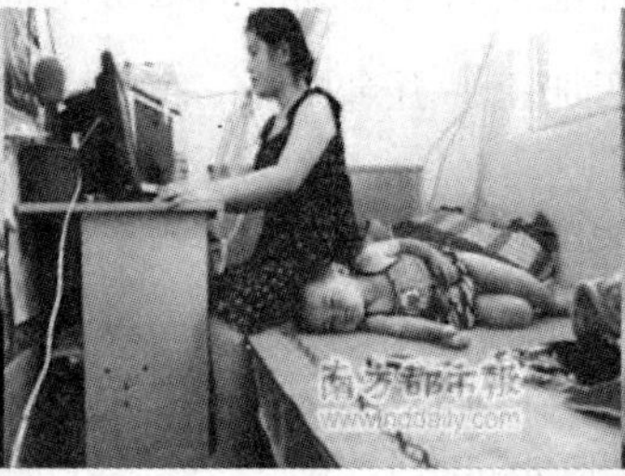

比如，一天，我们在沙集镇上调研网销对电脑销售的影响，进了一家挂着联想电脑招牌的门市，发现看店的小伙子也在经营网销。他在等顾客上门买电脑的时候，就在网店上卖家具，谈成一单，就到附近厂家拿货。这就是一种典型的兼营方式。

目前，东风村家具网商年销售额超过100万元的有十多户，超过300万元的有四五户。产品销往全国各地，并已开始出口。经与当地领导、网商及物流企业反复测算，估计这个行业在沙集现在有三四亿元的年销售规模。

另外，沙集的网销已开始从家具向其他产品延伸，像家居用品、玩具、装饰材料，以至废塑产品，也开始通过网络销售。

（二）加工制造

沙集家具加工制造业的发展，呈现出由网销带动制造，制造兴起后又促进网销的一个良性过程。这是信息化带动工业化，“两化”融合互动非常典型的案例。

1　除了在调研中我们自己拍摄的照片外，使用了从网上下载的如《南方都市报》等一些媒体的照片，在此表示感谢。

沙集家具制造企业近年迅速发展。很多人大都是从不生产、只销售开始起步。有了单子，到人家去拿货。等待时间长和委托加工的不便，推动他们自己加工生产。以下三张照片反映了沙集家具制造发展的“三级跳”现象。

他们往往从自家小院里起步，一开始以家庭成员为主，几十平米场地，几千块或上万块钱的简易设备。接下来，第二级跳，就开始雇人，规模上来了，上百平米的场地，几十万元的投资。再往后，就是1,500平米、2,000平米的大厂房，雇工达到几十人，设备可达百万元、几百万元的规模。其中，有的已不再做网上零售，而是专门为其他网商生产产品。不断有新网商加入制造的行列，不断有加工制造能力的提升，使得沙集家具加工制造业呈现方兴未艾生机勃勃的发展态势。到我们2010年年底调研时，沙集镇内已经拥有家具生产厂180余家。

（三）物流快递

网销对物流快递业的拉动作用十分明显。网销刚萌芽时，沙集的快递企业只有中国邮政的EMS一家。到我们2011年3月回访时，仅东风村就有七八家，沙集全镇已有17家物流快递公司进驻。家具产品托运的物流快递费，2010年已达到3,000万至4,000万元的规模。

我们还可以通过运费收入的增长来看网销的带动作用。据我们在沙集2010年10月调研时EMS提供的数据，2008年它的家具运费收入是92万，2009年是194万，2010年到9月份是300多万，到2010年年底，估计可达400多万元，连年以倍增的速度发展。其实，我们调查得知，EMS在沙集现有的十几家物流快递企业里，家具运费收入不是最多的。圆通、华宇、佳吉等的运费收入规模就比

EMS还大。

另一个数据，也非常说明问题。“天天快递”告诉我们，他们在睢宁设了两个营业点，一个在县城，另一个在东风村。设在东风村的营业点运费收入每天7,000元左右，而设在县城的营业点，1,000块钱不到。网销对物流快递业的拉动作用可见一斑。

下面的照片是物流快递上货的情况。每天下午，三四点钟开始到傍晚，是送货、上货最繁忙的时候。9吨、12吨的集装卡车，可以装得满满的。有的公司一家就有4台车，例如圆通。我们当年在“特区”、在广东“四小龙”那里见过类似景象，现在，很高兴在沙集也看到了。道路不宽，托运的货物摆到了街面上，这说明发展太快，已逼着把货运场地和道路改造提上日程。

（四）材料配件

根据物流商提供的数据，东风村每天运进3,000张刨花板。在板材加工企业调研，我们听说，东风村家具加工每天需要板材2,500—3,000张。据村支书王敏提供的数据，到2010年年底，全村拥有6家板材加工厂。

加工制造对材料的带动作用非常明显，现在实木家具、铁木家具、软包家具也发展起来了，这需要越来越多地从外面购进木料和其他原材料。仅木材采购额一项，东风村2010年就超过三四千万元。

五金配件的销售开始分化出来，东风村圆通快递对面有个30平米的小门市，就在做配件专销。它开业不久，2010年下半年每个月的销售可达15万元。一间30平米的店铺已经不够了，老板打算在边上扩大到三间。

这都说明网销和加工，对上游环节的带动力很强。

（五）其他相关产业

网销的发展还拉动了其他的相关产业，其中包括：电信、宽带的装机量、话务量，电脑销售、维修、培训，机械的销售、器具销售，供电（因为办厂，用电量快速上升），包装，运输车，金融保险、信贷，其他相关服务业，等等。

以运输家具产品所需的旧包装纸箱为例，2010年仅1年间，回收纸箱的成本便从平均每斤0.8元上升到1.2元。

今后，随着网销产业进一步发展，外来用工量越大，产业拉动作用就会越明显，当地从日用品到餐饮，甚至以后的房地产，都会受益。

2010年11月，我们有研究人员回访东风村，看到围绕网销和加工形成的产业生态中，又出现了新的物种。一家总部设在上海的网商服务商刚在村里开业，打出的口号是“十五天入驻淘宝商城不是梦”。2011年3月，研究人员再次回访东风村，这家公司搬入了新的更大的办公场所，开办起网商创业孵化业务。

（六）就业用工

家具网销和加工制造的发展直接带动了就业用工。根据我们自己的调查，沙集网商开办的家具厂，平均每户雇用6个劳动力。例如，沙集最初开办网店的“三剑客”之一——陈雷的工厂就雇用了10来个工人，镇上最大的网商雇工达到50多人。

调研中，我们听村里老支书王维科说，在东风村的4,000多人中，过去经常在外打工的有1,000多人，最多时高达2,000多人。现在，除了少量在外做装修、做建筑工程的，差不多已经回来了90%多。他们回来了，人手还不够用，就需要雇用外来打工者。目前，东风村需要外来工填补的劳动力缺口在1,000人左右。在当地网商雇用的人员中，有来自其他村、其他县，甚至有省城来的大学生。

招人难，推动了工资上升。在沙集，2010年年底，熟练木工最难找，我们去调研时，发现熟练木工的工资是150—200元/天；小工和客服50元/天。从而，我们也可以想象雇主的收入水平。根据我们的调查，沙集镇农民网销家具的平均利润率有18%左右，按照2010年3亿的销售额，网商的利润将达到五千万元。而没有加工厂的普通网店月均利润也可达每月2,000元左右。

村里不识字的老人、妇女，包括一些残疾人，都卷入到网销产业中来。很常见的是父母给孩子打工。对此，父母有一个转变过程。在外打工的孩子回来过春节，搬来一台电脑，上宽带，家里也不知道他天天在网上干什么。过了节，孩子不愿意出去了。父母认为孩子不学好，结果也有闹的，也有要砸电脑的。过了一段时间，孩子买了台运货的机动车来了。父母问这车哪来的？孩子回答，自己挣的。这样，父母经过了从不理解到理解，然后心甘情愿替孩子打工的转变。

（七）社会发展与人本身的发展

睢宁县田副县长在陪我们去东风村调研时，他的第一个感慨就发在农村社会面貌的改变方面。从前，农民外出打工，村子许多“空巢”家庭，老人没人管，孩子没人问，夫妻长期分居，带来一大堆社会问题。现在，外出打工者回家创业了，一家人在一起热热乎乎的，有自己的事业，社会意义非常大。

网销在提高农户收入的同时，还提高了农村劳动者的整体素质。以前村里拥有最佳年龄、最高文化的劳动力都在外面打工，现在返乡创业，这对带动当地经济发展和农民素质整体提升非常有好处。网销激发农民自觉学习提高。当地总结网销有“五不耽误”的好处，如不耽误照看老人，不耽误照顾孩子等，这对和睦家庭、和睦乡里作用明显。

另外，网销发展的好处还表现在社会治安改善方面。东风村老书记王维科说现在“家家户户无闲人，人人手中有猴牵”，这个“猴”就是鼠标网线。人们有正事干，忙着以网销赚钱，就不无事生非了。

以上所有这些变化汇聚在一起，提升了农民的幸福感，对于和谐社会的构建非常重要。

第二节 “沙集模式”

“沙集模式”是对“沙集现象”的理论提升。

一、什么是“沙集模式”

“沙集模式”是农村经济社会发展中信息化带动产业化，产业化促进信息化的典型。具体讲，“沙集模式”的三大核心要素，是“网络 + 公司 + 农户”。其中，农户是主体，公司是基础，网络是龙头。在“沙集模式”中，家庭经营的农户是发挥主导作用的主体，实体公司是农村产业化的基础，而电子商务平台所代表的互联网则是带动农村产业化的引领力量。“沙集模式”是信息化带动工业化，工业化促进信息化的现代化道路在农村的具体体现。

首先，“沙集模式”指的是这样一种模式，即：农户自发地使用市场化的电子商务交易平台变身为网商，直接对接市场；网销细胞裂变式复制扩张，带动制造及其他配套产业发展，各种市场元素不断跟进，塑造出以公司为主体、多物种并存共生的新商业生态；这个新生态又促进了农户网商的进一步创新乃至农民本身的全面发展。“农户 + 公司 + 网络”相互作用，滚动发展，形成信息网络时代农民的创业致富新路。

其次，“沙集模式”中的三大要素，都具有自身的特殊性。这里的农户，不再是与大市场相隔离、只能依靠别人提供的信息，或靠惯性被动盲目生产的弱势小生产者，而是在自己家中就可以直接对接市场，主动掌握信息，自主经营按需生产的平等的市场主体；这里的网络，不是由政府主导、国家投资、官办机构管理、农户却不太买账的信息网络平台，而是以淘宝为代表的市场化的公共电子商务交易平台，农户在这个网络上从事网销，既不要国家财政投入一分钱，自身应用成本又低，且实效显著；这里的公司，不再是外加在农村经济之上、控制农户生产、经常与农争利的传统公司，而更多是土生土长、农户变身而来的新公司，以这种新公司为基础，吸引其他市场元素跟进，形成了一个为农户网商服务的共生多赢的新生态。

第三，“沙集模式”三大要素间存在逻辑关系。其中，第一个环节是由农户到网络，体现了“沙集模式”是农户自发、主动地应用既有的公共电子商务平台的特点。这是一种来自草根的、自下而上的信息化应用，区别于那种常见的由政府主导、自上而下的电子商务推广模式；第二个环节是网络到公司，体现了“沙集模式”由网销带动加工制造，以信息化带动工业化和农村产业化的典型路径特征，区别于那种农村常见的“先工业化、再信息化”的发展方式，或电子商务不改变原有生产结构只作为辅助销售手段的应用模式；第三个环节是公司到农户，体现了“沙集模式”以公司为基础、以市场化的新生态服务并促进农民网商进一步成长的关系，区别于以前公司凌驾于农户之上的不平等关系。三个环节循环往复，像滚雪球一样，推动沙集的这个以网销为龙头的产业群快速发展壮大。

最后，“沙集模式”在农户与网络的关系上，体现的是双重的社会资本，其中一重是农村特有的社会土壤；另一重就是市场化电子商务基础设施的网络外部性形成的社会资本。双重社会资本加在一起，为农户利用网络、对接市场和快速复制，提供了良好的条件。网络与公司的关系上所体现的，就是信息化带动工业化“两化融合”的关系。在沙集，它表现为网销带动工业制造，制造加工促进网销，进而形成有利的商业生态，带动农村产业化的过程。在公司与农户的关系上，则体现了良好的市场新生态或市场环境激励农户进一步创新和全面发展的关系。而“农户 + 网络 + 公司”的滚动发展，其实就代表了“沙集模式”所展现的一种信息网络时代农村的富民新路。如图3.2所示。

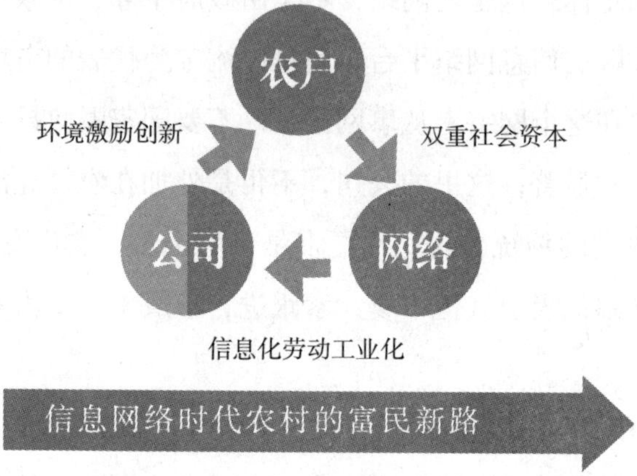

图3.2“沙集模式”的发展机理

二、信息化带来生产经营方式的变革

“沙集模式”所展现的信息化在经济社会发展基础层面的作用，集中表现在农村生产经营方式的变革上，即它以“网络+公司+农户”的新生产经营方式，替代了此前“公司+农户”的旧方式。这是由信息化带来的一种经济社会发展基础结构层面的变革，对于和谐社会的构建意义重大。

（一）过去“公司+农户”的生产经营方式

“公司+农户”的生产经营方式始于20世纪80年代，是指以市场为导向，在龙头企业的带动下，企业与农户签订合同，进行特定形式的合作，形成农工商一体化的产业链。农村家庭联产承包责任制的实施，确定了农户在农村经济中的主体地位。然而，农户却面临农产品销售渠道不畅和农产品生产的盲目性问题。于是，“公司+农户”应运而生。其特点是要靠龙头企业把小规模和分散的农户与国内外大市场衔接起来，采取与农户签订合同、定点收购农产品等合作形式，旨在帮助“小农户”进入“大市场”。

在“公司+农户”的生产经营方式中，农户对龙头企业是一种依附和依赖关系，农户在生产经营过程中没有话语权，在市场交易中处于被动不利地位。因此，农户的利益得不到保障。当市场有风吹草动的时候，受损失的往往是处于劣势的农户。这也是“倒奶”、“杀牛”等极端事件时常出现的原因。

（二）“网络＋公司＋农户”与“公司＋农户”方式的区别

在沙集，信息化使农村生产经营方式发生了深刻变革。“网络”要素的加入，使得以“网络＋公司＋农户”为核心的“沙集模式”，彻底改变了“公司＋农户”的农村生产的基础结构，对于解决农村经济问题，具有划时代的引导意义。在“沙集模式”中，农户成为整个产业链的主角，他们利用网络直接对接大市场，服务用户，变身为网商。他们根据消费者需求调整产品设计和生产，有的逐步发展成公司并不断成长壮大，带动整个产业链的其他公司共同发展。两种模式的主要区别见下表。

表3.1 农户在两种模式中的角色比较

	“公司＋农户”模式	“网络＋公司＋农户”模式
角色	低端（生产、养殖）	中高端（决策＋生产＋营销）
地位	被动地位（被给订单、被辐射、被带动）	主导地位（直接服务客户，拿到订单，辐射、带动产业链其他公司业务）
话语权	无：公司拉动农户	有：农户带动公司
面向消费者	否：不了解市场	是：了解市场需求，直接服务用户
商品定价权	公司和消费者	消费者和农户
风险	大（被动地位、不了解市场，自然风险）	小（主动地位，了解市场）
创新	无：重复性生产、养殖	有：产品创新、设计创新、模式创新
品牌	无：大公司拥有品牌	有：网店、商品、店主
产品附加价值	无：原材料或初级加工品	有：产品、品牌、服务
利润	微薄	大，自己掌控
产品	原始农牧渔林产品	不仅局限农牧渔林产品，还包括多样化、个性化、差异化的工业产品
农户发展趋势	单一：依然是农户	多元化：农户、小公司、大公司

三、“沙集模式”的特点

“沙集模式”的主要特点体现在以下六个方面。

（一）以家庭为基本单位

沙集网商主要是以家庭为经营单位。这可以极大地激发农民的积极性，由于家庭成员共同劳动，因而风险共担，利益共享，便于决策、经营和分配。另外，农村家庭经营拥有“船小好调头”的优势，网商可以随时根据市场需求，调整产品和价格。

根据我们的调查，东风村网店的启动资金74.58%来自家庭存款；从家庭人员分工上，年轻人通常负责网店经营，父母负责帮忙包装、打零活。从经营场地来看，除了规模较大的网商租用宽敞的厂房，大多数网商还是在家从事网销家具的生产和经营。年轻人通常负责打理网店、服务客户、获得订单。家具加工生产则在自家的庭院里完成。随着规模的扩大，一些农户还逐步建成了简易厂房，有的网商进而形成了较大规模并进驻了产业园区。沙集镇农民网店的实践再次说明，农村家庭经营便于在生产力水平较低时起步发展，也可以与现代化大生产妥善地对接。

案例：东风村会计王万军一家也开网店和家具厂。2009年，王会计投资6万元购买了一套家具生产设备。他把在苏州打工的儿子和女儿分别叫回家经营网店。儿子负责接单，女儿负责客服，老伴和儿媳负责包装。家具加工厂则设在自家的小院里。开网店不仅赚到了钱，家人团聚，一家人再也不用天各一方地彼此挂念。

（二）以“农二代”返乡创业为核心

网店经营的核心主体是返乡创业的农民工。前几年，东风村农民到大城市打工的人数达到1,500人。而如今，这些农民工纷纷返乡，通过网销家具创业或就业。农民工通过在城市务工的机会，开阔了视野，通过参加工作技能等培训，积累技术经验和创业资本，为回乡创业创造了条件。尤其是外出打工的大学生农民工的返乡，更是提升了当地网商的整体素质水平，为网销业的更大发展提供了人才保证。创业者通过努力经营，开拓了沙集镇家具网销产业，带动了物流、木材等相关产业在当地的发展，推动了资金、先进技术等企业资源向该地区集中。有力地促进了村镇经济快速发展，推动了工业化、城镇化进程。

农民工回乡创业还大大拓宽了农村就业的渠道。就业是民生之本，是增加农民收入的关键。如果按每户雇用5.7个农民工计算，东风村就吸纳了上千名农民进厂务工。家具网销业属于劳动密集型企业，这为当地富余劳动力的就地转移和增加收入提供了新的、广阔的平台。农民工返乡，还解决了“空巢”和“留守”等社会问题，促进了社会和谐。

（三）自发性，自下而上的草根创业

“沙集模式”的产生和发展，源于农民的内在的自发动力。经过调研走访发现，东风村网商的来源大致分成四种：发起、复制、转型、兼营。而自发性是网商涌现的源头。不管是发起者、复制者、转型者、还是兼营者，都是受到内生动力的驱动，所有的经营行为都是自发自觉的市场行为，完全按照市场需求运转。当地政府并没有以任何行政命令手段进行干预，甚至在调查组赴当地调研时，有些地方领导竟然第一次听说“沙集现象”。调查数据同样印证了网商来源的自发性。在本次抽样调查中，当问及初开网店的动机时，50.7% 的网商认为是因为看好网店的发展前景，27.4% 的网商是想尝试创业，22.6% 的网商是想通过网店发财致富，14.5% 的网商是看别人开，跟着学，14.5% 的网商是希望找到一份可以养家糊口的工作，8.1% 的网商是出于个人兴趣爱好。从以上数据不难发现，沙集镇网销业的产生和崛起的因素，完全是出自当地农民内生的、自发的想法和行为。

生态链上其他节点的企业，同样是因为他们看好农民网商的发展前景，自发自觉地聚集到沙集镇，通过各自的服务，分享产业盛宴。于是上百家家具生产厂、十几家物流公司，甚至是村民们头一次听说的网商服务公司都在村里开花结果。这种在价值规律支配下的内在利益驱动，使得沙集网商和产业链企业能够自发地寻找到适合自己的生产经营方式，并且能够快速复制、合理配置资源，努力经营，最终营造出和谐、健康的沙集镇网销产业生态系统。

（四）信息化带动产业化

网络销售催生了沙集镇家具产业的产生和成长，成为信息化带动工业化的典型。沙集镇原本没有家具加工业，也没有资金、木材等特殊的资源和区位优势，从几个农民自发开网店，销售简易拼装家具开始，更多的农民参与模仿复制，于是，出现了更多的网店，更多的大大小小的家具加工厂。网销家具业带来了大量原材料、物流、零配件等的需求，于是其他产业元素陆续跟进，带动了产业链上下游的发展。整个网销产业链和生态环境逐步形成。环境的完善，激发更多的农户参与网销家具业，整个网销家具业不断拓展，规模迅速扩张，推动了整个农村经济社会的健康发展。

“沙集模式”与其他农村电子商务模式有本质差别。它是通过网销，带动了一个全新产业的产生和崛起。按照工信部信息化推进司安筱鹏的诠释：“信息化对于工业不仅仅是生产效率的提高，不仅仅是企业竞争力的提升。在更深的层次上，信息化重构了工业生产的价值链，提升了工业产品的交易效率，创新了工业产品的交付形态，重整工业企业的业务边界，形成了工业生产的新模式。”

（五）推动产业链和市场生态的发展

“沙集模式”以农民网商为核心，通过网店经营，带动了整个产业生态系统的产生和完善。“沙集模式”中，农民开网店销售家具，不仅带动了家具的生产，还催生了物流、木材等产业链的发展，促进了供电、信贷等系统环境的优化。在当地的商业生态中，各环节、各物种自我定位明确。

在汇集了电信、电力、物流、银行等产业环节的座谈会上，各方服务商纷纷表示，在家具网销产业链条中，他们主要有两个定位：一个是“服务的提供者”，一个是“发展的受益者”。政府的“不缺位、不越位”，在这里起到非常关键的作用。网商顺利发展的时候，放手让他发展；碰到问题的时候，帮助解决问题。例如，沙集带头开网店的孙寒要扩大生产，土地是个问题，他自己解决不了，村政府便出面帮助协调其他农户出租土地给孙寒建厂。网销环境的优化，反过来促进了网销产业更大规模、更高水平的发展。

（六）具有可复制性

目前，农村电子商务有多种模式，比如，浙江义乌的青岩刘村，就是有名的淘宝村。那里电子商务发展得很火，原来一千多人的小村子引来上万外地人落户，在网上开店。原因是这个村离义乌最大的货运市场——江东货运市场仅几步之遥，在那里既方便组织货源，又方便托运。这种因地理位置带来的发展农村电子商务的特殊优越性，在全国来看很难大面积复制。

在我国农村的很多地方，电子商务是在不改变当地生产结构的前提下，作为现有农副产品销售的辅助手段应用的。比如，农民在网上销售特产，卖枣、卖花、卖种猪。这是当前我国农村电子商务发挥作用的最常见的形式。在未来的发展中，仍大有潜力可挖。

也有一些农村，网上销售当地产品所达到的规模已相当可观，网销已成为重要甚至主要的销售方式。河北省清河县东高庄村全村只有400多户人家，300多户在网上开店卖羊绒纱线，年销售额超过100万元的网商有20多家，其中销售额最高的达到1,000多万元。东高庄村电子商务的发展，得益于先前业已存在的羊绒纱线加工业。2008年该村第一家网店开办时，清河就已是全国最大的羊绒深加工集散地，而东高庄村又是全县最大的羊绒生产加工专业村。

相形之下，“沙集模式”的门槛更低、可复制性更强。“沙集模式”的珍贵在于，它不像一些发达地区，网店是在相对发达的产业集群上发展而来，而是完全由电子商务直接催生了本地的主要产业。沙集现在的家具业可以说是从无到有，靠信息化带动起来的。网店兴起之前，沙集没有地理位置优势，没有任何特色农产品，没有任何成规模的加工业。然而，就是在这样的地区，造就了一个年销售3亿元的家具网销产业。这说明农村并不一定非要等到工业化完成才可以信息化，而是可以采取信息化带动工业化的方式，快速发展农村经济。

我们欣喜地看到，“沙集模式”的种子，已经被播种在其他农村地区，并且，有的已经开花结果。例如，宿迁市耿车镇大众村以前以废旧塑料加工远近闻名，许多村民通过废旧塑料加工走上了富裕之路。看到东风村网上销售红红火火，挣钱又多还不污染环境，村里部分年轻的老板迅速转变思路，从传统的废旧塑料生意中解脱出来，转而经营简易家具，进行网络创业。现在，大众村已经有近百户村民在淘宝网上开店，面向全国叫卖简易家具，并拥有20余家家具实体店，2010年在网上的销售额已经达到4,000余万元。

第三节 “沙集模式”的意义

“沙集模式”代表了互联网时代先进生产力的发展方向，显示了中国农民的伟大创造精神，具有鲜明的时代特征和划时代的重要意义。我们认为，“沙集模式”的意义主要体现在以下几个方面。

一、探索出一条有效解决“三农”问题的新路

“三农”是我国经济发展、社会发展全局的基础，也是国家发展战略的重中之重。中央连续多年一号文件，都是讲“三农”问题。这一方面凸显党和国家对“三农”问题的高度重视，另一方面也表明解决“三农”问题的难度非常大。

我们现在沿用的解决“三农”问题的基础，还是在改革开放之初奠定的。虽然政策面进展很多，但是这些政策的基础结构层面这二三十年来没多大变化。这个基础结构就是“公司＋农户”的农村生产经营方式。农户方面以小岗村模式为代表，它改变了过去“三级所有、队为基础”的农村集体公有制的结构。分田到户，当然是在基础结构上、制度上面发生了根本改革，从而大大调动了农户的积极性。但分田到户，使得一家一户的小生产直接面对变化多端的大市场，农户种什么、做什么、怎么种、怎么做，都由自己说了算，千差万别。从而，分田到户导致集体经济规模经营的“统”的优势就消失了。

进入80年代，国家开始研究如何把“统”的优越性和“分”的优越性结合

起来，于是便形成了“统分结合，双层经营”的结构。这种结构的直观说法就是“公司＋农户”。这种经济结构沿用了二十多年，一直用到今天。

然而，在人多地少的国情条件下，“公司＋农户”遇到了难以克服的挑战。比如，劳动者转移或农民就业的问题，农村的经济发展问题，农民收入提高的问题等。国家在这个结构的基础上探索了很多的办法，虽取得一定成效，但还有一些坎很难迈过去，比如农民工问题。在中国，每到过春节的时候，亿万农民工在全国范围内的大迁徙、大流动，可以说是人类历史上罕见的现象。不仅是春运表现出的巨大的社会压力和社会成本，农民工平时在城里的安置、子女教育、社会保障，还有农村“空巢”带来的一系列问题等，无论是农民自己，还是国家的公共管理为此所花的代价都是非常大的。国家探索过以农民“离土不离乡，进厂不进城”的办法解决农村劳动力转移问题，但是，以农户家庭为基础的小生产和大市场的对接始终是一个很难逾越的障碍。“公司＋农户”的生产经营方式，仍不足以让农村容纳这么多的劳动力。

另外，在过去“公司＋农户”结构下，农户往往是被公司牵着鼻子走的弱势群体，公司控制农户，与农户争利的一个重要原因就是信息不对称。市场信息大部分掌握在公司的手里，在和公司建立经济联系的过程中，农户由信息弱势造成市场弱势的情况是常见的事实。这是“三农”问题经常要碰到的大问题。

“沙集模式”带来了结构性的变化：它在“公司＋农户”的基础上加了“网络”这一大要素。农户在自己家中，通过市场化的公共电子商务平台，可以直接去对接市场。这为解决农民信息弱势的信息不对称问题，一下子找到了一个新的突破口，并且供需双方无需经由第三方中介，这是以最直接的方式从根本上解决信息不对称问题。由于减少了中间环节，产品定价更低，买卖双方互相受益。

网销业带动了家具业的兴起，推动了传统废旧塑料回收业的转型。农民在家中就可以创业致富，农业生产方式发生了翻天覆地的改变，农民实现了充分就业，甚至还需要从城里招工补充人手不足。农户收入增长，生活改善，家庭幸福，社会安定和谐。农民上网，增加了信息获得渠道和学习机会，无形中开拓了视野。农民素质的提高，反过来又促进了村镇管理，促进城乡和区域协调发展。

“沙集模式”的经济社会影响意义深远，它为在信息网络时代解决“三农”问题，提供了一个新的方向。从为农村生产经营方式带来基础结构层面的变革上讲，“沙集模式”对当代农村发展的意义，堪比30多年前的“小岗村模式”。

表3.2　两种生产经营方式对解决“三农”问题作用的比较

	“公司＋农户”	“网络＋农户＋公司”
农业生产方式转变	用工业化带动农业化生产，部分解决农产品销售问题，仍然是传统农业生产方式	农业信息化带动工业化，发生历史性变革
资源配置	推动生产要素流动效果不明显	有利于生产要素在城乡之间、工农之间的双向流动
解决市场矛盾	仍然面临小生产与千变万化大市场的矛盾	解决千家万户小生产与千变万化大市场的矛盾
降低农民在市场经营中的自然和市场双重风险	部分降低市场风险，不能降低自然风险	可以根据市场情况快速调整，降低双重风险
改变经济发展二元结构，加速城乡一体化进程	无实质性效果	催生新产业链，推动城乡一体化进程
提高农民就业率，解决剩余劳动力	吸引部分就业，略有缓解，没有实质性解决	就地解决，还吸引外来人员
提高农民收入	略有增加	大幅度增加
促进农村和谐	没有实质性效果	效果显著
产品附加价值	无：原材料或初级加工品	有：产品、品牌、服务
利润	微薄	大，自己掌控
产品	原始农牧渔林产品	不局限于农牧渔林产品，还包括多样化、个性化、差异化的工业产品
农户发展趋势	单一：依然是农户	多元化：农户、小公司、大公司

二、为转变发展方式提供了一条可借鉴的途径

中共十七届五中全会又一次突出强调转变发展方式的任务。对传统工业化难以为继的状况，人们早有认识。1995年，党的十四届五中全会提出了“两个转变”。即：由计划经济转变为社会主义市场经济；由粗放型发展转变为集约型发展。

从那时到现在，已经三个“五年计划”过去了。时间过了十五年，国家为发展方式转型付出了巨大努力，在一些方面也取得了很大的成绩，但是，转型的压力有增无减。一些问题难以克服，比如人均资源短缺，工业化水平不高造成结构性调整的困难等，加之我国在对外开放过程中，全球市场上的资源涨价、粮食涨价、能源涨价，治理污染和低碳的压力越来越大，我国的经济发展越来越多受制于这些外因，所有因素的叠加越来越强烈地要求加快经济发展转型，以争取我们自己在发展中有更多的主动权。

“沙集模式”的出现，直接改变了当地的产业结构。东风村在网销业出现之前，是名副其实的“破烂村”，废旧塑料回收加工是当地的支柱产业。但是废旧塑料产业在增加农民收入的同时也带来了非常严重的环境污染问题，而且塑料颗粒的价格随着国际行情的变化非常不稳定，经营风险极大。看到家具网销市场的发展前景，废旧塑料企业相继转型。从2009年开始，东风村的网销产业已经超过了塑料产业，而且一些企业还在不断转型。而这种变化恰巧和党的十七届五中全会提出的调结构、转方式的要求相符合。

三、为推动我国信息化建设提供了新视角

信息化带动工业化，“两化融合”，这是国家战略的重要内容。中共十七届五中全会又提出深化“两化融合”的要求。在农村信息化方面，国家下了很大力气来推动，但依然困难很多、成效不大。它要解决的主要问题是小生产和大市场的对接，解决的思路是自上而下地去推信息化。

这么多年以来，很多部门都投入了大量精力和财力。工信部、发改委、科技部、农业部、商务部等，都在推农业信息化。中组部也建了一个农村党员干部远程教育系统。近年，国家提出新农村建设任务后，农村信息化更是加大了力度。但是，他们都碰到了“信息化不等式”的挑战。

“信息化不等式”，是指信息化的能力不等于应用，应用不等于实效。这些年，农村信息化建了大量的信息化“能力”，但是“建”和“用”的矛盾很明显。

能力建设的原意，是给农民提供信息，但是农民不买账，应用效果不理想。这个问题不光农业信息化有，企业信息化有，电子政务有，各信息化领域普遍存在。在农村信息化领域，体现得尤为明显。那么，关键问题出在什么地方？究其原因，就是自上而下的信息化和农民自身草根的，或自下而上的需求是错位的。

回头再看“沙集模式”。农民需要的信息不是先经过自上而下的系统，才达到农民那里。那是农民自己直接和市场去对接，直接和买家去商谈。农民直接对接市场的结果，是拿到了鲜活、有价值的信息，并且实现了交易。这样，信息化的应用和效益，一下子就显露出来。信息化不仅仅拓展了销售，还催生了一个全新的家具网销业的蓬勃发展。

四、为发展地方经济提供了一条新的思路

这些年，发展地方经济，特别是发展县域经济，从全国来看，一个重要的思路是通过招商引资，特别是希望通过引进重大项目拉动地方经济，加快发展。这一发展思路，在过去30年里取得了重大成果，可以这么说，它也代表了改革开放政策的一个非常重要的成果。但是，我们要看到，今后这样一个发展道路，会越来越难走。尤其是对于那些强调项目要上规模的招商引资会越来越难。

现在招商引资困难重重，需要付出巨大代价。而且，地方政府之间的恶性竞争导致这个代价不断加码。有地方官员反映，现在国内的老板们可比外资难缠得多，他们太懂得地方政府的心理了：“你做吗？你不干，有的是政府欢迎我去”。这些国内老板就这样逼着地方政府让步。有的地方领导甚至用“敲骨吸髓”来形容这些老板的行为和地方为此所付的代价。

在这种机制下，地方政府可为招商引资所付代价的重要资源越来越少，比方说土地和税收减免。老板们问政府要地，要完地，要厂房；税收减免早就不是三年两年，而是要五年、十年、十五年、二十年。问题是，土地资源不是无限的，国家耕地政策放在那里，是红线，所以可用于招商引资的土地只会越来越少。就算土地流转，就算在土地规划上花很大精力，它毕竟是有限的。税收减免、预支

未来能无限吗？“十一五”可以这么干，“十二五”可以那么干吗？“十三五”还能那么干吗？所以说，这样的发展思路已经到了不得不认真反思的时候了。

而且，外来的项目“难养熟”，来得难，走得易，一有风吹草动，或别的地方给的条件更优越，可以拍拍屁股就走。

再回来看看“沙集模式”。这是一个靠本地内生的力量驱动，由农民自发做起来的经济发展模式。网商的发展项目就算向国家要政策，他们所用公共资源的性价比也极高，尤其是比传统的招商引资高出许多。“沙集模式”对公共资源的索取很少，对地方经济社会发展的贡献很大。特别可贵的还有它的内生性。农民网商的根在这个地方，父老乡亲在这个地方，有了风吹草动、市场有变化，他依然会在这里扎根，一起抵御风险。这是它内生的价值，从中会长出更强的生命力和带动力。

五、对促进我国“包容性增长”提供了借鉴

包容的目标，特别是由于近年提出“包容性增长”的概念而令人关注。2010年的9月，国家主席胡锦涛在第五届亚太经合组织人力资源开发部长级会议开幕式致辞中，提到了“包容性增长”。这一概念包含着缩小贫富差距、增强社会的公平正义、转变经济增长方式等要求，在政策取向上是要让更多的人享受发展成果，让弱势群体得到保护，在经济增长过程中保持平衡等。

其实，“包容性增长”的提法，与通常意义的机会均等、广泛参与、普惠大众、共同富裕的概念和原则是相通的。而且，从国际上讲，包容性增长的针对性也非常强。它是针对经济社会发展过程中存在的两极分化，包括针对全球信息化背景下出现的数字鸿沟这样一种信息的两极分化，以及由此所带来的弱势群体被边缘化的现实提出来的。包容，其实也是国际上早就提出来的一个社会目标。比如，欧盟就一直倡导社会包容，并结合建设信息社会提出电子包容。在国内，包容这个概念用得少。多年来，我国的政策是要“让一部分人先富起来，先富帮后富，达到共同富裕”。

包容性增长，不仅要体现在目标上，而且要体现在实现目标的过程中。我

们认为，共同富裕不是主要靠财政转移支付、慈善扶贫来实现（尽管这也不可或缺），而更重要的是强调通过创造平等的发展机会，吸纳人们广泛参与增长过程来实现。包容性增长所实现的不仅是经济上的共同富裕，而且是包容在这一过程中的所有参与者的能力、尊严和人生价值。

在信息化、网络化时代，电子商务过去长期被许多人误认为不适合农民，不适合农村。他们认为农民的科学文化素质还比较低，要从事电子商务这种高科技的事情还很困难。围绕农村电子商务的适用性，两种观点长期争论不休。客观上，农村电子商务相比城市发展滞后，收效不大的现象，似乎印证了否定派的观点。国家对农村信息化非常重视，农村电子商务推广多年，下了非常大的力气，实际效果仍不理想。这似乎也从反面证明了他们认为电子商务不适合农村的观点。

但是，“沙集模式”表明，只要激发了农民的内在积极性，电子商务和他们的利益挂了钩，人人都可以包容在“两化融合”的过程中。农民虽然不会熟练操作电脑，但借助用一个手指戳键盘的“一指禅”、靠手写板和语音视频对话，也同样能够有机会从包容性增长中获得实惠。

原来只是靠政府自上而下推信息化的时候，在村子里建个点，有人来辅导，教农民怎么用电脑、怎么上网。可农民心里却想，这个东西，对我有什么用，见不到用处，就不愿意学。即使当时教会了，也转头就忘，以至于科学文化素质低，就成了导致农村电子商务难以推广，农村信息化程度低的原因。但是，现在，沙集镇的农民看到兄弟姐妹、七姑八姨、左邻右舍靠网销致富了，你不号召他学，他也发自内心地愿意学，就是先给别的网商打工，不给工资都愿意干。学会了起码的知识，“一指禅”也能开网店。可见，只要解决了农民内在积极性的问题，包容性增长的成果很快就能显现出来。“沙集模式”为纠正长期以来电子商务不适合农村的偏见，提供了一个非常有说服力的现实例证。

六、在以信息化助力和谐社会建设方面意义重大

通过自下而上的信息化，“沙集模式”首先在经济方面帮助当地农民脱贫致

富，明显提高了当地农民的收入水平，经济生活的改善对社会的和谐意义重大。沙集所在的睢宁县是江苏省的贫困县，我们在沙集东风村的调研显示，随着当地电子商务的普遍应用，东风村的贫困人口和贫困户数急剧下降，而且脱贫后返贫人数和户数也得到有效解决（有极少数是由于疾病或意外等原因导致返贫）。东风村党支部书记王敏指出："原来的贫困家庭和农民，只要参加了网销，基本上都脱贫，只要开设网销店的，基本上都致富了。"从调研数据中还可以看出来，村里网销从业人员的人均产值超过全村平均产值的1倍还多，这即使放在我国发达地区的农村，其经济效率也一点都不逊色。

其次，"沙集模式"助力农民脱贫致富的效应，建立在它促进当地产业持续快速发展、带动就业和充分就业的基础之上。如前所述，沙集农民的电子商务应用，不仅促进了本地原来外出打工者返乡创业和就地致富，还带动了周边剩余劳动力的就近就业和脱贫。这种促进就业的效应，主要不是通过两极分化的方式，而是通过包容性增长的方式体现出来，对于促进当地社会和谐发展，就更加难能可贵。

再次，"沙集模式"有助于明显改善当地的社会面貌和社会风气。过去，当地有文化的青壮年劳动力大量外出打工，给农村造成许多难以解决的社会问题。沙集镇前任党委书记黄浩举例形容，当年村庄里"空巢"问题严重，平时死气沉沉，村上有人去世，连找几个抬棺材的青壮年都凑不齐。现在外出打工者返乡创业，家家户户一派忙碌兴旺的景象，社会治安也明显好转。

最后，"沙集模式"促进了人的全面发展。以"农二代"创业者为中坚力量的大批青年农民网商，富于创新激情和学习精神，敢想敢干，并乐于助人，热情帮助周围乡亲共同开辟网商事业，同时，在推动当地形成良好市场生态和经济社会发展环境中发挥着骨干作用。周围的乡亲们看到他们的成功，也激发了自己学习掌握先进的信息网络技术和电子商务经营工具的热情，他们都希望通过改变自己的生活境遇和家乡面貌，提高自己多方面的素质。我们在调研和与他们的实际接触中，经常为他们平凡话语中传达出的自信、善良、责任感和远见而感动。

第四节 “沙集模式”的未来

“沙集模式”的出现看似偶然，其实其中蕴含着必然。讨论“沙集模式”的未来，需要把它与“沙集现象”区分开来。就沙集的农村电子商务发展现象来说，沙集的农民网商在当前，尤其在未来的发展中，已经并且仍会遇到各种挑战。面对这些挑战，沙集人可以做出不同的选择。目前在全国农村电子商务发展中相对领先的沙集，也很可能被其他地方的后来者所超越。那么，即便如此，这也不等于说“沙集模式”就因此而站不住脚。这就如同率先实行分田到户的安徽小岗村在此后经济发展中被其他地方的农村经济所超越，但并不能因此而否定“小岗村模式”的成功一样。

一、“沙集模式”成功的原因

“沙集模式”的成功，可以总结出很多原因，归纳起来，主要有以下几点。

（一）信息技术在农村的普及和应用

“沙集模式”的成功，首先得益于信息技术在农村地区的普及应用，得益于近年电子商务的长足发展，这些为沙集农民网商的崛起奠定了良好的基础条件。这又可以细分为以下几个方面：

1. 农村信息基础设施建设和互联网的快速普及

截至2009年，我国共建成光缆网络线路总长度达826.7万公里[1]；99.1%的乡镇和92%的行政村接通了互联网，95.6%的乡镇接通了宽带；3G网络已经基本覆盖全国。信息基础设施的就绪成为互联网普及应用的基础条件。截至2010年6月，中国网民规模达到4.2亿，互联网普及率攀升至31.8%，远高于世界平均水平，并且持续以30%的速度增长。农村网民人数继续增加，2009年，农村网民数净增0.22亿人，达到1.07亿人，增长速度为26.25%。沙集网销业发展就得益于宽带上网和农村网民的就绪，当然网销业发展起来后又进一步促进了当地宽带的发展和网民的增加。

2. 网络购物市场发展潜力巨大

根据中国互联网信息中心（CNNIC）报告，2009年应用网络购物的网民占28.1%，突破1亿人，达到1.08亿人，比2008年增长了45.8%，增速远远超过当年网民的增长速度。其中，在电子商务的行业访客中，有购买行为的访客数在2010年的增长率超过了20%[2]。网购规模持续增长。根据艾瑞提供的数据，2009年中国网络购物交易额近0.25万亿，同比增速高达93.7%，远远高于社会消费品零售总额15.5%增长速度。网购交易额占社会零售总额的比重达到2%，显示我国网络购物市场仍然处在初级发展阶段，并且发展前景巨大。从网络购物渗透率来看，我国应用网络购物的网民占28.1%，而美国和韩国网购用户的渗透率已经达到70%，说明我国网购用户增长空间还很大。没有淘宝网上庞大的活跃买家，便很难设想沙集网销业的兴旺。

3. 物流和支付更加便捷

近几年，我国物流和快递业务爆发式成长。快递服务与电子商务合作日益

1 王晨:《关于我国互联网发展和管理》，http://news.sina.com.cn/c/2010-05-01/ 091217451379s.shtml。

2 李斌："我国电子商务网站达到1.8万家"，《京华时报》，2010年12月30日。

紧密，形成良性互动。据悉，全国快递业的三分之一业务量由电子商务牵动完成[1]。在沙集镇，目前已经聚集了17家物流快递公司。在竞争中，物流快递的服务不断提升，价格不断降低，为沙集网销业的发展提供了有力的保障。随着这几年网上银行和第三方支付平台的逐步完善，在线支付已经非常便捷、安全。根据易观国际提供的数据，截至2009年第四季度末，中国网上银行注册用户数达到1.89亿，个人网银交易额达到38.53万亿元。网银用户占全部网民的比例达到49.22%，相当于全部网民的一半。另根据艾瑞咨询的数据，2009年，中国第三方网上支付交易额达到5,766亿元，同比增长110.2%，网上支付已经连续五年增长速度超过100%。网上支付用户数也快速增长。应用网络支付的网民占24.5%，达到9,400万人，比上一年激增62.3%。把网络银行作为主要网络功能的用户占比也达到24.5%，增长速度高达80.9%，同样达到9,400万人。2009年7月，支付宝宣布用户数突破2亿；随后在不到一年的2010年3月，支付宝宣布其用户数已经突破3亿。沙集网销业务几乎全是通过支付宝实现的。

4. 电子商务中介平台的引领作用

以淘宝网为代表的市场化公共电子商务基础设施，现在已经发展成熟。它们不仅提供了交易平台、交易环境，还通过不断创新交易规则，规范网络交易健康有序发展。根据我们的问卷调查，69.5% 的东风村网商认为，电子商务服务平台为他们提供了难得的网销机会。网商可以在淘宝免费开店，这就为农民从事网销创造了非常便利的条件。这种市场化的公用电子商务平台，克服了以往社会化服务体系中，官办机构（如七站八所）、集体组织、合作社等社会化组织机制不灵活的缺点。中介服务平台不断完善交易机制和信用评价，使得卖的安心，买的放心。它以周到的服务、超高的人气，汇聚了全国乃至世界范围的商品、买家和卖家。在淘宝网站，还为新手提供了免费培训：开设了“新手学堂”、“卖家入门”、“淘宝打听”、“自助服务”、“淘宝大学”等一系列帮助栏目，通过视频、文字案

1 张道生：《我国快递服务1/3业务量由电子商务牵动完成》，新华网，2009年9月14日。

例、互助等方式，传授网店经营经验。即使是文化水平略低的农民网商，也完全可以照葫芦画瓢，自学成才。服务的便利、交易规则的透明，降低了农民从事电子商务的学习成本和经济成本，使农民网商可以轻松地与全国大市场进行对接。第三方网络交易平台为农民创业，提供了一个崭新的舞台。

（二）选对了产品

农民开网店，选项目很重要。沙集镇的“三剑客”最开始在网上销售饰品和小家电，但是发现前景渺茫。经过几番尝试和摸索，最后几个人确定选择简易拼装家具作为起步产品。事实证明，以这种产品切入市场是正确选择。

一是市场需求容量大。拼装家具的用户群体巨大，普通工薪家庭、中低收入的城市单身打工族都可以成为拼装家具的用户。简易拼装家具既能满足这些用户的功能需要，价格又极其实惠。因此，沙集网商的拼装家具自从上市，订单便源源不断。有些人常常把宜家家具作为简易家具的旗帜。然而，在沙集网商看来，沙集家具从某些方面已经胜过宜家。沙集网商创始人孙寒说：“与宜家相比，沙集镇产品价格更低，产品质量却并不逊色，尤其是更适合中国家庭使用”。他举例说，一款宽40cm、深53cm、长160cm的衣帽架，用闽北杉木制作，在孙寒的淘宝网店上只卖60元，价格仅为宜家类似产品的1/3。这无疑更有利于打开市场。

二是入市门槛低，生产和交易流程简单易学。网店生意流程包括设计、生产、网销、配送、收款几个环节。对于没有生产能力的网商，只要跟踪供应商的产品更新，经过网销、拿货、配送、收款流程就行了。而生产加工过程也相对简单，只需要锯板、封边、钻孔三道核心工序。这三道工序所需的设备成本不高，基本都在农民可支付的范畴内。

三是适合长途配送货运。网销商品销往全国大市场，最好是体积合适、不易损毁。简易拼装家具恰恰满足这些条件。家具厂要做的只是把家具按设计好的尺寸，加工成木条、木板，配上成包的螺丝，附带图纸发给用户。用户按照图纸，经过简单组装，就可以完成一套家具。与成型家具运输相比，木板运输起来更方便，有利于降低运营成本，减少途中破损、提高配送效率。

四是产品拓展空间大，可满足用户动手组装的乐趣。家具品种多样，有板材的、实木的，低档的、高档的，使得网商业务发展空间巨大，具备了很强的容纳性和快速扩张的条件。拼装家具的另一个特点是需要用户按图纸组装家具。组装的过程，能满足一些年轻人“自己动手做家具”的成就感。目前，一些网商还常常接到用户自己设计的图纸，要求定制加工。相信在不远的将来，用户自己设计、自己组装的 DIY 家具一定成为潮流。

（三）一群勤奋、开放、诚信的年轻人

“沙集模式”的成功与镇上这群勤奋、向上、开放的年轻人的贡献密不可分。新一代创业型农民成为沙集网销萌芽、复制、快速成长的关键力量。创业之初，为了找到质优价廉的木材，孙寒等几个小伙子跑遍了东北、广西、湖南等全国各地木材产地，为了节省时间和节约成本，他们甚至在木材厂的棺材里躺着过夜[1]。经过类似的风风雨雨，网商们深知创业成果来之不易，因此也更加珍惜，更加努力。现在，对于沙集镇的网商来讲，工作到凌晨2点钟已经是家常便饭。在沙集农民网商心目中，一直有一种坚定不移的信念：沙集镇农民过去从事废旧塑料回收加工生意，又苦又累又臭的活儿都能赚到钱，做网店更能成规模。

一些农民网商文化水平低，不会双手输入键盘。但是，这并没有难倒他们。有的网商用一个手指开始练，从“一指禅”，到“两指禅”、“三指禅”。虽然打字手法不标准，但是经过勤学苦练，并不影响他们与用户沟通交流。就是凭借这些农民执着的学习和努力，才取得了沙集网销业的辉煌。

“沙集模式”能够快速复制传播，与网商们具有开放和分享精神密不可

1　詹丽冬：《家具网销逆流而上 苏北小伙打造“中国宜家”》，http://it.sohu.com/20090901/n266360293.shtml。

分。一开始，“三剑客”想着自己闷头挣钱，甚至还制定了不许外传的攻守同盟。后来，他们发现：首先，中国家具网销市场足够大，单靠几个人的力量是根本做不完的；其次，如果当地的家具网销业形成规模，对提高品牌效应、降低物流和供货商价格会非常有帮助。于是，他们提出了“有钱大家一起赚”的口号，并义务承担起了辅导员的职责，于是在他们带动下，东风村的网店遍地开花。

沙集网商还非常重视诚信。2010年年底，沙集镇已拥有一钻网店195家，两钻网店157家，三钻网店100家，四钻网店43家，五钻网店14家，皇冠网店5家，双皇冠网店1家。我们对沙集网商成功因素的调研也发现，78.30% 的网商认为成功的首要因素是产品质量过硬，63.30% 的网商认为是客户服务至上，43.30% 的网商认为口碑经营是关键。

在沙集镇网店遍地开花、知名度日益高涨之际，网商们并没有满足，他们正在考虑下一步的发展。许多网商对自己的未来都有美好的憧憬。随着沙集家具网销市场竞争日益激烈，网商们越来越发现网店品牌经营的重要性。在我们关于网货的调查中，67% 的网商都提到了品牌问题。为了形成品牌，网商们不断创新，包括产品创新、品牌创新、管理创新、营销创新，等等。

（四）农村特有的亲情关系和口碑传播

在农村，世代人都居住、劳作在同一块土地上，活动范围较小，乡邻都非常熟悉。农户们不仅形成了各种血缘关系，也积累了相似的生活习惯、文化和价值观。口碑传播已经成为信息传播的最主要途径之一。这种传播，不仅传播范围广、传播速度快，并且可信度更好。另外，中国农民有较强的从众心理。农民对于新鲜事物有从众的一面。新想法、新做法通常都是通过亲朋或是邻居们试用后，以口头的方式传播开去的。

农户是网店经营的主体，农户间的关系形成的农村特有的社会土壤，在推动沙集电子商务发展的同时，带来了一种新型的竞争合作关系。最早开网店的小伙子们起初挣钱很容易时曾商量过，不把网销致富的秘密告诉别人。但很快发现不行，自己的亲朋好友、左邻右舍不能瞒，也瞒不住。这里，农村与城市迥然不同的社会关系所形成的社会资本，对农村网商裂变式的复制快速发展起到重要的促进作用。

（五）当地党政的支持

“沙集模式”的快速发展，与当地政府“不越位”、“不缺位”的扶持理念和做法有很大关系。沙集网销业是自发产生的，但市场的力量并不是万能的，土地、资金等问题，靠农民自己的能力是解决不了的，还需要政府的支持。县政府和镇政府主要领导多次调研，组织网商座谈，调查农户在网销业经营中存在的困难。政府部门根据网商提出的需求，陆续推出了一些适宜的扶持政策。在调查中，34.7% 的农民网商对当地政府的支持给予了满分评价。

睢宁县党政主要领导对“沙集模式”给予了充分肯定。他们指出，农民网商正处在创业期，要在税收等方面给予优惠政策。县领导对各部门明确提出“后置性服务”的行政管理原则，农民网商如不主动要求，各部门不要去过问网商的经营；一旦网商遇到困难向政府提出要求，政府部门就要及时出面，努力帮助网商解决问题。县镇政府在制定相关政策时，更加注意听取网商的意见和建议。县发改委加强了政策调研的力度，县商务局在出台鼓励网商发展的政策文件前，主动将草案拿到网商中征求意见。县商务局的领导明确表示，既然这个文件就是为网商制定的，当然首先要得到网商的认可。

为帮助农户解决网销所需的资金困难，团县委还颁布了“推进青年创业小额贷款工程意见”。截至目前，已经联合金融机构推出青年创业小额贷款工程，除为东风村的青年成功发放贷款1,000多万元外，为其他各村20余名青年发放贷款近100万元。

为了解决农民扩大厂房所需要的土地问题，镇政府专门在开发区开辟一批专业厂房，降低农户们的入驻门槛。网商可以单独也可以几家联合入驻，这为网商提供了更为广阔的发展空间。

二、沙集网商面临的挑战

目前，沙集家具网销业已经初具规模。但是，沙集网销业的持续、健康发展却面临瓶颈问题。这些问题突出表现在以下方面。

1. 缺少龙头企业，项目建设生产水平整体不高

沙集网销农户虽然数量众多，但是这些网店成立的时间都不长，将近70%的农户没有实体加工厂，仅仅拥有虚拟的网络商店。只有个别企业的年销售额超过100万，雇用员工人数超过20名。即使有加工厂的网商，规模也不够大，绝大多数农户的加工厂还没有摆脱家庭作坊形式，离现代规范化工厂差距甚远。目前，沙集网销业还没有一家成规模的龙头企业，能够对其他企业发挥号召力和引导作用。

有这样一个例子，农民网商王敦浩接了两个订单，其中一个来自台湾大概每月10万，一个订单来自上海，每月大概6万。但是，这个台湾客商几次三番要求来沙集镇参观王敦浩的工厂。王敦浩眼瞅着自己的家庭作坊心虚，不敢让台湾客商来村里参观。王敦浩迫切需要扩大生产能力，建设新厂房，引进先进设备，建设现代化工厂。在得知调研组进村调查的消息后，他主动找来当面反映问题，希望调研组向上级政府转达意见，帮助他早日解决问题。

2. 存在同质化恶性竞争现象

“沙集模式”快速普及的重要原因就是简单相互模仿、细胞裂变式快速复制。很多网店没有自己的设计和产品，直接拷贝其他网店的照片。一旦有用户下订单，就直接到其他网店拿货。有的网店为了扩大销量，争取信用额度，不断压低价格。价格下降缩减了利润空间，一些网商迫不得已选择劣质木材作为原料，结果产品质量整体下滑，影响了沙集品牌的信誉。仿制者的增多，使沙集网销业陷入低水平的同质化恶性竞争。孙寒坦言，板式家具的暴利时代已经一去不复返。网店需要靠“走量”来赚钱。有些产品已不得已退出了市场。由于无序竞争，自

己人砸了自己的市场。

3. 缺乏人才，尤其是高端复合型人才

我们在针对东风村的网商调查中发现，人才是制约沙集网店发展的重要因素之一。当前，面临的人才主要困难有：缺少人才（74.50%）、人员流动性太大（74.50%）、员工培训难（29.80%）、员工素质低（17.00%）。

沙集网商最缺的是高端复合型人才：既懂现代企业管理，又了解网店运营规律的管理人才；既懂得家具加工，又会操作现代化设备的木匠；既懂得家具设计，又了解市场需求的设计师。沙集网商今后要实现跨越式发展，就需要一群具有市场经验和知识底蕴的高端人才。目前的网商多是农民或农民工，缺乏企业管理和运营经验、专业技术知识，以及长远发展的战略眼光。引进高端人才是快速、健康发展的重要保障。

由于开网店的进入门槛低，经过两个月的培训和实践，打工者基本就能掌握开店要领和网销业的经营流程，于是多数人选择离开雇主，自己开网店。很多网商感慨："招聘外人就等于花钱培训竞争对手。"如何留住人才，发挥人才的能动性，也成为网商们迫切需要解决的问题。

4. 知识产权问题存在隐患，缺少自主品牌

沙集家具网销业从模仿宜家家具和韩式家具起家。虽然已经陆续有一些大的网商开始注册公司、申请商标、设计原创家具，但是大部分网商仍然处在低水平模仿阶段，缺少自主品牌。由于知识结构和成长经验所限，大多数沙集网商并不了解有关知识产权方面的知识，不具备全面的知识产权意识，没有注册商品和申请专利的经验。如何保护自己的知识产权，又不侵犯他人的权利，减少知识产权隐患，是沙集网商成长所面临的另一大课题。

5. 缺乏战略布局和长远的能力建设

关于沙集网销业未来如何发展，还没有整体发展规划和思路。目前，沙集镇

网销业整体发展水平还比较低，区域内分工体系还未形成，离专业化生产、一体化经营、社会化服务、企业化管理的发展目标还有一定差距。特别是，沙集镇还缺少成规模的木材、零配件企业，物流配送环节服务水平良莠不齐，网商服务商和培训机构还不能满足网商的需求。从网商个体方面来讲，他们在管理、营销、技术、设计、发展规划等方面的能力和素质还有待提升。

6. 配套服务环境需要继续完善

配套服务环境是网商继续发展的土壤。在调研中还发现，网商对电信、供电服务有一些意见。比如，接入宽带困难、宽带价格高、稳定性差；针对供电业，工业用电申请难；针对金融行业，贷款难、贷款金额少、周期短、流程复杂；针对物流行业，物流费用高、服务差；针对村镇政府，网商们建设厂房产生大量的用地需求无法得到满足；针对淘宝平台，希望制定更明晰的交易规则，给予农民网商更多的培训和优惠政策。

7. 政府传统工业化观念的制约

一些领导干部对农民网销仍然认识不到位，甚至持漠然态度。在我国很多地市，为了发展地方经济，都在走“招大引强”的招商路子，主攻工业大项目和配套产业项目，资金也是向大项目汇聚，政策向大项目倾斜，甚至基层领导业绩考核也是以招商引资的数量和规模作为考核指标。这种传统工业化的发展思路，不利于发展网商和形成集群效应；不利于鼓励新事物涌现和成长。

三、政策建议

通过调研，课题组形成两个方向的政策建议。一是针对沙集网商进一步发展面临的具体问题，向当地党政领导机构和主管部门提出建议；二是从沙集模式的研究中得出的对全国农村电子商务发展及解决“三农”问题相关的政策启示。

(一)关于促进当地网商发展的建议

针对当地网商发展面临的具体问题，我们提出以下八条建议。

第一，转变观念，培育沙集网商市场的需要，重视中小企业和集群经济，促进新商业文明的建设。在现有业绩考核体系没有根本变化的情况下，我们特别建议睢宁县、沙集镇的领导，采取两条腿走路的办法：一手继续抓大项目，另外一手，腾出一些精力来促进中小企业，促进集群经济发展。如果条件许可，后边这一块步子可以更大一些。

第二，建议当地政府集中针对网商发展中面临的突出问题和网商迫切需求，比如说，针对土地问题，资金问题，人才问题，能力建设问题，推出一套优惠政策，帮助网商突破他们自己难以突破的发展瓶颈，同时进一步改善政府对网商的公共服务。这包括增加资金投入，给予重点扶持；鼓励农村信用社和邮政储蓄等银行，加快改进对龙头和成长型企业的信贷服务，切实解决企业资金紧张的问题；继续落实税收优惠政策，按照扶持新兴产业的原则，给予企业暂免征收所得税的待遇；改进用地管理，合理解决网商所需要的建设项目用地等。

第三，针对网商之间的关系，建议引导网商进行合作，扶持成立以网商为主导的商盟，充分发挥其作用。通过商盟，加强行业交流和自律；通过规范，提升产品质量；引导网商走个性化、品牌化、多元化的道路。解决网商发展的恶性竞争的瓶颈，有两个出路：一个是规模化，通过做大规模，减少单位产品的成本；另一个是利用网销直接面对用户的特点，走差异化、个性化和品牌化的道路。要鼓励更多网商搬进淘宝商城，注册自己的商标，扩大品牌化经营。多元化道路就是除了提供简单拼装家具产品以外，向新、全、优多个方向发展，以减少单一产品的运营风险。

第四，针对网商生态系统或网商服务商，建设良性互动的产业链条。网销的生产线拓展越快越好，越丰富越好。要加强对网商生态系统和产业链的跟踪和研究，有针对性地开展上下游配套的产业建设。建议发掘已有网销生态系统的作用，制定优惠政策，加大对外部产业资源的吸引和集聚。通过市场化手段，引入更多木材、板材、零配件、网商服务企业的进驻，鼓励更多从事产品设计、技术服务、管理培训等企业与网商开展合作，不断完善当地产业生态的物种。在当地政府已明确率先推广沙集模式的情况下，更要引导其他村镇结合本地特点，发现更有前景适合网销的新产品，形成新的网销增长点，鼓励百花齐放。

第五，建议以网销产业发展为契机，加快当地产业结构的调整和升级，转变发展方式。在加快用网销的新产业代替原来回收废旧塑料的旧产业过程中，主要靠市场的力量，政府的政策也要有明确倾向，一旦农民觉得网销更挣钱，产品结构的调整就会顺利得多。要利用国家污染治理等一些硬性政策，借力加快结构的升级和调整。通过政府政策调控下的市场信号，更多靠市场力量来引导结构调整和升级，这样得来的效果更扎实，更可靠，更持久。

第六，鼓励当地有条件的网商脱颖而出，形成网商的龙头企业和行业标杆，带动其他网店，提升产业集群的整体竞争力。政府要给予必要的帮助和引导，但不能越俎代庖。对于相对较大的龙头企业雏形，要通过股份制、项目配套等多种方式，支持和鼓励社会资本投资当地网店经营。要鼓励网商按照建立现代企业制度的要求，建立完善的企业管理制度，加快经营机制和经营方式创新，提升产业总体水平。政府要按照发展特色、做大规模、突出效益的原则，进行区域化布局、规模化经营、标准化生产，优化资源配置。要充分发挥农户和企业的投资主体作用，把发展民营经济与发展龙头企业紧密结合起来。要引导企业与农户、基地建立稳定的、紧密的利益联结机制，形成风险共担、利益共享的经济利益共同体。

第七，建议深化“沙集模式”的研究，提升整体品牌形象，形成更好的外部环境。要在精心打造自己品牌形象的基础上，争取更多外部的支持，就需要深化对“沙集模式”的研究。要以开放的思路和心态，加强全国范围内的学习和交流，在资金、技术、原材料和生产等方面与全国资源进行全方位的合作，提升网商整体水平，推动健康持续发展。要多渠道吸引资金、技术和管理参与当地网销业的发展。

最后，建议尽快调整对基层领导的考核体系。在全国的考核体系没有根本改变的情况下，建议睢宁县能够针对沙集的情况做一些专门的政策安排，对促进网商发展实行鼓励性的干部考核标准。这样，对网商和集群经济发展非常有利。

（二）关于“沙集模式”对全国相关政策的启示

“沙集模式”对全国农村电子商务发展和解决“三农”问题，具有重要的多方面的普遍意义。这里，重点结合目前我国农村电子商务发展中存在的问题，课题组特提出如下建议：

第一，“十二五”时期应继续把推进农村电子商务放在战略优先地位。

发展农村电子商务意义重大。从“沙集模式”不难发现，农村电子商务大有可为。中国农村人口7.37亿，提高农村信息化和电子商务水平是提高整个民族竞争力的关键。目前我国已经基本具备发展农村电子商务的条件。中国互联网信息中心的报告显示，截至2009年年底，我国农村网民达到10,681万人，年增长2,220万人，年增长率26.3%。其中，农村手机上网用户约为7,189万人，年增长率79.3%。一方面，政府主导的“村村通”、“信息下乡”、“三网融合”、“金农工程”、“农村商务信息服务工程”、“乡乡有网站”、“户户通”等一系列工程不断拓展覆盖。另一方面，以淘宝网为代表的市场化公共电子商务基础设施，现在已经发展成熟，任何人可以免费开店，进入市场门槛极低。困扰我国电子商务发展多年的支付问题已经基本解决。快递业迅速发展，使得物流可以迅速到达全国的各个角落。

发展农村电子商务要克服对农民的偏见。长期以来，一直存在一种观念认为，农民文化素质低、思想保守落后，他们不了解最新的信息技术，缺少利用网络搜集、分析信息的能力，不会应用电子商务。而“沙集模式”启示我们，虽然对农民进行培训是必要的，但更关键的因素是解决农民从事电子商务的内在积极性问题。只要电子商务能与他们的切身利益挂钩，农民能从中获得实惠，他们就会主动学习相关的知识，并利用这些知识在网上开店做生意、服务客户、获得收入，使自己的生活和当地社会发生巨变。网络技术的发展也能让应用变得越来越便捷，操作越来越简化。中国农民勤劳智慧，具备生产和对接市场的双重能力。

目前，我国电子商务已经发展到了日益冲击原有既得利益者根基的程度，“十二五”时期由电子商务引发的利益摩擦将日益增多。政府应坚定不移地支持包括农村在内的电子商务发展，制定完善的农村电子商务发展战略规划，要继续完善和贯彻落实国家和地方已出台的发展电子商务的相关部署和政策。针对电子商务深入发展触及的深层利益结构问题，通过改革与转型破除未来电子商务发展的体制机制障碍。

第二，将电子商务纳入我国农村减贫扶贫的主流工作体系中予以推进。

我国农村人口众多，发展不平衡，农村减贫扶贫的任务一直很重。从国家实施《中国农村扶贫开发纲要（2001—2010年）》以来，农村扶贫开发取得巨大成就，但是仍然存在不少需要解决的问题，扶贫开发主流工作体系也存在值得进一步改进之处。其中之一就是对通过电子商务等信息化应用进行减贫扶贫缺乏相应的关注，甚至在主管部门发布的重要政策文件中，连信息技术、互联网、信息化的字样都没有。忽略信息技术对于农村减贫扶贫的作用，这在21世纪互联网时代的今天，不能不说是一个巨大的缺憾。

与之相比，国际社会不仅提出广义减贫的范畴和目标，而且特别重视发挥信息通信技术在减贫中的作用。从1984年国际电信联盟著名的“美特兰（Maitland）报告”——《缺失的环节》，到1995年世界银行专门设立名为InfoDev的基金，再到世纪之交，全球关注“数字鸿沟”问题，重视信息化特别是互联网发展不平衡带来的信息贫富差距，强调将信息通信技术用于减贫，成为国际社会的共识和政策取向。自2003年哈佛大学世界发展研究中心举办“信息通信技术与减贫”大会以来，信息通信技术促进发展（ICT4D，Information & Communication Technology for Development）和信息通信技术用于减贫（ICT4P，Information & Communication Technology for Poverty Reduction）成为流行概念；联合国2003年、

2005年两次召开信息社会世界峰会，更是把信息通信技术作为实现联合国“千年宣言”制定的发展目标的手段，明确指出“要坚定不移地赋予穷人，特别是生活在边远地区、农村和边缘化城区的穷人，获得信息和使用信息通信技术的能力，使其借此摆脱贫困。”

就广义减贫的不同方面而言，国外学者认为，信息通信技术对经济、教育和卫生健康、促进社会民主和政府透明，以及民众参与均具有积极作用。信息通信技术的应用不足，不仅本身就体现了贫困（如农民使用信息通信技术越少，说明农民越贫困），而且信息通信技术应用的缺乏，还将加剧农民的贫困，比如机会的贫困、效率的贫困、规避风险的贫困；反之，增加信息通信技术的应用，则有利于贫困农民的减贫，这种减贫不仅仅是经济意义上的减贫，还有更多的政治、社会和保护上的减贫。在实际操作上，美国、英国和日本都早已利用信息通信技术减贫。国际组织大力推动马来西亚、印度、拉丁美洲甚至非洲广泛应用信息通信技术来减贫，都取得了良好效果。

“沙集模式”的成功，为互联网时代我国农村的开发式扶贫，提供了新鲜生动且富于说服力的经验，对于我国农村减贫扶贫具有非常重要的战略意义和应用价值。“沙集模式”创造了贫困农民通过互联网和电子商务摆脱信息弱势，通过直接对接市场掌握订单权和定价权，从而提升自身经济和社会地位的成功经验。沙集农民网商利用电子商务创业致富，不仅在经济上脱贫，而且不容易返贫，同时更提升了自身的能力，收获了应有的尊严，体味到人生价值实现带来的满足和幸福。当地农民的电子商务应用，不仅解决了本地劳动力回乡创业和就地致富问题，还带动了外地剩余劳动力就近就业和脱贫。我们建议国家在谋划“十二五”农村减贫扶贫规划时，对“沙集模式”的研究推广给予应有的重视，将信息化纳入农村扶贫“十二五”规划和新的“十年纲要”之中，予以贯彻实施。这对于和谐社会的构建意义重大。

第三，鼓励自下而上的农村电子商务发展，探索自上而下农村电子商务与其结合的路径。

经过多年的发展，我国事实上存在着两种不同的农村电子商务。一种是自上而下式，一种是自下而上式。前者的特征是由政府主导、国家投入、通过官方机构或者是带有官方背景机构运营的平台来做电子商务；后者是由市场牵引、社会或用户自己投入、农民自发地利用市场化的平台开展电子商务。这两种电子商务做法的动力系统是不一样的，自上而下式是靠政府为主导的外在力量推动农民做电子商务，就是“要农民信息化”；反过来，自下而上式是靠农民自身的动力开展电子商务，它是“农民要信息化”。

不同的动力系统带来的结果也是不一样的。自上而下式普遍遭遇的问题，就是“信息化不等式”的挑战，即能力不等于应用，应用不等于有效。多年来，我们在农村信息化方面已经建设了相当的能力，但是现有能力使用不足，效果不理想，是自上而下农村电子商务的突出问题。反观以沙集模式为代表的自下而上式农村电子商务，农民自发利用市场化的平台，不要国家投入一分钱，信息化应用的效果非常显著。

因此，未来我国农村的电子商务应该从两方面努力。一方面，是“播神火”，传播、鼓励和促进发展自下而上的农村电子商务，营造良好的政策环境，帮助农民解决开展电子商务过程中遇到的自身难以克服的问题，让自下而上的电子商务星火燎原；另一方面，是“接地气”，探索将已有的自上而下的电子商务与自下而上的电子商务结合起来，与农民自身的内生动力结合起来，让悬在半空的农村电子商务和信息化落在坚实的大地上。

第四，继续改善农村电子商务的基础环境。

一是要推动农村信息基础设施建设升级，降低农民网商的上网和运营成本。和城市相比，农村电子商务基础设施仍然相对薄弱，电信、电视网络等基础设施相对落后，网络设施提供的带宽明显不足，网上时常“塞车”，这成为制约农村农业信息化的“瓶颈”。农民上网资费过高。相对城市收入水平，农民收入普遍偏低，降低他们从事电子商务的成本就更加重要。政府要充分发挥其在农业电子商务发展中的作用，继续推进农村地区基础设施建设，努力缩小城乡数字鸿沟。

为此，要继续鼓励电信竞争，加快推进农村“三网融合”，努力做好农村网络基础设施规划建设，提高网络服务的带宽和服务质量，降低网络资费，为开展电子商务创造更有利的基础条件。要继续支持“电脑下乡”、“信息支农”等活动，加强与电脑厂商合作，为农民提供适宜的产品，扩大农民购买电脑的补贴范围和补贴幅度，提高农村地区的电脑普及程度。

二是着力解决农民在发展电子商务中的主要瓶颈问题。政府部门要加强部门间协调，共同制定相互协调的电子商务服务业的扶持和鼓励政策，采取多种措施，推进农村电子商务发展。尤其是针对农村电子商务发展中的瓶颈问题，政府部门要实行一把手工程，集中资源进行彻底解决。在资金上，增加资金投入，给予重点扶持。要继续落实税收优惠政策，按照扶持新兴产业的原则，给予农民暂免征收所得税待遇。在土地使用上，改进用地管理，合理解决网商所需要的建设项目用地。在物流快递上，引导物流快递服务下乡，鼓励发展社会化的物流信息服务和配载服务。

三是增加培训和引导，加强人才培养。要加强宣传和教育，培养农民利用电子商务的意识和能力。运用广播、报纸、电视等各种渠道，广泛宣传，尤其要用成功的案例，使农民认识到信息在现代农业中的巨大作用，激发农民对农村发展电子商务的重大意义的认识。通过培训，提高农民的计算机和网络应用水平，改善农民的信息素质，加强他们的电子商务意识和能力。从沙集模式的成功来看，要特别重视发挥当地农民网商带头人的榜样作用。重点鼓励有网络操作经验的电信职工、大学生和农民工回乡上网创业，开展电子商务，对更多农民网络创业和就业提供示范。通过典型的成功案例，激发更多农民学习应用电子商务的主观能动性。在培训过程中，要注意调动各方面的积极性，特别要发挥专业的网络服务商、成功的农民网商在培训中的作用。

第五，优化政府的政策规制体系，构建健康的农村电子商务生态系统。

一是创新农村电子商务生态系统自我演化的发展机制。其基础条件是确保所有参与主体能够自我选择、自我组织、自我调适和自我优化。政府应尊重并鼓励农民和其他成员在市场运作中充分发挥主体作用，避免越俎代庖；在市场监管和调控时，政府应进一步确立尊重市场、敬畏市场规律的观念，避免将自己的主观意志强加于市场、农户及其他成员。应正确发挥政府维护市场竞争秩序，促进平等合作的行政执法作用，保障各成员平等参与商业生态系统合法经营的权利，要重点鼓励优势农民网商采取与其他主体合作共赢的经营模式，并通过各种有效措施保护弱势成员的合法权益。政府应与农户和其他市场主体合作，建立健全由经济、法律、道德、舆论等多手段复合构成的强有力的奖罚机制。要以是否有利于或伤害其他主体的利益和整个商业生态系统的公共利益为判断标准，通过该机制的作用给予必要的激励或惩戒，用以调节所有市场参与主体的行为。

二是营造健康的农村电子商务的规制环境。政府应重点从法律规范、政策体系、诚信合作等不同角度，着力营造开放包容、鼓励创新、运行有序的农村电子商务生态环境。要继续健全必要的法律规范，进一步鼓励农村电子商务市场各类主体的创新，保障他们的合法权益。加快研究制定有关调整网络行为、规范产业链竞争、信息安全与竞争情报、保护个人隐私、规范公用平台的服务、电子交易与电子支付等方面的法律规范和标准。要继续完善鼓励农民网商发展的政策体系，主要是继续从财税、金融、人才等各项政策上对网商给予鼓励，对骨干网商发挥积极引领和辐射作用给予鼓励，对平台提供商和中介服务机构以质优价廉的服务帮助市场参与者结成合作关系给予鼓励，对市场业态的多样化和参与主体差异化发展给予鼓励。政府应提高决策过程的开放性，吸收农户和各类主体广泛参与政策制定。要在农村电子商务领域，努力营造诚信合作的氛围。除了对农民网商持续开展诚信文化、职业道德教育外，还需加强必要的制度建设，特别是中介服务机构的资质管理与信息服务制度，市场主体的信用记录、评估与信息共享制度，电子认证体系，网络交易信息可追溯体系等。

三是要帮助农村法人网商提升素质。农村法人网商多脱胎于农户，政府应帮助他们以现代企业制度建设提升自身素质。要把国家关于支持“三农”和鼓励中小企业发展的各项政策延展到农村电子商务发展中来，尤其是要加强对农村法人网商的分类指导和典型引导，完善面向农村法人网商的社会服务体系，帮助他们克服市场、信息、技术、人才、资金、生产、经营、管理等方面的实际困难。政府应配合建设创新型国家和建设社会主义新农村的战略部署，要利用各种渠道和手段，特别是发挥网商联盟或协会的作用，鼓励和支持农村法人网商间的横向交流和网状互动，强化参与主体的自组织、自调适能力和填平补缺、优势互补能力。政府应帮助农村多元法人网商树立“一损俱损、一荣俱荣”的社区共同体意识，宣传“为系统创造价值，与其他主体分享价值”的新商业文明理念，并用以指导和规范市场行为。还要加强相关法律法规、利益共同体和新商业道德伦理的宣传，提高各类主体和公众对商业生态系统的认知，增强他们依法维权的他律意识和守法经营、合作共进的自律意识。

第六，在发展农村电子商务中，充分发挥第三方中介平台的作用。

淘宝网等第三方电子商务平台由于具有更开放、专业化、功能更强、整合买卖双方、信息更丰富等优势，成为受农民欢迎的自下而上的农村电子商务的公共平台。各地政府应该充分肯定和进一步发挥这些电子商务平台的作用，引导和鼓励他们进一步拓展农村电子商务市场，更好地服务“三农”。

要鼓励第三方电子商务平台增加更有针对性的服务内容和引导提示，降低服务门槛。在运营政策上给予农民更多的优惠，在服务上给予更多的支持，在价格上给予更大的倾斜，在培训上，提供多种形式的选择。同时，还要在农民企业的内部管理、物流仓储、产品创新等方面提供更多的指导和服务。通过第三方中介平台，引导农民积极进入电子商务市场，提高主动性，让他们能够真正体验到电子商务带来的好处。

建议政府加大对农村电子商务第三方平台的支持力度，鼓励他们应用 Web 2.0、云计算、泛在网、物联网等新的技术手段，对已有的技术网络、知识网络和业务网络进行升级；鼓励通过技术先进、功能强大的数字化网络平台和对等网络（P2P）技术，使农民网商可以更方便高效地建立电子化的业务关联与合作，促进信息与知识的交流和创新成果的扩散。

政府应鼓励农村电子商务第三方平台服务提供商不断创新质优价廉的服务产品，鼓励开发面向农村电子商务需求的定制服务，帮助农民网商降低业务成本；鼓励网络平台进一步透明化，在平台上建设共享信息、知识和业务的社区，为业务链条和价值网络的拓展提供必要的前提。

第七，加强对“沙集模式”的研究，在全国范围内推广经验。

调研表明，“沙集模式”的经验值得深入总结和发扬光大。建议各方面，首先是学术界，进一步深化对“沙集模式”的研究。研究其产生和发展的机理和内在驱动因素，分析其成功的原因和可推广的经验，总结其对解决“三农问题”以及对社会综合发展的影响意义和典型示范作用。

要通过总结“沙集模式”典型案例，在全国范围内的广大农村地区，推广“沙集模式”的成功经验，树立电子商务应用标杆。2011年5月，江苏省已率先肯定了“沙集模式”的经验，将其定为全省第一个农村信息化示范基地。我们希望“沙集模式”的影响能尽快超越江苏省的范围。通过“沙集模式”的推广，促进农村电子商务的应用，从而达到利用信息化手段解决制约农村社会发展的“三农问题”；通过发展具有地方特色的网店经济，促进各地产业结构的调整和升级；通过“沙集模式”信息化带动工业化的机理，调整我国信息化推进的总体思路。通过“沙集模式”中农民自主创业和就业的经验，启示城市失业人口寻找适合自己的脱贫致富之路。通过“沙集模式”农民网商自身和社会全面发展的经验，以信息化助力和谐社会建设。

第四章

信息化时代和谐社会的价值取向

和谐社会的基础是社会成员的幸福。在不同的历史时代背景下，人们拥有不同的幸福观和幸福感，因而，社会成员的幸福以及建立在其之上的和谐社会，都是历史的概念，都是因时而异的。本章首先简要地讨论不同时代的幸福观和幸福感，然后分析信息化时代与工业化时代人们生产生活方式和价值取向的变化，讨论落脚在信息化时代作为和谐社会基础的社会成员幸福的来源之上。

本章要阐述的一个核心观点是：我国在向信息社会过渡的进程中，要构建和谐社会，就必须认识到信息化时代给社会成员价值取向带来的变化，以信息化助力和谐社会建设，就必须体现在满足人们新的信息化需求和新的幸福追求上。

第一节　不同时代的幸福观和幸福感

幸福观是人们对幸福问题的看法，幸福感是人们对幸福的感受或体验。幸福观和幸福感是相互影响的。人们的幸福观和幸福感都是非常复杂的话题，因时而异，因地而异，因人而异。我们这里侧重讨论不同时代的幸福观和幸福感问题。

达林・麦克马洪（Darrin M. McMahon）的《幸福史》一书阐述了幸福观具有时代性的主题，书中讨论了西方社会两千多年来各重要时代的主流幸福观的变化和差异，如在荷马时代，幸福等同于幸运；在希腊时代，幸福等同于德行；在中世纪，幸福等同于天堂；在启蒙时代，幸福等同于及时行乐；到了现代，幸福如美国著名的《花生漫画》中露西的一句名言所说“是一只温暖的小狗。”[1]

1　刘见林:《华盛顿观察》2006年第8期，2006年3月1日。

按照历史唯物主义的观点，不同历史阶段的人们追求幸福的预期和对幸福的体验，受当时的生产力条件、经济基础和文化发展的制约。在不同的生产力、经济和文化条件之上，人们会形成不同的幸福观，获得不同的幸福感，这种因时而异的幸福观尤其是幸福感，构成特定时期建设和谐社会的特定的基础。

一、人们的幸福感与所处时代的幸福预期有关

人们对幸福的感受，与其物质和精神生活的质量成正比，与其对幸福的预期成反比。就幸福感与幸福预期的关系而言，在生活质量一定的情况下，对幸福的预期越高，越不容易获得幸福感。因此，心理学家和社会学家劝诫幸福预期过高的社会成员要学会调整自己的幸福预期，亲朋好友也经常会告诫他们要知足常乐。

另一方面，人们对幸福的预期是因时而异和受环境影响而变化的。在对我国幸福指数的研究过程中，有不少人指出，改革开放之前虽然人们的收入和生活水平很低，物资相当匮乏，但人们普遍的幸福感却不比物质生活明显提高了的今天低；现在经过改革开放和经济持续发展，尽管人们的收入和物质生活有了明显改善，但生活压力加大，竞争加剧，感觉生活不满意、不幸福的人变得比过去更多了。其原因之一，就是时代的进步改变了社会成员对幸福的预期。任志强曾经比较过自己这一代与“80后”两代人间的差异。他写道：“当我们用石笔、石板写写画画时，他们有了五颜六色的纸和笔；当我们用算盘学习数学时，他们有了计算器；当我们用数十里地的奔波去找个邮局从千里之外打电报时，他们有了网络；当我们用等待数日的平信传递家音时，他们有了手机与短信；当我们在用自制的羊拐扔沙包、弹弹球时，他们有了机器人、变形金刚的陪伴；当我们为争着骑一辆自行车而打架时，他们有了私人的座驾；当我们为争一个课桌写作业时，他们在争有自己独立的住房；当我们高兴地从哥哥姐姐手中接过穿短了的衣裤时，他们却一身的世界名牌，踏着耐克的鞋、挎着 LV 的包……”他的结论是，社会的进步与经济的发展改变了中国人，尤其是改变了未经历过改革之前的痛苦的一代的预期。新的一代对生活质量的

要求和精神追求的预期过度的提高，是造成他们幸福感下降的主要原因之一。[1]

人们的幸福预期还受不同时期环境变化和他人的影响。如同在家庭生活中，父母的溺爱，不断满足孩子过分的要求，会助长孩子过度的需求预期，一旦这种预期不能实现，就会使孩子感到失落，幸福感降低。在一个组织中，领导者对组织成员进行目标激励，对于鼓舞士气是必要的，但如果目标制定得过高，对组织成员给予过多的许诺，也容易因目标无法实现令组织成员产生挫败感，从而降低他们的幸福感。和谐社会建设也是一样，政府对社会成员的承诺影响人们的幸福预期，这些承诺能否兑现则关系到社会成员的幸福体验。在不同的发展阶段，政府往往会提出一些不同的发展目标和政策，而这些目标和政策都会作用在社会成员的幸福预期上。

二、幸福感与生产力条件

另一方面，就幸福感与生活质量的关系而言，在幸福预期一定的情况下，生活质量越高，自然人们获得的幸福感就会越强。显然，从历史发展的角度来看，生产质量是受生产力条件制约的，从而，人们的幸福感也会受生产力条件的制约。

幸福经济学研究的一个重要问题，是研究不同生产力条件下，社会成员的经济收入与他们获得的幸福感之间的关系。根据相关研究，在人均收入1,000美元之下的（农业）社会中，生活能达到温饱，就是幸福；在1,000美元—3,000美元的（工业）社会中，有钱就是幸福；在3,000美元以上的（信息）社会中，自由才是幸福。农业社会的幸福观，是生存的幸福观，温饱就是幸福。因此，在农业社会中，建成和谐社会的首要条件，是解决人民的温饱问题。工业社会的幸福观，是发展的幸福观，有钱就幸福。因此，在工业社会，建成和谐社会的主要条件，是解决人民的富裕问题。信息社会的幸福观，是自我实现的幸福观，自由而全面发展就是幸福。因此，在人均收入较高的信息社会，建成和谐社会的主要条

1 任志强:《80后的不幸福感在于过度抬高幸福预期》。

件，是解决人民的自由（即“通过知识获得解放”）问题。[1]

反之，按照与之对立的工业化时代的教条主义的观点，有钱自然会快乐，GDP 增长，人民自然会幸福。当前，在对社会主义和谐社会的认识上，其实仍存在这样的认识上的偏差。比如，有人认为“任何社会如果能够让其中的穷人不断地变为富人，就有无限的活力”。其实，这种观点只适用于人均收入3,000美元以下的社会。因为在这一历史阶段，有钱与快乐（幸福）存在着强相关关系。我国自2008年以后，全国的人均年收入已超过3,000美元，当然各地的发展存在着不平衡的情况。对于我国已经进入或即将进入人均3,000美元收入的地方来说，上述只关注提高人民收入水平的认识，对于提高人民的幸福感，恐怕已无法适用。随着经济发展和人均收入的增长，收入与幸福的关联程度还将进一步减低。在人均 GDP 超越3,000美元后，意味着许多人的生活方式和幸福标准会由此发生变化，同时满足人们幸福追求的生产力条件也发生了历史性变化，从而，在和谐社会建设方面，都会提出一系列前所未遇的新问题。

三、幸福感与分配方式

除了不同时期的生产力条件和收入水平影响人们的生活质量，进而作用于社会成员的幸福感之外，经济基础对人们的幸福感的影响，还会通过分配方式产生作用。

中国自古就有“不患寡而患不均，不患贫而患不安”[2]之说，不怕分得少，就怕分得不均。有后人将孔子所说的“均”理解为平均，朱熹将其解释为“各得其分”，回避了具体分配时分的大小问题。如果正面理解朱熹的意思，“各得其分”强调的是分配的公平，而平均与否和差距大小，则是第二位的。如果利益分配公平，参与分配的社会成员或组织成员各得其分，即使每人分到的不多，这种利益分配本身也会给当事者带来幸福感，彼此也不会产生很大的矛盾；反之，如果利

1 姜奇平：“谈信息化与和谐社会的关系”，《互联网周刊》，2005年9月21日。

2 见《论语·季氏》。

益分配不公平，就会引起参与分配者之间的利益冲突。

正是由于利益分配的方式，可以对社会成员和组织成员的幸福感产生影响，进而对他们的积极性产生重大影响，在改革开放以来的很长一段时间，为了刺激经济效率，通过奖勤罚懒，调动人民群众的积极性，国家实行了效率优先，收入和效率挂钩，拉开收入差距，“让一部分人先富起来”的政策。然而，收入分配差距如果拉得过大，持续时间过长，势必造成社会不安定的问题。而事实上，如同我们在后面的章节中展开分析的那样，贫富差距在我国已经成为突出的社会矛盾，成为构建和谐社会必须解决的重大问题之一。这对调节政策方面的启示作用在于，收入分配政策调节工具的运用，必须审时度势，动态调整。或者换言之，分配方式必须因时而异。

收入分配方式的变化，必然反映到社会成员的幸福感上。在社会和经济快速转型的过程中，无论是利益分配方式的变化本身，还是不同群体对利益分配方式变化的认识差异所致，出现“端起饭碗吃肉，放下筷子骂娘”的情况并不奇怪。特别是当分配不公的问题和腐败现象交织在一起的时候，就更会降低广大人民群众的幸福感。因此，如果说分配方式本身的问题，可以通过发展生产力、调整分配政策和积极疏导来解决，那么，腐败现象是最挫伤广大人民群众幸福感的反面因素，在任何时候都必须坚定不移地予以惩治。否则，增进人民群众的幸福感和构建和谐社会就会事倍功半或劳而无功。

四、幸福感与文化发展

不同时代的文化发展不仅表现在文化水平上，更表现在文化价值取向的变化上。不同时代有着不同的文化价值取向，这种文化价值取向上的变化，会明显左右着人们的幸福观和幸福感。举例来说，在我国封建社会，妇女深受封建文化的束缚，社会上不仅流行“女子无才便是德”，而且以“三寸金莲”为美，为此，许多女人在这种文化取向和社会氛围的压力下，很小就要被强行裹脚，吃尽苦头，她们中的许多人一生围着灶台转，基本不出家门，与社会隔离；新中国摒弃了封建文化，主张妇女解放，男女平等，为妇女参与社会和全面发展提供了广阔的空间。不同历史阶段的这种文化价值的变化，不仅会给女人，而且也包括男人在内的所有社会成员的幸福观和幸福感，都带来根本性的变化。如果说，过去男子把娶了小脚女人引以为福的话，那么，在现在的时代，男人恐怕就会把“三寸金莲”的女人看作残疾人，更不用说愿意娶其为妻了。

我国曾在很长一段时间内，社会文化崇尚节俭，生活中奉行节约。一方面，这与当时经济发展水平低，社会供应极端匮乏有关；另一方面，人们在思想文化上，也确实接受以节约为荣、以铺张浪费为耻的价值观。后来，商品经济发展起来以后，社会上追求物质生活的消费主义逐渐流行，勤俭节约的优良传统被能挣会花所取代，以前的“会过日子”反而被视为过时和穷酸。物质生活条件和相应文化观念的变化，对社会成员的幸福观和幸福感发生着非常重要的影响。

在不同时代，青年人择偶观的变化更能从一个方面直接说明幸福观的变化，因为在某种意义上，选择配偶就是选择未来婚姻生活的幸福。当然，在择偶观中，有些内容变化不大，但另一些内容随着时间的推移变化得明显。比如在我国，20世纪50—60年代，崇尚英雄在青年人择偶中体现得就非常明显，军人和劳模最受欢迎；60—70年代，“文化大革命”让择偶观中融入更多的政治考虑，“根红苗正”成为流行的择偶标准；“文革”后知识分子落实了政策，高学历开始受欢迎；随着市场经济的发展，社会收入差距拉开，经济条件更多进入到择偶标准之中。

幸福观和幸福感受文化发展的制约，还体现在人们精神追求的层次高低上。老科学家徐光宪教授认为，幸福是分级的，幸福的初级与金钱成比例，中级与健康成比例，高级与闲暇成比例，超级与仁智成比例。他还指出，不同时代出生的人们对幸福有不同的感受，这是所谓“代沟”。老人们经历过日本军国主义的侵略，在租界里体验过“二等公民”的屈辱，对民族独立和生逢盛世有深深的幸福感受。“文革”中感受过失学痛苦的一代，听到恢复高考的消息，重新有了学习的希望时，是非常幸福的。[1]其实，反过来也一样，80后、90后自小就学会利用信息

1　老科学家徐光宪谈幸福观，http://www.douban.com/group/topic/9798611/。

化的手段，接受各种各样丰富的信息，见多识广，思维活跃。他们的正当追求也应该被老一代所理解。

总之，一个社会要和谐，其基础是社会成员的幸福。提升社会成员的幸福感，是构建和谐社会的治本之道。而在不同的时代，人们的幸福观和幸福感是不同的，其内涵都不是一成不变的，因此，我们不能脱离具体的时代背景，空泛地讨论幸福与和谐的问题。

第二节　信息化时代的幸福观与幸福感

既然在不同的历史时代，社会成员的价值标准或幸福观的内涵是有差异的，那么，在信息时代或在信息化的过程中，人们的幸福观和幸福感会有何特点呢？在本节，我们有必要结合经济社会信息化的趋势，比较和探讨相对于工业化时代而言，信息化时代中社会成员关于幸福的价值取向变化，比较和探讨在此基础上构建和谐社会与工业化时代构建和谐社会之间的共同点和差异之处。

我们在第一章的文献研究中曾经指出，多数研究者在讨论信息化的社会作用时，是侧重把信息通信技术及其发展形成的信息化，作为构建和谐社会的手段来看的。这种研究的视角当然是必要的和重要的；然而，也有一些研究从社会发展目标的层面研究信息化与和谐社会建设的关系，我们认为，这同样具有重大的意义。事实上，在信息化时代，构建和谐社会不仅离不开信息通信技术手段，而且，信息化为构建和谐社会注入了不同于工业化时代的新的价值诉求。

毫无疑问，探讨信息化时代社会成员价值追求的变化，必须跳出经济学中对人所做的“理性经济人”的假定，不仅关注人在经济利益上的追求，而且必须重视社会和人本身全面发展的价值追求。如果从积极的角度深入探究这一观点，那么，值得我们思考的问题是：除收入增长以外，给人民带来幸福感的其他要素来自何方？结合信息化的时代背景，人们追求幸福，进而建设和谐社会的价值何在，这与工业化社会的幸福观有什么不同之处？

一、幸福感更多来自人们多方面需要的满足

在信息化时代，社会一般发展到人们从强调经济和物质生活需要，更多转向强调多元需要的阶段。从而，基于人民幸福的信息化和谐社会建设，就应在促进经济发展的同时，努力满足人们经济以外的多方面的需要。

根据马克思主义关于“人的全面发展”的理论，人的多元需要来源于人的本性。它包括多方面和多层次的需要，如，生存需要、享受需要和发展需要。随着社会的发展，人的需要也是在不断发展的，“已经得到满足的第一个需要本身、满足需要的活动和已经获得为满足需要用的工具又引起新的需要”[1]。马斯洛的“需求层次理论”，也论述了人的需要的复杂多样性。随着工业社会向信息社会发展，社会经济形态进入到更高的阶段，人们在满足了基本的经济需要，满足了基本的生存和温饱的需求后，必然提出更多的和更高的需求。对此，值得注意的事实是，一方面，在信息化时代，人们更多把增加经济收入，作为满足经济生活以外的更多和更高需求的手段，有更多的收入被用于经济生活以外的社会活动中；然而，另一方面，经济以外的许多社会需求的满足，不是靠金钱就可以买到的。

另外，从生产方式来看也是如此。相对于与工业化社会生产方式相对应的大批量、少品种、标准化的特征，信息化社会的生产方式以小批量、多品种、用户差异化定制为特征，更多采用多种产品和服务的柔性生产方式，更多应用共享的平台实现更便宜、更快速的生产，以满足用户的需求。企业与企业之间从零和竞争发展为生态协作，从价值链发展为价值网络、商业生态系统。因此，社会的发展更要求以能够满足人的多样化、差异化需要为前提。以此为基础，信息化条件下和谐社会建设的价值取向，较之工业化社会来说，也要适应满足人们更加多元、复杂需要的变化。否则，不顾工业社会向信息社会发展的事实，社会政策仅仅停留在片面满足人们经济需要的水平上，人们不可能产生相应的幸福感。

---

1 《马克思恩格斯全集》第1卷，人民出版社1972年，第32页。

二、幸福感更多来自个性和自由得到实现

信息化时代的人们有了更多个性发展和自由选择的需求，客观上，较之于工业化时代而言，信息化时代也存在着实现社会成员个性发展和自由选择的可能性和空间。

基于人民幸福的和谐社会，应在保证社会公平正义和协调运行的同时，更多地尊重和保障人的个性和自由。人的自由在马克思主义学说中占有重要地位，马克思主义学说认为“自由的自觉的活动”是人的本质特征，“自由是全部精神存在的类的本质”[1]。马克思和恩格斯在论述共产主义社会的本质时，也是用人的自由来定义，即认为共产主义社会就是“自由人的‘联合体’”，是“以每个人的全面而自由的发展为基本原则的社会形式。”[2]当然，这种个人的自由是人们平等的权利，用《共产党宣言》的话来说，“每个人的自由发展是一切人的自由发展的条件”，这虽然是到共产主义社会才能实现的理想，但生产力的解放与发展、社会的进步，正是人们由必然王国向自由王国过渡的过程。从这种意义上来说，信息社会的人们比起工业社会应该有更多的个性的自由发展。以劳动方式为例，与工业社会大机器生产相对应的劳动方式，以严格、僵硬的社会分工为特征，而在信息社会中，与个性化定制的生产相对应的劳动方式，则是以弹性、流动和多兼职为特征。在此基础上，信息化时代建设和谐社会理应比工业社会更加尊重和实现人的个性自由。为此，要在不违背社会自由的前提下，鼓励个性发展、个人快乐，通过倡导以人为本的高峰体验、自我实现，超越“金钱至上”的幸福观和传统工业化的福利水准。

三、幸福感更多来自发展更为丰富而全面的社会关系

较之于工业化时代，信息化时代的人们通过掌握新的技术工具，发展出更为

1 《马克思恩格斯全集》第42卷，人民出版社，1979年，第120页、第96页；第1卷，人民出版社，1972年，第67页。

2 《马克思恩格斯全集》第23卷，人民出版社1972年，第649页。

丰富和全面的社会关系。

基于人民幸福的和谐社会，应在改善人的经济生活的同时，发展人的丰富而全面的社会关系。人的许多高层次需要的满足和能力的发展，必须通过社会关系才能实现。在农业社会，人们的活动范围极其狭小，社会关系相对简单；工业社会虽然把人从土地的束缚中解放出来，但加强了劳动者对机器的依赖。特别是在资本主义条件下，社会关系被严重物化和货币化，“金钱拜物教”侵蚀着社会关系的方方面面，人的发展受到物化的社会关系的严重束缚。因此，在马克思主义看来，消灭私有制是实现人的全面发展的根本条件。当然，这是一个长期的由量变到质变的历史过程。在信息化社会中，随着人们经济条件的改善和闲暇时间的增加，以互联网为代表的信息通信技术进一步打破了人际交往的时空限制，为人们发展丰富而全面的社会关系提供了新的可能。对于网络行为、网络通信、网络社区、网络文化和虚拟世界等方面的诸多实证研究，越来越多地揭示出网上与网下社会关系之间的异同和相互影响。在网络生活中构建和发展可以摆脱物化的现实世界的新的社会关系，更多地发掘和实现被现实社会条件束缚的潜能，成为许多网民对网络生活乐此不疲的深层原因。这其实也正揭示出现实世界中人们发展社会关系的需要和价值追求。在信息化背景下，要建设和谐社会就应该充分重视和努力满足人们对丰富和全面社会关系的价值追求。

四、幸福感更多来自精神追求得到实现和素质能力的全面提高

信息化时代超越了工业化时代社会物质基础的限制，社会成员的精神追求的重要性日益凸显出来，从强调满足生理需要的阶段逐渐提升到了强调满足精神价值的阶段。

基于人民幸福的和谐社会，应克服片面追求物质财富的倾向，着眼于满足人的精神追求，全面提高人的素质和能力。相对于物质财富的追求而言，人们的精神追求是无止境的。社会主义的生产目的，要求不仅满足人民群众不断增长的物质需要，还要满足人民群众不断增长的文化需要。以 GDP 为代表的物质财富增

长，只是社会全面发展的物质基础，而不是目的；以GNH（国民幸福总值）为代表的幸福最大化的追求，才是生产目的所在。收入和物质财富分配不均，当然是要解决的问题；但片面追求物质财富本身，也是要解决的问题。只有把握幸福最大化这个标的，建设和谐社会才不会走偏。幸福最大化，在一定意义上，离不开主观幸福的改善。人们的生存发展等物质需求得到基本满足后，精神文化需求的满足，对主观幸福的提高，作用将越来越明显。和谐之本在于人。人幸福不幸福，不仅取决于客观经济社会文化发展水平，还直接取决于人的综合素质和能力。培养自由而全面发展的新人，是社会福利最终实现的归宿。在信息化时代背景下，信息和知识在提高人的素质中越来越起到核心的作用。因此，在信息化过程中，以包括数字化网络化的持续电子学习在内的各种手段，努力保证和实现人的福利接受水平和创造水平持续提高，既是保障社会和谐的根本途径，也是和谐社会建设的根本目标。[1]

五、我国社会发展现阶段人们幸福感的来源

2008年，我国的人均GDP已突破了3,000美元的界限，达到3,266美元的水平。到2010年，按国家统计局2011年3月的初步测算，我国人均GDP可达29,748元人民币，如按1:6.8的汇率折算，我国的人均GDP为4,374美元。根据幸福经济学的观点，人均GDP突破3,000美元，是传统社会转向现代社会的重要标志或分水岭。社会成员经济条件的改善，必然带来新的需求，从而带来幸福观的变化。如何在人均GDP超越3,000美元后的发展阶段，满足社会公众变化了的需求，提升国民幸福感，构建和谐社会，在我们国家，这还是历史上前所未有的新课题。

来自国内外一些机构所做的社会调查的数据，也从某些侧面印证了我国社会变化给社会成员幸福感带来的影响。尽管我国近年经济上保持了快速发展，但美国"盖洛普世界民意调查"数据显示，在2005—2009年间，155个国家及地区的

1　姜奇平："谈信息化与和谐社会的关系"，《互联网周刊》，2005年9月21日。

数千名民众接受了关于幸福感的调查，结果显示，中国大陆位列125位，排名比较靠后。2010年8月，首届中国国际积极心理学大会上发布的一项调查研究结果显示，6.9万参与者中，90%的被调查者有孤独感，46.9%的受访者对生活满意度不太高，19.1%的人甚至表示对生活非常不满意。越是生活在大城市，越感到不幸福。[1]而2010年北京美兰德公司对600名北京居民的调查显示，家庭月收入1万元以上的受访者感觉幸福的比例反而小于家庭月收入7千—1万元的受访者。[2]可见，在当前阶段，仅仅依靠经济增长和收入增加，并不能保证让中国人幸福起来。

自进入新世纪以来，我国已确立了走新型工业化道路，实行工业化与信息化“两化融合”的发展战略。这意味着以信息化提升国民幸福感，需要符合工业化与信息化双重的要求。就工业化而言，当社会发展从工业化中期进入到工业化后期，社会成员对社会生活条件和政府公共服务的期望会明显提高。例如，社会成员更要求政府必须保障充分就业，让人们过上有尊严的生活；必须保障提供更高水平的医疗卫生服务，应对卫生健康面临的新挑战；必须保障在基础教育的基础上，提供更长年限的教育，满足市场竞争对劳动力素质的需要，等等。这种变化是经济发展进入到工业化后期的新阶段后，消费结构、产业结构和就业结构发生根本性变化，城镇化不断加速的必然结果。而社会发展进入到信息社会，广大社会成员在经济追求的基础上，会更加注重其他方面的发展，更注意精神利益的实现。可见，无论从工业化，还是从信息化的角度来看，处于新发展阶段的社会成员的幸福观及其幸福感的来源，都必然会发生一定的变化，其特点表现在更加追求自我实现、追求自由和人的全面发展。

到2010年年底，我国互联网的网民数量已达4.57亿，并且未来仍然会不断增长。要以信息化提升国民素质，就不能对规模如此庞大的网民群体以及他们的权益诉求视而不见。个性化网络、虚拟现实、社会网络业务、在线学习/交流/娱

---

1 《究竟谁偷走了中国人的“幸福感”》，http://www.tianjinwe.com/tianjin/tjwy/ 201010/t20101021_2219728.html。

2 http://money.msn.com.cn/internal/20101221/17471177940.shtml.

乐等，已成为许多网民的生活方式，互联网尤其对作为“网络原住民”的青少年网民更为重要。在当前的历史阶段，信息化、互联网对于社会和人本身的全面发展，对于提高社会成员的生活质量，提高他们对社会的满意度和自身的幸福感，将发挥不可替代的作用。信息化不仅影响手段，而且关乎目标。[1]既然我国目前正处在新的发展阶段，以信息化助力国民素质的发展与和谐社会建设，必须充分认识到这种阶段变化的性质，认识到与上一阶段相比既有联系更有区别的特点。从国家的政策上看，未来就应该从新的发展阶段的特点和要求出发，高度关注人的信息福利、全面发展和幸福程度，更加强调以人为本的互联网，繁荣文化、异质性个人化的服务，继续大力解决数字鸿沟等问题。

总之，信息化时代与工业化时代相比，社会成员的价值追求和幸福观的确有所不同。在肯定信息化时代社会成员价值追求和幸福感有所变化的前提下，从社会发展目标的层面和角度，研究信息化与和谐社会建设的问题，实际上研究的是信息社会与和谐社会价值取向之间的关系。在信息化时代，考虑构建和谐社会的目标要求时，必须充分关注和尽量满足社会成员价值追求或幸福观上的变化，努力实现信息社会的和谐发展，或换句话说，把信息社会建设与和谐社会建设的目标结合起来。

1　中国社会科学院信息化研究中心研究报告:《信息化与和谐社会建设》，2008年。

第五章

信息化影响和谐社会建设的作用机理和着力方向

上一章从社会发展目标的角度研究了信息化对人们幸福观、幸福感和价值追求的影响，本章则从信息化作为手段的角度，研究信息化如何对构建和谐社会产生影响，即研究作为手段的信息化在和谐社会建设中的作用。具体来说，我们要研究信息通信技术主要通过何种途径、以何种方式影响和谐社会建设，目的是在认清和利用这种作用机理的基础上，把握好信息化作用和谐社会建设的着力方向，趋利避害，让信息化更好地为和谐社会建设服务。

第一节　信息化影响和谐社会建设的作用机理

信息化首先直接体现为信息通信技术和信息资源的应用。由于信息及其作用的普遍性和能动性，信息技术与信息资源渗透到人类生活的方方面面，从而，信息化对和谐社会建设的影响也极为深广。事实上，当前的信息化也正在深刻地改变着人类的生活和工作方式，使之更加智能化、电子化、国际化和个性化，其作用力度之大、范围之广，堪称推动着人类社会发生一次新的转型，即从工业社会转向信息社会。

尽管如后面的章节所述，信息化的影响面极为广泛，可是在我国，以往我们更多地还是从经济发展的角度强调信息化的重要性。然而，自中共十六届四中全会提出构建社会主义和谐社会的任务以来，信息化对人的影响、对社会发展的影响，尤其是信息化如何在实现和谐社会建设目标的进程中发挥支撑和助力作用，很快成为我国信息化领域各方人士关注和研究的热点。

信息化影响和谐社会建设的作用机理，可以通过将信息化应用的一般性规律用于促进社会发展和建设和谐社会的领域加以分析。

一、信息化通过多种途径影响社会和谐

对于复杂的应用系统，信息化的影响往往是多方面的。社会发展和社会和谐作为研究对象，当然是一个非常复杂的系统，信息化对社会发展和社会和谐的影响，也的确体现于诸多不同的侧面。要想正确把握信息化对和谐社会建设的作用机理，就必须全面综合地研究信息化对社会发展各方面的影响。

（一）信息化通过影响经济增长和社会成员的经济生活，作用于社会发展与社会和谐的经济基础

信息化被称为经济发展的“倍增器”。有许多实证研究的成果可以证明，社会在信息化方面的投入可以对经济增长起到积极的作用。信息化还会影响人们的就业机会。从某一方面看，信息化因为提高生产和供给的有效性，会减少社会无效劳动和无效投入，提高劳动生产率，从而减少一部分就业岗位；另一方面，信息化又会促进就业结构升级，创造出新的就业岗位。信息化的发展有助于增大经济总量，为人们收入水平的提高提供可能。国际社会，例如世界银行，近几十年一直围绕“发展”和“减贫”两大主题研究信息通信技术相关的课题。在国内，如我们在前面的章节中介绍“沙集模式”时所描述的那样，信息化的发展，在解决“三农”问题方面，为农民减贫致富，提高农民的幸福感，建设农村和谐社会，起到了明显的积极作用。

（二）信息化通过影响社会成员即国民的素质，作用于和谐社会建设

信息化对国民素质的影响，既表现在影响国民个人的素质方面，又表现在影响国民群体及整体的素质方面。国民素质是先天继承性和后天获得性共同作用的结果。从后天获得性来看，信息化一是可以影响国民个体素质形成的内因，使得

国民在具有差异性的先天条件和客观环境下，在实践中经过复杂的素质养成和变化过程得以使素质发展；二是可以通过社会信息化应用影响国民素质养成和变化的客观环境，在影响国民素质的环境因素中最重要的就是生产力与经济基础、制度与政策，以及教育与文化环境；三是信息化的推进可以影响和改变国民素质借以形成和发展的实践方式，信息化已经并将继续改变国民的生产方式、生活方式、学习方式、交往方式和参与社会生活的方式，等等。这些都对社会成员作为人本身的发展和他们所构成的社会和谐状态产生深远的影响。我们在后面的章节中，会专门研究信息化影响国民素质的理论和在我国的实践问题。

（三）信息化通过影响民主和法治，作用于和谐社会建设

信息化的实践表明，信息通信技术日益被广大人民群众所掌握，明显改变了社会民主与法治的状态。社会成员借助先进的信息通信技术，特别是通过互联网，广泛参与社会政治生活，发表个人和群体的意见与建议，参与社会公共事务的决策和管理，对政府及公务员进行民主监督。近年，我国出现了许多令人关注的网络事件。例如，2008年以来，从互联网上的反“藏独”、反西方媒体歪曲报道、组织护卫奥运会火炬境外传递、爱国红心签名、呼吁抵制家乐福，到地震灾情披露、救灾动员、民意表达与决策的互动、志愿者组织，以及由某些机构和个人的行为引发的公共道德大讨论，再到网络反腐、网络问策、网络问责，直到2011年由网上意见领袖发起众网民广泛参与官民互动的“微博打拐”。……在这一系列令人高度关注的重大事件上和领域中，互联网扮演了极为重要的角色，发挥了难以替代的作用。网民在政治生活中获得了前所未有的话语权，改变了原有的政治权力结构，使草根社会成员的政治权益有了更好的保障和实现。这对社会的发展与和谐意义重大。

（四）信息化通过电子政务，作用于和谐社会建设

进入新世纪以来，电子政务在全球加速发展，在我国也进入全面推进的阶段。以我国为例，到目前为止，我国政府网站的体系已基本建成，政府信息内容

建设、信息公开与服务取得显著成绩，列入国家电子政务建设重点的政府业务应用系统建设取得进展，电子政务基础性工作得到加强。这一轮智慧城市建设热潮中，智慧医疗、智慧交通、网格化管理、大数据应用等项目的建设与实施，明显增强了政府的电子政务公共管理和公共服务能力。这些都正在深刻改变着政府的公共管理和公共服务。首先，政府越来越多地以在线的方式实现全天候的公共管理与服务，越来越多地采用即时和双向互动的方式响应公众的需求，改变的不仅是形式，而且也包括了内容。正是由于新技术的应用及其在政府端与用户端的普及，使得以前不可能提供的公共产品和服务得以实现。其次，改变了被管理者和公众用户的体验。当公众可以通过在线交流、BBS、政府博客和微博等各种更便捷的方式，与政府部门和领导者对话，直接反映自己的意见并马上得到回应的时候，公众可以有更满意的体验；再次，电子政务推动着政府公共行政的转型。在国际上，政府正越来越多地利用Web 2.0技术加快自身的转型，使政府日益向平台化、更开放、去中心化等方向发展，“政府2.0”越来越多地从概念变成现实。在国内，这些新技术也正在越来越多地被政府部门采用，并在政府转型的过程中起着重要的推动作用。最后，电子政务的发展，也可以让宏观决策层更清楚、更及时地了解社会成员及各群体的状况与需求，及时监测实践层面的变化以制定相应的宏观调控政策，调节社会成员及各群体之间的利益关系，尤其是让生活在边远地区、社会边缘的社会成员和弱势群体，获得原来难以获得的公共行政资源和政务服务。这些都有利于促进社会和谐。

（五）信息化通过影响人际沟通和社区生活，作用于和谐社会建设

信息化的发展大大改变了人际沟通和社区生活的面貌，从而给人们日常的人际交往和社会关系的发展带来重大变化。信息通信技术，尤其是互联网，打破了人际交往传统的时空界限，使世界越来越变成一个“地球村”，借助于现代通信手段，人们的沟通变得比以往任何时候都更加便捷。互联网进入到Web 2.0阶段，对等网络技术推动社会网络业务快速发展，更让人们无论在现实空间，

还是在网络提供的虚拟空间，都可以更加方便地发展新的社会关系。信息化使得社会成员的联系更加丰富，特别是草根阶层拥有了更多主动建构社会关系的手段，这在可以满足人们相应的社会需要的同时，更有可能释放和实现以前被压抑的潜能。这些社会能力随着信息化被释放出来，必然会作用于社会发展与社会和谐领域。

（六）信息化通过以信息流改善生产消费过程的物质资源和能源的消耗，作用于和谐社会建设

信息化的重要作用之一，就是通过信息通信技术和信息资源的应用，沟通买卖双方，联结生产和消费，通过改进设计，创新产品和服务，并优化生产、交换和消费过程，提高物质资源和能源的使用效率，提高经济和社会运行的质量。这实际上是以信息流改善经济与社会运行中物耗和能耗状态的过程，以此，节约不可再生的物质资源和能源，促进经济社会的可持续发展和改善人的生活环境和生活质量。2010年年末，中国社科院数量经济与技术经济研究所和阿里巴巴集团联合课题组对我国电子商务的实证研究表明，电子商务有助于减少温室气体排放和一般废弃物的排放。这是因为，电子商务大大推动了生产率的提高，有助于实现生产投入的减量化。同时，电子商务有助于信用社会的建设，促使企业提高产品质量。电子商务还会推动二手市场的发展，延长商品的使用周期。他们的测算也表明，即使是直接效应，电子商务也会减少能耗，减少物料的消耗。在人均资源和环境压力日益加大的情况下，信息化的这种正面效应，显然有助于社会的和谐发展。

二、信息化系统各要素间的相互匹配与否影响和谐社会建设的效果

为了有效获得信息化的应用效果，信息化应用系统的各相关要素应保持完备，各要素间的能力建设应力求匹配。如果在一个特定的系统中，某些必要的信

息化要素缺失或与其他要素的互动能力不配套，系统整体的信息通信技术应用的作用就会大打折扣，就难以达到良好的应用效果。

系统整体运行的实际效果由系统要素中的“短板”决定，这个一般性规律也同样适用于信息社会发展及信息化应用于和谐社会建设的场合。例如，利用信息网络手段开展远程教育、远程医疗等，需要网络基础设施与网络课件、医疗信息内容、在线专家系统，以及用户等诸多因素的配合，需要特定的信息化应用的供给端和用户端通过一系列机制有效互动起来，才能发挥实际效用。因此，在国内外信息化发展的实践中，实现信息网络的普遍接入和保证基本通信的普遍服务，成为信息化建设的一个重点内容。

在实地调查农村电子商务的过程中，我们了解到，农民网商在对信息化及相关基本条件的需求方面，提出了许多意见和要求。例如，他们对现有互联网宽带服务的接入价格、速率、移动宽带的稳定性，对电子商务网上营销及交易的有关规则乃至相关的培训服务等，都有明确而迫切的反映。这些问题如果不能得到有效的解决，势必影响农民网商使用电子商务的最终效果。

让用户普遍具有接入信息服务的能力，当然是拓展各项信息应用和建设信息社会的必要前提，但同样需要明确的是，仅仅做到网络的普遍覆盖还是不够的，还需要其他信息化相关要素的发展，尤其是需要信息资源的开发利用与之相配合。例如，社会治安信息化系统，可把公安、交通、户籍、消防等方面纳入综合信息系统，进行统一管理；社会保障的信息化，在技术上可以做到把社会成员的生、老、伤、病、失业、再就业等纳入统一管理。这些信息化应用要实现综合管理，就需要实现跨部门的整合应用。再如，政府信息公开，部门间的信息共享和业务协同，都是电子政务进一步发展要完成的任务，而要真正在这些方面取得突破性进展，让公众更多更好地享受到信息化应用带来的信息福利，就必须打破部门分割对信息资源的垄断。为此所必需的体制机制的创新和发育，自然也是信息化的题中应有之义。还有，在我国，三网融合等问题解决起来难度如此之大，以致久久得不到实质性的推进，其实根源并不在技术，也不是用户不需要，关键症结在于体制障碍，在于部门利益作怪。

三、信息化用于和谐社会建设需关注应用系统与应用环境的配合

信息化应用，是应用系统与应用环境相互依存、相互影响的复杂过程。当我们把信息化用于社会发展领域，以信息化助力和谐社会建设，同样也离不开特定的信息化应用系统与应用环境间的相互配合。

不同国家、不同地区具有各自不同的信息化应用环境条件，因此，他们在信息化过程中往往有必要采取不同的发展模式和具体做法。否则，不顾环境条件差异照搬照抄别人的成功模式，往往最终结果或是东施效颦事与愿违，或是无米之炊难以为继。

我们在国内开展农村电子商务的调查研究，越来越多的证据显示，农村电子商务的确存在着与城市电子商务不同的特点和发展条件。我国作为发展中国家，城乡二元结构的现实，成为开展农村信息化、农村电子商务无法回避的问题。农村电子商务只解决信息流的障碍，并不能完成一个完整的电子交易过程。实现完整的交易过程，还需要物流、支付、商业组织等许多因素的配合。我们的调查数据表明，当前物流是制约农村电子商务深入发展的最重要的因素。

在电子政务方面，我们进行的电子商务行政生态调查和政府网站测评结果显示，一些地区在建设政府网站时，没有顾及当地的经济文化发展水平，超前建设了在线能力相当强大的政府网站，而另一方面，当地上网的用户其实很少，登录政府网站的用户访问量就更低，致使政府网站没能发挥应有的效用。再如，数字鸿沟、电子包容的问题之所以引起国内外的普遍关注，正是因为数字技术应用环境与条件的贫富差别必定在经济社会发展上带来严重的后果，因此必须改善弱势群体应用信息通信技术的环境和条件，让他们分享信息革命的福利，避免被排斥在信息社会之外。

四、必须重视信息化的“双刃剑”作用，把握社会和谐发展的政策导向

作为中性的工具和手段，信息通信技术的应用可以服务于不同的政策目标。对于一定社会主体的具体利益而言，信息化用于经济社会领域时，往往客观上具有“双刃剑”的作用。信息化的这种“双刃剑”的作用，同样会对和谐社会建设产生影响。

以信息化对就业的影响为例，信息通信技术的应用既可以替代就业，加剧失业压力，又可以帮助创造新的就业岗位；再如，互联网作为各种文化思想和观念交汇的虚拟空间，既可以用来传播和弘扬先进文化，也可以承载和传播文化垃圾。

结合一定的社会政策因素来考察，比如考察效率与公平政策取向之间的权衡，我们不难发现，信息化既可服务于“效率优先”的政策目标，亦可服务于“公平优先”的政策目标；推而广之，它既可以用于促进社会和谐，也可以因应用不当给社会造成不和谐的影响。这里，信息化用于社会发展的客观结果如何，关键在于政策导向。政策制定得正确与否，是否符合一定发展阶段的社会价值取向和目标要求，以及政策实施中能否真正实现趋利避害，对于信息通信技术应用的结果，都是至关重要的。

综上所述，当社会价值取向和基本政策目标确定后，政府要把信息化用于和谐社会建设的发展目标，就需要在综合把握信息通信技术应用对社会发展作用机理的基础上，结合本国本地具体的环境条件，制定和实施一系列具体的政策措施，配置和动员必要的资源，让信息化对社会发展的正面效应实实在在地发挥出来。

第二节 以信息化促进我国和谐社会建设的着力方向

由于和谐社会的目标和内容因时而异、因国而异，因此，要取得以信息化推进我国和谐社会建设的良好效果，就必须明确我国和谐社会建设的特点要求。胡锦涛总书记2005年指出，根据我国现阶段社会主义建设的特点，社会主义和谐社会的特征应该包括如下几点："民主法治、公平正义、诚信友爱、充满活力、安定有序、人与自然和谐相处。"[1]这也为以信息化助力我国和谐社会建设指明了方向。换言之，以信息化促进我国和谐社会建设，也应该以此为主要的着力点。

一、以信息化改善民主法治

以信息化促进我国民主法治建设，就是要利用信息化的手段，使社会主义民主得到充分发扬，依法治国基本方略得到切实落实，广泛调动各方面的积极因素。将信息通信技术广泛深入地用于民主法治建设的实践，有利于增强人民民主意识，丰富人民民主形式，拓宽广大公民参政议政的渠道，方便人民群众依法履行自己的民主权利。信息化尤其是网络化的发展，使公民可以更多、更及时地了解社会事务，并且能够更便捷地发表自己的意见和建议。利用在线投票系统行使公民权利，可以形成良性互动。

1 胡锦涛：《在省部级主要领导干部提高构建社会主义和谐社会能力专题研讨班上的讲话》，http://news. xinhuanet. com /newscenter/2005 - 06 /26 / content _3138887.htm。

电子政务的创新实践表明，信息化应用于国家政治生活及政府行政管理，除了可以大大提高人民群众参与监督公共事务的热情，推进社会主义民主政治建设的进程外，还可以促进政务信息公开，使政府部门的组织结构、人员、职能、办事程序及各种规章制度都在网上全方位、全天候地向社会公众开放，有利于构建更透明的政府。信息化有利于人民群众对政府和公务员的工作开展民主监督，促进廉政建设，揭露和防止腐败，构建更廉洁的政府。电子政务拉近了政府与民众的距离，使公民利用信息化手段，能够更及时、方便、低成本地获得政府提供的服务，很多城市开通的市长信箱和视频面对面服务，使百姓关心的问题能够得到及时沟通和解决，有利于构建服务型政府；同时，利用信息化手段进行政务流程再造，整合与共享资源，开展无纸化办公，既能提高政府管理水平和公共服务能力，又有利于降低行政成本，提高行政效率。这些都将有利于和谐政府与人民群众的关系，有利于社会稳定。

信息化用于法治建设，也有着发挥积极促进作用的巨大空间。利用网络，可以在法律法规制定期间，更广泛地征求人民群众的意见和建议，以便使立法更符合实际情况、人民的意愿和更有针对性。利用网络手段，也可以向更多的公民传播有关法律法规及相关知识和案例，达到更好的法律宣传和普及的效果。网格化管理、视频监控系统的部署、相关数据库的建立与应用等公安信息化水平的提高，以及将案件、嫌疑人资料等信息网上公布，明显提高了破案效率和快速反应能力。

2008年6月20日，胡锦涛总书记在“人民网”与网友在线交流，明确肯定互联网是“了解民情、汇聚民智”的重要渠道。近年温家宝总理也多次在“两会”期间公开回复网络热点问题，越来越多的地方党政领导与网民对话、问策、开博。2011年人民网评选出“十大官员微博”，新疆维吾尔自治区党委书记张春贤等榜上有名。[1]胡锦涛总书记和温家宝总理与网友在线交流是具有里程碑意义的事件。这表明，作为我国最高层领导，他们高度重视和肯定网络民主的积极意义，网络

1 http://news.ifeng.com/mainland/detail_2011_04/06/5566664_0.shtml.

民意已俨然成为主流民意的重要来源和组成部分。这必将推动我国民主法治领域信息化的更快发展。

二、以信息化促进社会的公平正义

和谐社会的重要特征和基础之一，是社会的公平正义。我国幅员辽阔、人口众多，以信息化促进社会公平正义，首先要着力克服地区、城乡和收入三大差距；其次要努力创造公平的发展机会；三要健全和完善社会保障体系。

将信息化用于促进社会的公平正义，就必须充分重视和努力缩小数字鸿沟，让信息化成为减小三大差距的有效手段。我国一些比较落后的中西部地区，可以发挥后发优势，在将信息产业作为新的经济增长点的同时，加快以信息化改造传统老工业，转变经济发展方式，促进信息化广泛应用，快速追赶发达地区。加快农业信息化是缩小城乡差距的有效办法。农村普及信息网络，一方面，可以让农民了解市场的需要，生产种植试销对路的产品，促进农副产品的销售；另一方面，有利于提高农民技术文化能力，改善传统农业落后的生产方式，提高生产效率和农民收入，从而有效促进社会主义新农村的建设，缩小城乡差别。降低信息化基本服务成本和资费，让更多低收入者迈入信息化门槛，有利于社会低收入群体分享信息化的成果，扩大增加收入的门路，改善自身的弱势境况。

在公平正义的政策体系下，信息化可以成为向广大社会成员提供公平发展机会的有力工具。借助于现代信息化手段，大力发展面向所有社会成员的公共信息资源和公益信息服务，可以让社会成员普遍了解和拥有分享国家的教育资源、科技资源、文化资源、医疗卫生资源和政府提供的各种公共服务的机会；大力发展远程教育、公共培训、电子医疗等，有利于提高偏远地区人口的发展能力；发展面向残疾人的特殊信息化基础设施与服务，可以方便残疾人的信息化应用，让他们也能融入信息化进程，实现共同发展。

利用信息化的手段，还可以向更多的人传达并让他们了解和掌握国家关于社会保障的相关知识和政策，将更多的人群纳入社会保障的范围；信息化使社保操作过程简单方便，用户的信息反馈和相关统计信息更加快捷准确。大力推进信息化在教育培训、医疗保障、失业保障等领域的应用，形成方便群众、服务群众和个性化的服务环境，对于改善教育资源公共配置，加快医疗卫生体制改革，提高劳动力与就业和再就业水平，减少贫富差距都可以发挥积极的作用。

三、以信息化推进诚信友爱社会环境建设

以信息化建设诚信友爱的和谐社会，是指利用信息通信技术手段，努力在全社会形成社会成员之间诚实守信、平等友爱、互相帮助、融洽相处的良好环境。

近年，开发和利用信用信息管理体系，成为我国信息化应用基础建设的一项重要内容。信用信息管理体系可以记录、存储、认证、分享社会成员个人和各类组织机构的信用信息。网络的开放性和社会性，使它成为弘扬诚实守信之风、遏制假冒伪劣的很有效的舆论监督和管理工具。利用这一体系，可以使所有假冒伪劣直接地暴露在公众面前，不良信用记录一目了然，信用低的企业和个人受到人们的冷淡和指责，信用可靠的企业和个人在社会活动中获得应有的信任和便利。

在互联网时代，人们还可以利用网络化的信息查询手段，获得更多的相关信息，在得到服务便利的同时，避免上当受骗。金融投资机构通过网络，调查贷款企业和个人的信用，利用信息化手段监测市场动态，管理全国范围内分支机构的经营情况和不良贷款比率，控制金融风险的发生。借助近年快速发展起来的CA认证体系，社会各类机构和个人在从事电子商务、电子政务等活动中，具有了相互信任的基础条件。阿里巴巴集团则在电子商务领域探索并不断完善买家和卖家互评的机制，使得以往交易信誉的历史记录公开可查，成为后来的交易者评估当事者信用的参考。这种信用体系的发展实践，突破了以往信用体系发育不足对电子商务的限制，极大地促进了电子商务的发展。

信息化同样可以用于促进社会的互助友爱。网络的开放性、共享性有利于人们更快地了解社会上各种需要帮助的信息，可以方便人们及时伸出友爱之手去实施救助，并通过电子方式把慰问和资助送达需要的地方和人群。电子社区的发

展，促进了人际之间的交流和相互了解，经过积极引导，这有助于增进社区成员之间的团结和友爱，提高社会作为一个有机体的凝聚力。

例如，在2008年四川大地震和2010年青海玉树地震的抗震救灾中，互联网除了发挥信息的及时沟通和广泛传播作用外，还成了一种新的有效的资源动员方式。志愿者们把从灾区收集到的需求信息放在网上，让人们根据这些信息提供救灾物资、资金、人力。一些网上社区的成员还利用网络相互联系，组织起来，赶赴灾区前线或在后方以各种方式投入抗震救灾。最近，一些公益人士利用微博发起"随手公益"活动，组织爱心人士，不仅为需要帮助的人们解决困难，而且唤醒社会越来越多的人的奉献互助精神。

四、以信息化增强社会发展活力

信息化有利于改善企业与市场的互动关系，使他们面对瞬息万变的技术创新和市场供求，根据竞争情况，及时调整生产经营和竞争策略，向用户提供更好的产品和服务。电子商务可以改变企业传统的产供销模式，网络化打破了时间和空间的限制，缩短了企业与用户的距离。信息化还可以改善企业家创业的环境，有利于创业所需的各种资源更加快捷有效地组合起来，加速技术向生产力的转化过程。信息化在加快生产节奏的同时，还可以改善生产结构，突出企业"软实力"的作用。在信息化的基础上，知识经济、数字内容产业、创意产业等成为近年经济新的增长点，这些产业的发展不仅需要高智力和创造性的人，而且高度依赖于信息化手段和信息资源，它们的发展又可以进一步增强社会的活力。

信息化有利于改善人民参与社会生活的积极程度。信息化使教育能够远程化、丰富化、网络化，使更多身处偏远地区的人群能够像中心城市的人一样，接受更高和更好的教育。信息化增进了国际间的合作和交流，使知识在世界范围内共享成为可能。利用网络等信息化手段向公民普及民主意识，可以让更多的人了解社会的发展变化，方便他们参与社会公共事务。互联网丰富了人们的信息，拓展了视野，激发人的创造意识和能力，为创新提供了更多的可能。

信息化有利于改变政府部门的行政方式和公务员办事作风，提高政府工作效率。网上办公、远程会议、虚拟机关的产生，可以打破政府工作的时空界限，加强政府部门之间以及政府与公众之间的信息沟通与互动。政府通过实施电子政务，推动跨部门的信息交换和业务协同，实现信息共享，推动了各领域业务系统整合高效运转，增强政府行政管理的能力，促进政府转型。

信息化有利于改善社会成员和组织机构的学习力，拓展社会发展与创新的动力源泉。基于网络和电子课件的电子学习，有利于打破传统死记硬背、单向灌输的机械教育方式，激发学生内在的学习动力和兴趣，师生之间通过网络交流沟通，便于及时解决学生学习中出现的问题。互联网的搜索引擎、维基百科等，让人们根据需求进行知识检索变得非常方便，让人们可以把主要精力放到创造性思维上来。同时，使个性化定制式的学习、继续教育和终身学习成为可能。信息化还可以形成虚拟合作组织，“创造者可以通过网络寻找志同道合的朋友，也可以通过网络寻求资助，或者帮助创造成果产业化，使创造活动得到支持的机会更多。创造成果可以借助网络充分传播，创造者也可以得到更多人的肯定，获得成就感，甚至有可能一夜成名”。[1]

五、以信息化保障社会安定有序

以信息化保障社会安定有序，就是利用信息化手段，健全社会组织机制，完善社会管理，维护良好的社会秩序，让人民群众安居乐业，使社会保持安定团结。无论是“治标”，还是“治本”，信息化都能在保障社会安全有序方面发挥作用。

从“治标”来说，将信息化手段用来增强维护社会稳定的能力和提高社会管理的水平，包括建立快速“应急联动指挥系统”和社会预警体系，有利于形成统一指挥、功能齐全、反应灵敏、运转高效的应急机制，提高保障公共安全和处

1 金江军:《论信息化与构建社会主义和谐社会》，http://www.cegov.cn/article/ 2007/0525/article_4359.html。

置突发事件的能力。将信息通信技术用于公共安全，建立人口数据库、犯罪数据库，部署现代化的公安监测设施等，可以对犯罪分子产生强大的防范和震慑作用，提高案件侦破效率。在实践案例中，遍布全国的视频探头影像，为公安部门破案提供了重要的支持。2011年的“微博打拐”更是通过实践，形成群众广泛参与，公安部门快速响应、官民良性互动的态势，并取得了较好的效果。建立必要的食品、药品、化学放射物质等重要产品的信息监测系统，包括将物联网应用于这些领域，可以保障人民群众的安全和生活质量。广大群众利用互联网等各种信息化手段，可以方便地举报和揭露腐败、犯罪等危害社会和谐的现象，为保护群众和国家的利益、促进社会和谐发挥作用。

从“治本”来说，保障社会安定有序，必须高度重视和维护人民群众最现实、最关心、最直接的利益。利用信息化手段，可以方便快速地了解社情民意，通过汇总和定量分析工具，快速反馈给主管部门，以便有针对性地解决困扰人民群众的各种问题，提高人民群众生活的满意度。网络不可替代地成为人民大众学习、娱乐、交流的新场所。将信息化用于先进文化的建设，不仅可以繁荣文化市场，以积极健康向上、形式多样的精神产品占领人民群众的文化阵地，而且可以满足居民不同层次文化生活的需求，促进社会主义精神文明建设，化解人民内部矛盾，保障社会和谐安定。

六、以信息化促进形成人与自然和谐相处的关系

以信息化促进形成人与自然和谐相处的关系，是指通过利用信息化的“绿色效应”，实现生产发展、生活富裕、生态良好的综合目标。

当前，物联网技术正在全球范围内迅速发展，以射频识别（RFID）为代表的嵌入式传感器技术，让人们对周围的物质世界、人类社会以及人本身的认识能力不断提高；云计算、普适计算的发展，有助于解决海量信息的存储与加工的困难；而以数据挖掘等为代表的大数据应用，促进了传统决策与经营活动向数据驱动的方向转型，大大提高了人们自身活动的有效性。这些都将有利于改善人与自

然的关系。

以信息化助力经济发展的转变，是我国实行新型工业化方针的重要内容。过去，在粗放的传统经济增长方式之下，我国经济虽然取得了快速发展，但资源消耗大、利用率低、环境污染严重的问题十分突出。解决污染和浪费问题的主要手段之一，就是要在生产活动和经济运行中，广泛利用现代信息技术，充分开发和利用信息资源，推动经济增长方式由粗放型向集约型转变，促进资源配置的全面优化和充分利用，走出一条高科技、低能耗、少污染、高质量、高效率的新型经济发展道路。

以信息化助力经济发展方式转变的依据就在于，信息技术的应用具有“绿色效应”，即有效应用信息技术，可以提高决策、生产与经营活动的有效性，减少和避免无效投入、无效生产带来的浪费，提高能源的利用效率，降低物质资源的消耗水平，提高技术创新能力和产品附加价值，推动传统产业不断升级和提高劳动生产率。同时，信息化有利于提高经济发展方式本身的目的针对性，通过实行个性化定制满足最终用户的需求，增加经济活动的价值。信息化还可以加强对污染源的监控，增强污染治理能力，极大减轻经济发展对于自然资源消耗的依赖和损害，创造人与自然和谐共存的发展环境。

信息化不仅有利于促进传统经济结构调整和经济增长方式的转变，而且，信息产业本身作为高技术产业，相比而言，也具有占用自然资源少，污染环境程度轻、产品附加值高、可重复利用的特点。因此大力发展信息产业、促进信息技术创新和广泛应用，也是调整人与自然和谐关系的重要手段。

第六章

以信息化助力和谐社会建设需解决的突出问题

在信息化与和谐社会建设中，各国不同的国情条件决定了他们所选择的战略目标、建设路径、基本策略会有所不同。我国是一个发展中的社会主义大国，我们是在工业化的任务尚未完成的条件下开展信息化建设以及和谐社会建设的。因此，我国以信息化支撑和谐社会建设具有自身的特点。特别是我国当前正处在社会快速转型的时期，各种性质不同的社会矛盾凸显，要构建和谐社会，就必须有针对性地化解现阶段突出的矛盾和问题。同样，以信息化助力和谐社会建设，也必须把信息化放在我国现阶段社会发展形势与要求的大背景下，有针对性地发挥信息化对和谐社会建设的助力作用。

第一节　现阶段我国和谐社会建设需解决的突出问题

一、社会分配不公的问题

社会分配不公，收入差距过大，导致人们社会满意度的降低，带来了很多社会不安定因素。有不少相关的调查表明，人们感到不幸福的主要原因之一，依然是贫穷和贫富差距过大，而且贫富差距过大对人们幸福感的反面影响很多时候超过了贫穷本身。可见，对于中低收入的社会群体，人们的不幸福感主要来自阶层分化和相互之间的攀比。其中一些人甚至产生“仇富”心态和过激行为，更是严重威胁到社会的和谐稳定，影响了经济和社会的发展。

根据官方统计数据，我国收入差距问题，主要表现在以下方面：

1. 城乡居民收入差距，由1984年的1.71增至1998年的2.47，再增至2003年的3.24，2007年时达到3.33倍，远远高于国际上1.7的平均水平。而且如果考虑城乡之间在教育、医疗、文化、环境等方面的差别，城乡实际的收入差距更大。

2. 地区间收入差距，1985年我国东、中、西部居民的收入差距比为1.15:0.88:1，1996年再扩大为1.42:0.97:1。2002年上海市人均可支配收入是13,250元，而贵州省仅为5,944元，两者相差1.27倍。2008年平均收入最高的省与平均收入最低的省间的差距比是2.43:1。[1]

3. 行业收入差距，最高收入行业与最低收入行业的工资比由1978年的1.38倍扩大到2009年的2—3倍。如果再加上工资外收入和职工福利待遇上的差异，实际收入差距可能在5—10倍之间。高收入行业大多具有垄断性，如电力、电信、烟草、城市供水供气等行业，这种垄断是通过行政手段形成的。2008年平均收入最高的是证券业，与收入最低的畜牧业收入差距是近16倍。

4. 不同所有制收入差距，2003年国有制单位职工平均工资比城镇集体所有制单位职工平均工资高出68%左右；外资企业职工平均收入要比公有制企业职工平均收入高出3—5倍。

5. 不同阶层收入差距，一般经理人员、私营企业主的收入要远远高于其他阶层的收入，从国有企业看，经营者的收入同职工工资差距越来越大，一般为5—7倍，最高相差几十倍。行政机关和事业单位职员与工矿企业职工相比，工资收入要高出2—3倍，加上医疗、住房等福利保障，其差距更大。上市公司高管的薪酬与基层员工间的差距更是巨大。

6. 我国的基尼系数，1994年为0.434，2001年增至0.459，2003年达到0.461，2008年达到0.48。不仅早已超过国际公认的0.4警戒线，而且有逐年扩大的趋势。

有研究表明，社会分配不公，特别是再与腐败现象相结合，成为社会矛盾激化，影响社会和谐的重要原因之一。这类现象会“使部分底层群体产生心理失衡和被剥夺感，特别是当一些低收入阶层在合法脱贫致富的道路上感觉到无望甚至

1 苏海南：《当前我国收入分配改革思路与措施》，http://wenku.baidu.com/view/ 30fba26748d7c1c708a145a5.html。

绝望时，对分配不公和腐败现象造成的收入不平等的强烈不满超过了所能容忍的程度时，他们往往会采取一些越轨或反社会行为，或者通过非法手段获取财富，造成社会犯罪率的增高；或者产生心理失衡和扭曲现象，出现报复他人、报复社会的行为，对社会稳定构成现实的和潜在的威胁，甚至引起社会治安恶化、群体性事件频发等一系列社会问题，从而严重危及整个社会的安全运行和健康发展，影响社会的和谐与稳定”。[1]

二、机会不公平问题

社会永远不可能消除成员个体间的差异，因此，对于和谐社会建设而言，机会的公平和程序的公平比结果的公平更为重要。有专家指出，机会公平在实际社会生活中主要表现为两个方面：一方面，是要让社会成员都有平等的参与机会，主要体现在自由选择、职务升迁、资源利用等方面；另一方面，是要有平等的发展潜力、施展才干的机会，主要体现在接受教育和培训、获得信息等方面。[2]一系列实证研究表明，我国居民收入差距拉大或收入分配的不公平，与机会不公平互为因果。

例如，城乡差距之一，突出表现在城乡居民教育投入的差距上，即广大农民家庭生活预算中用于教育的开支远不如城镇家庭。另外，即使对于城镇中一般的工薪阶层家庭来说，负担孩子上大学会形成一种相当大的支出压力，更不用提下岗职工和外来打工人员了。20世纪90年代，公共教育投资虽有增加，但始终没有达到《中国教育改革和发展纲要》规定的20世纪末占GDP比例4%的要求。有限的公共教育资金不仅过多地投向非义务教育，而且在义务教育领域又是向重

1 于文俊：《当前我国收入分配中的不公平问题探析》，http://www.zgxcfx.com/Article_Show.asp?ArticleID=28062。

2 光明网：《构建和谐社会，促进社会公平》，http://news.sina.com.cn/c/2005-11-26/06007542650s.shtml。

点学校或示范学校倾斜[1]，这自然加大了教育机会的不平等。前述因行政垄断的原因带来行业收入间的不公平，已引起社会的强烈诟病。

除了教育的问题外，医疗卫生、科技、文化、社会保障和公共服务等方面也存在同样的机会不公平问题。其中，重点是“三农”问题，反映在机会不公平，其明显表现之一就是城乡居民之间机会的不公平。而因城市户籍管理制度的限制，许多进城打工的外来人口，包括来自农村的打工者，不能享受与城市居民一样的福利待遇，严重影响了他们的归属感和幸福感，影响到社会的稳定。

三、社会融入障碍或社会排斥问题

按国际上一种通行的定义，当某些社会成员有社会融入的意愿，但因某种障碍的存在使他们不能融入社会时，便形成社会排斥。社会排斥又可以细分为经济的、政治的、社会的、文化的排斥等。

在我国，现阶段社会融入障碍，重点存在于以下方面。

一是就业领域的障碍，除了社会要为有意愿就业的人创造足够的岗位之外，还需要克服性别、年龄、身份、外貌等各种就业歧视，提供公平就业竞争上岗的机会。而事实上，我国现阶段仍存在着明显的就业歧视问题，就连大众媒体上的招聘广告，也经常不回避上述非能力方面的歧视性录用标准。

二是社会剥夺，体现最突出的就是城市拆迁和农民失地问题，尤其对失地农民的社会剥夺是最明显的。近年，城乡居民对强行拆迁的反响极为强烈，在互联网上和现实生活中，也因拆迁形成了一些热点事件，以致2011年年初国务院审议并原则通过《国有土地上房屋征收与补偿条例（草案）》，其中明文规定取消行政强制拆迁，还对违反条例的行为设定了严格的法律责任。

三是社会断裂，即我们社会当中存在一些制度的和政策的障碍，阻碍了阶层间的流动，尤其是下层向上层的流动[2]。另有研究表明，现阶段促进我国社会边缘

1　袁振国等：《缩小差距——中国教育政策的重大命题》，人民教育出版社，2005年。

2　转引自青连斌：《学术界关于构建和谐社会的理论思考》，http://www.gwytk.net/html/2007-04/1049.html。

群体突破“阶层边界”实现质的向上流动的力量有明显弱化的趋势，我国社会阶层流动总体呈现出“阶层边界”封闭性的强化趋势。[3]这种阶层流动被固化造成的社会断裂，不仅会强化阶层的矛盾冲突，而且对形成和谐向上的社会目标极为不利。

四是弱势群体融入社会的困难，比如，在许多地方，残疾人无法或很难分享公共服务设施。2011年网民自发在互联网上发起“随手拍问题盲道”的活动，对虽在城市人行道上设有盲道、却因管理不善反为盲人制造出行困难的现象予以曝光。短短一段时间，网民们就实际揭露出许多此类问题。

解决社会融入障碍或社会排斥问题，固然需要投入相关的资源和具备一定能力，从而需要一定的发展过程，但更重要的是，要形成某种有利于克服社会融入障碍的机制和政策安排。

四、腐败与社会不正之风问题

近年，中央党校一个研究社会主义和谐社会问题的课题组，曾对近300位地厅以上的党校学员进行问卷调查，在对于“什么是构建社会主义和谐社会要重点解决的社会问题”的回答中，“腐败问题”列“社会保障问题”之后，居第二位[4]。由此可见，腐败是构建和谐社会的大敌。

有研究列举了当前我国腐败现象的表现形式，即：在社会生产关系（社会经济关系）方面，主要是贪污、受贿、索贿、敲诈勒索、铺张浪费、乱收费、乱摊派、乱罚款、公款吃喝等；在政治上层建筑领域，主要是任人唯亲、买官卖官、跑官要官、渎职失职、弄虚作假、虚报浮夸、徇私舞弊、执法犯法、官僚主

3 程启军:《现阶段中国社会阶层流动的趋势：阶层间封闭性的强化》，http://wenku.baidu.com/view/b1a28401b52acfc789ebc963.html。

4 《反腐败斗争与构建和谐社会》，http://www.datazg.com/article/223/224/2007/ 207483258666.html。

义等；在思想上层建筑领域，主要是思想道德腐化堕落、嫖赌毒、生活糜烂等。[1]腐败进一步败坏了社会风气，二者结合在一起，加大了治理的难度。

腐败与社会不正之风从多方面阻碍和谐社会建设，首先是侵害人民群众正当权益，侵害公共利益，化公为私；其次，破坏社会公共秩序，破坏公平竞争，破坏民主法治；再次，违背公平正义原则，人为地制造各种社会不平等现象，败坏干群关系和党群关系；最后，滋长特权主义和损人利己的观念，引发人们对党和政府以及对社会的不满，引发和激化社会矛盾和冲突。只有坚持不懈地与腐败现象做斗争和大力纠正社会不正之风，才能为构建和谐社会奠定良好的环境。

五、社会机制的完善问题

我国正处在重大机遇期和矛盾凸显期，体制和机制转轨的任务尚未完成，制度建设的压力非常大。据有关方面的分类统计，1978年至1982年，全国法院处理民事申诉来信和来访共83,700件（人）次；到1998年至2002年，全国法院共接待处理群众来信来访4,224万件（人）次，上升了近504倍！随后我国的信访来访总量开始持续下降，到2009年，全年共办理群众信访30.3万件次，接待群众来访105.5万人次，共办理法律援助案件64万多件，提供法律咨询484万多人次。全国信访总量已连续五年下降。[2]应该指出，全国信访总量的下降，同各级党政机构注意化解矛盾和加大维护稳定力度有关。即使这样，全国的信访总量还是偏高。这表明在我国经济社会的转型期中，社会中仍然形成了较多的社会矛盾，有些矛盾冲突带来了影响社会结构稳定与社会关系和谐的问题。构建和谐社会，就需要及时化解这些社会矛盾，竭力避免个别矛盾和局部矛盾激化成社会冲突，这也就需要形成良好的社会和谐机制。

---

1 《反腐败与构建社会主义和谐社会的思考》，http://www.sqscjw.com/html/lingdaojianghua/2006/0811/86.html。

2 《2009年中国人权事业的进展》白皮书。

这种良好的机制起码应覆盖到两个层面：一是有利于避免产生不必要的社会矛盾，特别在利益分配、社会保障、机会平等、社会流动和克服腐败与不正之风等领域，形成合理的机制；二是在发生矛盾的情况下，有利于及时发现、疏导、协调和处理矛盾的机制。我们当前在以上两个层面已有的社会矛盾调节机制，都还有待于进一步完善。

此外，还存在一些长期性的问题与矛盾，如人口、环境、资源的压力，人的能力和素质建设问题，等等。

这些问题在很大程度上与过分强调经济增长有关。在过去一段时间内，人们过分“重经济、轻社会、轻生活”，把追求GDP、增长速度放在突出位置，GDP成为各地追求政绩的重要衡量指标，由此不仅带来一些社会矛盾和问题，而且也使得另一些问题积累起来难以解决，教训极为深刻。这是一种由传统工业化带来的经济增长与人类发展之间的不平衡。《2005中国人类发展报告》集中列出以下问题：（1）收入分配不平等；（2）财产分布不平等；（3）就业和工资报酬不平等；（4）教育机会和教育资源分配不平等；（5）公共卫生和健康不平等；（6）社会保障不平等；（7）税收和财政收支不平等。从这些不平等中产生了一系列“弱势人群”：包括：（1）农村贫困人口，约为2,610万人；（2）城镇贫困人口，城镇居民最低生活保障人口为2,205万人；（3）失地农民，约4,000万人；（4）城镇中的农村流动人口，约1.5亿人。要建设和谐社会，就必须解决上述不平等的问题，切实改善弱势人群的状况。

上述问题的根本解决，当然不可能一蹴而就。然而，为了构建和谐社会，在战略上确立正确的愿景和坚定地采取有效的举措加以解决，却是非常必要的。经济又好又快发展，是实现社会和谐的物质基础。当然，经济发展本身并不能解决收入分配和社会财富分配问题，也不等于自然实现机会平等和社会和谐，但是，社会矛盾的解决，特别是对许多因经济发展滞后、社会财富不足而产生的社会矛盾的解决，归根到底要靠经济发展来提供客观的物质条件。另外，诸如就业、社会保障、公共教育、公共医疗等方面公平发展的机会，也需要通过经济发展或在经济发展的过程中创造出来和逐步改善。

在政策上，国家明确了坚持把发展当作第一要务的指导思想，信息化助力和谐社会建设，也应该首先在发展上助力。为此，应在大力发展信息产业的同时，通过实施“十二五”信息化规划，加强信息通信技术在经济领域的应用，特别是在信息化发展相对滞后的农村、中小企业以及一部分传统产业中，加快经济信息化的进程，更好地发挥信息化作为经济发展倍增器的作用；利用信息化手段，加快促进经济结构优化和经济增长方式的转变，更多地以信息资源投入替代物质资源和能源的消耗，特别要着力推进能源、原材料、制造业、轻工等工业领域的信息化，实现节能降耗，降低环境污染，发展循环经济；要积极发展电子商务、金融服务、现代物流等新兴现代服务业，使其成为国民经济新的经济增长点；加大信息资源开发的力度，强化重点经济领域的信息资源深度加工，提高信息资源的质量和利用效率。

同时，还特别要注意发挥信息化在改善民生、解决人民群众重点关切方面的作用。

1. 在收入分配方面，鼓励和倡导信息化脱贫致富，发展各类信息商情服务，降低信息服务成本，拓宽信息致富门路，发展知识经济，同时，加强对社会收入分配的监测，为政府调节收入分配提供科学准确的依据。

2. 在就业与再就业方面，发展各类就业再就业的信息服务体系，建立和完善各种方便供求双方应用的信息平台和信息化的招聘、应聘渠道，鼓励劳动者的合理流动，促进劳动力资源的优化配置，鼓励人们利用先进的信息化手段创业或自由灵活地选择最适合自己的就业和兼职方式。

3. 在社会保障方面，加强国家各级社会保障信息系统的建设和联网覆盖，尤其要加大对社会弱势群体的扶持保障力度，为受保人提供更方便的保障服务，包括加快建立全国统一规范的受保人个人社保账户，创造条件尽快提供一站式的社保服务；同时，以信息化为手段加强对社保基金的有效监管，改善社会救助的成效。

4. 在机会平等方面，利用网络信息技术，大力发展和推广远程教育、远程医疗、多媒体课件、数字文化产品等，最大限度地突破时空制约，改善优良教育、医疗、文化、科技资源的配置，更有效地发挥这些资源的作用。借力信息化，积极推进城乡统筹的发展。

5. 在促进社会融合方面，在推进制度改革与创新的同时，以信息技术的应用突破某些非制度因素的限制，加强不同社会群体间的交流与沟通，在更广的范围内消除阻碍社会参与和社会流动的因素。针对少数民族在语言文化上的特点、一些文化程度较低的成员掌握信息技术的困难和面向残障人士的特殊需要，开发专用产品和方便应用的技术，让他们也可以分享信息化的成果。

第二节　以信息化助力和谐社会建设需要解决的突出问题

以信息化助力和谐社会建设，也需要有针对性地解决一些突出的问题。鉴于本课题研究的特点，我们将重点主要集中于信息化方面。在这里，我们集中列举出以信息化助力和谐社会建设需要重点解决的信息化方面的主要问题，并做简要讨论，然后，再分别对其中后六个问题用专门的章节展开较为详细的分析。

一、思想认识问题

以信息化促进和谐社会建设，在思想认识方面需要解决的问题，主要是要端正对信息化意义与作用的看法。中共十五届五中全会指出："大力推进国民经济和社会信息化，是覆盖现代化建设全局的战略举措。"进入新世纪以来，大力推进信息化，成为坚持以人为本，全面落实、协调可持续发展的科学发展观的一项重要任务，信息化对全面建设社会主义和谐社会，具有不可替代的推动作用和重要意义。2005年11月3日，国家信息化领导小组第五次会议原则通过《2006—2020年国家信息化发展战略》，国务院总理、国家信息化领导小组组长温家宝在会上强调要"紧紧围绕构建和谐社会，推进社会信息化"。这一战略明确把信息社会作为我国的发展目标，明确提出了以信息化促进社会主义和谐社会的任务。然而，我们也必须看到，虽然国家在战略和方针上肯定了信息化的意义和作用，但并不是所有的信息化应用主体，尤其各级决策者、领导者都能对此抱有正确认识。

首先，人们对信息化绩效的认识如何，会直接影响对信息化的态度。提高各级决策者和各方参与主体对于以信息化促进社会主义和谐社会的思想认识，就要摆脱片面的信息化绩效观。在信息化实践中，一方面，因信息能力建设和应用不当，的确会造成信息化事实上的低效或无效；另一方面，也存在着信息化客观产生了绩效，但因绩效显示不明显或不充分，造成人们视而不见的认识偏差。比如，在电子政务中，信息化除了可以表现为节约行政成本等显性绩效外，还可以带来改善公共服务、改善政府和民众关系等隐性绩效。只重视信息化直接效益的绩效观，会让人大大低估信息化的实际绩效，低估信息化的重要性和必要性，这对认识信息化助力构建和谐社会的意义尤为不利。树立科学全面的信息化绩效观，就要充分认清信息化带来的显性效益和隐性效益，认识到信息化在经济和更广阔的非经济领域的作用，认识到信息化在手段和目标两个层面给人们带来的变化，特别是信息化时代背景下人们价值取向的变化。为此，首先仍需要加强宣传，尤其通过有说服力的论证和生动的案例，让人们，特别是各级决策者、领导者们端正对以信息化促进和谐社会的认识，了解信息化促进和谐社会建设的作用机理，并看到实际的效果。各级领导真正解决思想认识问题是非常关键的，这样，才能通过他们所做的相关决策和随后执行决策的客观实践，真正把信息化与和谐社会建设结合起来。

其次，是要摆脱单纯经济观点的局限。在我国，人们对信息化作用的认识经历了一个逐步深化的过程。在我国信息化启动之初，我们更多地是强调国民经济信息化，即强调从促进经济发展的角度推进信息化，比如，以信息技术改造传统产业，节省物质资源和能源消耗，改进经济管理和调控，提高市场竞争力等。进入本世纪后，国家把电子政务列为信息化的重中之重，开始阶段也是把市场监管放在比公共服务更为优先的地位。应该指出，经济建设作为我国社会主义建设的中心任务，大力推进国民经济信息化没有问题。社会主义和谐社会建设也离不开经济建设这个基础。需要调整的只是在强调经济建设的同时，不能偏废和忽视社会发展和人本身的发展。近年，随着各方面都在贯彻党中央提出的科学发展观，人们对于信息化作用的认识也需要逐步深化和端正。

再次，是要摆脱将信息化单纯视为工具手段的局限。根据我们的研究和观察，相比较而言，经过这么多年对信息化的宣传和实践的印证，如果说人们对信息化在经济领域和日常生活方面的作用已经有所认识或较为肯定的话，那么，对信息化在和谐社会建设方面的作用，特别是信息化时代背景下人们价值取向的变化，大家未必都有清醒的认识。人们比较容易从工具手段的层面看待信息化，认识信息化带来的“用”变，而不易从目的变化的层面理解信息化，不易看到它带来的“体”变。这样就难免会造成政策和实践中的偏差。

又次，要对信息化带来的“破坏性创新”的革命性作用有足够的思想准备，对推进信息化给予坚定的支持。随着信息化的深入发展，在信息化应用的不少领域，信息化产生的这种“破坏性创新”效应已越来越明显。比如，电子商务领域出现的网上网下渠道冲突的利益矛盾，电子政务网络问政、网络问责对传统行政方式带来的冲击，互联网新媒体带来的传受信息权利格局的变革，等等。面对信息化越来越多的“破坏性创新”，广大用户尤其是决策者们需要树立正确的思想认识，叶公好龙是要不得的。

最后，提高思想认识，还需要面向快速发展的信息化实践开展调查研究，了解信息化领域的新进展，努力发现和掌握其中的新规律。比如，我们对互联网的跟踪研究和网民调查显示：网民与政府的共同利益和共同合作的可能，在实践中被严重低估。这是政府在一些领域不必要地收紧管制的认识上的原因。并且，网民与政府之间，存在着大量可以共建但没有去共建的领域，这是加剧网络失序的主因。

二、国民素质提升的问题

国民的素质状况，对于社会发展和社会和谐关系密切。影响国民素质的因素非常复杂，现实的国民素质是先天继承性的因素与后天获得性的因素综合作用的结果。国民素质是历史的产物；环境塑造人，反过来人又影响和改造环境；个体内因具有差异性，个体在先天条件和客观环境下，在实践中经过知、情、信、意、行的复杂过程，实现素质的内化，内化的素质通过个体的实践外化体现出来；实践是环境与个体之间的桥梁。人的素质随着人的社会实践和社会关系的发展和丰富不断发展。

信息化则为人突破时空限制迈向全面发展提供了条件。信息化发展对国民素质的影响不仅范围相当广泛，而且发生作用的途径和机理也非常复杂。信息化在有些方面，可以较为直接地影响国民素质，而在另一些方面，则更多地通过作用于，以及结合着影响国民素质的环境因素，共同对国民素质产生影响。

在我国信息化实践发展中，国家在有关信息化的指导思想、决策部署和政策安排上，对信息化影响国民素质的问题，事实上经历了一个由相对关注较少到越来越重视、由被动应对到以人为本自觉引导信息化助力国民素质提升的过程。同时，我国信息基础设施与信息产业的长足发展，新型工业化道路的确立和实践，各领域信息化的不断推进，为以信息化助力国民素质提升提供了良好的条件。另一方面，在以信息化助力国民素质提升的实践中，也存在着一些不足，需要在未来采取有效举措逐一加以改进。

三、数字鸿沟问题

应该看到，近年，我国政府和社会各界非常重视数字鸿沟的问题。比如，《2006—2020年国家信息化发展战略》公布了缩小数字鸿沟的计划，提出由政府主导、社会参与，采取一些措施，包括积极推进电话村村通工程、广播电视村村通工程、全国文化信息资源共享工程、农村中小学现代远程教育工程等一系列国家级的重大工程，缩小数字鸿沟。这些工程将工作重心放在了农村、边远地区和西部。同时，各地也在缩小城乡和区域数字鸿沟方面做了大量的努力。如广东、山东、吉林、江西等地积极开展新农村信息化试点示范工作，推进农村信息基础设施建设、农业信息综合服务体系建设、农副产品网络营销等。在政府的倡导下，社会各界也开始参与到缩小数字鸿沟的行动中来，科技开发、教育培训和一些企业为农村和边远地区量身定制信息产品、技术和解决方案，帮助农民学习信息知识和技能。中国电信、英特尔、微软等国内外知名企业纷纷参与农村信息化建设，积极投入资金、设备等资源和服务。这当然是非常可喜的现象。但遗憾的是，有数据表明，我们与发达国家和信息化领先国家间的宽带鸿沟在拉大，国内的数字鸿沟在某些方面，比如城乡数字鸿沟也有拉大的趋势。这应该引起我们的高度警觉。

普及信息通信技术应用是以信息化促进和谐社会建设的基础，如果不能把那些被数字鸿沟阻挡在信息化之外的社会群体尽快引入信息化的门槛，那么，我们建立在信息通信技术基础设施之上的促进和谐社会建设的一切努力，不仅仍与他们无缘，而且还会拉大信息化应用主流群体与他们之间的差距，加快他们的边缘化。

自20世纪80年代以来，我国把信息化建设放在经济发展战略的突出地位，国家采取一系列政策措施促进信息化建设，使我国信息化事业有了显著进展。但另一方面，与发达国家信息化水平相比，我国仍存在着较大差距，国内不同地区、不同领域、不同群体的信息技术应用水平和网络普及程度很不平衡，尤其是城乡和区域的数字鸿沟有扩大趋势。另外，还有一些弱势群体，如残疾人群体，在应用信息化成果时面临着更多的困难，需要社会给予专门的帮助。

数据表明，国内的数字鸿沟现象还是比较突出的。数字鸿沟的存在，不利于我们以信息化促进和谐社会建设。正如我国《2006—2020年国家信息化发展战略》所指出的那样，我国国内的“数字鸿沟有所扩大”，数字鸿沟成为“影响协调发展的新因素”。因此，我们有必要把克服数字鸿沟与构建和谐社会的任务结合起来，在战略上和政策上统一做出安排。

四、互联网治理的问题

根据中国互联网信息中心的统计，自2008年6月网民的数量迅速增长到2.53

亿以来，我国的网民规模一直位于世界第一。互联网作为新生事物，越来越多的网民正自发地、每日每时地释放着非体制的力量，其中包含着新产生的权益要求。网民人数之众，他们的权益已不能再被视为可以忽略不计的部分。然而，当前网民正当权益并未得到全面清晰的界定和应有的保障。权利受到侵犯，义务就无从谈起。网民正当权益一旦受到侵犯，事实上往往求告无门，这又不利于他们对应尽义务的理解。另一方面，由于网民没有参与互联网管理规则制定的保证，网民的权利没有得到充分的体现，网民普遍缺乏承担责任、自律自治的动力，放纵性地经常“出轨”，一旦造成重大负面后果，还可能招致更严厉的管制。

有学者统计，截止到2006年7月，政府14部门已推出60余部与互联网相关的法律法规，成为世界上该领域法律法规最多的国家。其中涉及内容监管的至少有14项。[1]此后，仍不断出台新的法规。政府的困境在于，想实现良好的网络治理，但全能式地管理，反而管出越来越多的网络“暴民”。这些监管只是将社会不稳定因素从地面压入地下，将网民的能量积聚起来，随时可能借助突发性事件而形成集中的爆发——不管这种爆发是向着对政府有利还是不利的方向。

政府为维护稳定，不得不加大监管力度，为此付出比利益疏导型政策大得多的治理成本。反映在网络监管上，政府不仅管了大量管不好、管不了的事，而且由于对网络发展规律和网民权益缺乏深入的研究，管了许多不该管的事。互联网治理“一放就乱，一乱就管，一管就死，一死就放”的不良循环，是政府和网民共同的困境。如果不能从这种困境中走出来，我们就很难形成和谐的网络社会，进而，也不利于构建网下的和谐社会。

我们重点围绕网民权利问题进行了专项调查。调查发现，网民不仅具有更明显的多元化和自组织的特性；而且具有特殊的权利意识，迈过基本温饱线的网民，自身主体价值意识明显提高。

近年，政府主管部门加强了对互联网的监管，跟踪研究互联网监管政策的效应，这些措施在网民一端也带来较强的反应。随着网民数量和网络应用的不

1　李永刚：《国家防火墙：中国互联网内容监管的政治学分析》，2006。

断发展，互联网监管政策对于建设和谐的网络生态，进而建设和谐的现实社会意义重大。

五、信息化绩效的问题

我国的信息化建设虽然发展很快，信息产业已经由原来国民经济的瓶颈变成支柱产业，但在信息化应用领域的确存在着许多低效、无效乃至浪费的问题。其中特别是经济信息化和社会信息化的领域的绩效问题，与建设和谐社会关系更密切，因此更值得我们重视。

根据我们的跟踪研究，信息化绩效的问题主要表现在以下方面。

一是信息化相关的结构有待改善，其中特别是信息资源的开发利用明显滞后于信息网络的发展，造成有“路”无“车”现象，拖了信息化应用的后腿，其中信息加工处理、数据库及咨询等子行业的发展尤其落后；相对于硬件而言，软件和系统集成的比重一直太小。

二是信息制造加工业的产能过剩，大而不强，表现在产业规模大、附加价值小；加工能力强、技术创新弱；单机生产好、集成能力差；装备进步快、效益改进慢。

三是信息化过程中重复建设、盲目建设的问题难以解决，投入大、系统之间互联互通性差、信息资源共享和业务协同水平低，存在着较为普遍的“信息孤岛”问题。

四是企业信息化应用绩效严重不平衡，虽然少数大型骨干企业信息化水平很高，但更多的中小企业信息化应用存在明显的低效现象，已有的信息化能力形不成预期的绩效，而后续的追加投资看不见终点，以致许多企业主管面对信息化投资“黑洞”望而生畏。

五是在涉及人们切身利益的信息化应用领域存在更大的有待提高的空间，比如，涉及“三农”的信息化应用，信息化脱贫和社会收入分配的信息监测，就业再就业的信息服务体系，社保信息系统的联网覆盖和社保服务，利用信息化手段改善教育、医疗、文化、科技资源配置，借力信息化推进城乡统筹和促进社会融合，满足社会弱势群体包括残障人士特殊信息需要等，均需要付出巨大的努力。

上述问题集中反映出信息化装备、能力、应用、绩效之间的矛盾，我们将它称作“信息化不等式”，即：装备≠能力≠应用≠绩效。信息化系统的整体能力，是由构成该系统各要素中的“短板”决定的。事实上，在信息化过程中仅注意购置软、硬件设备，忽视装备与人员、数据、管理、业务等其他要素的配合，就难以形成系统的、可持续更新的整体能力；能力与应用之间的差，往往表现为已建成信息能力的闲置。如上所述，在信息化实践中，能力闲置存在于许多领域。考虑到信息通信技术更新周期很快，这种能力的闲置无疑意味着巨大的资源浪费；应用不当，结果同样是低效、无效乃至浪费。在信息化应用绩效低的领域中，常见的原因在于，信息通信技术的应用并没有与业务和管理真正融为一体。在坚持应用导向的前提下，应用主体必须把作为手段的“电子”融入作为目的的“业务”，使技术创新与管理创新乃至制度创新结合起来，才能将信息能力通过应用转化为实际效益。

我们曾对处于整合、创新阶段的我国企业信息化的绩效问题、电子政务绩效问题、农村电子商务绩效问题等进行过专题研究。研究表明，对于一般的信息化应用而言，包括对于以信息化助力和谐社会建设，同样需要高度关注信息化的应用绩效问题。

六、电子政务的问题

以信息化促进和谐社会建设，离不开政府的作用，电子政务将扮演非常重要的角色。如果说，电子商务的目标诉求是经济效益的话，那么，电子政务不仅不能将赚钱作为目标，相反还要努力提供面向全社会的普遍服务，努力帮助社会弱势群体，让他们也能分享信息化的好处。

近年，我国电子政务在政府网站、内容建设、业务应用系统和基础性工作等方面取得了快速发展。这些进展的结果集中反映在电子政务能力明显增强上，其中，又特别体现在政府对经济和社会的监管能力增强。

电子政务的矛盾和问题，主要表现在以下方面。

第一，同样是“信息化不等式”的问题，即重建设、轻应用，造成电子政务已建成能力的闲置。我们的调查显示，不少地方建了功能强大的门户网站，但当地上网用户很少。我们连续几年进行政府网站测评，都能发现政府网站存在着用户访问量低，实际办事服务的比例更低的问题[1]。

二是电子政务建设与应用的实际绩效不如人意，我们对政府对政府（G2G）、政府对企业（G2B）和政府对公民（G2C）等不同的电子政务业务进行绩效满意度的调查显示，[2]虽然不同电子政务的绩效反应有所差别，但总体来看，用户对我国当前电子政务建设与应用的实效评价不高。

三是纵强横弱，资源整合阻力重重。“纵强横弱”是指在电子政务领域，纵向部门的信息协调能力比较强，而部门间横向的协调能力比较弱的现象。它既存在于全国一级，也普遍存在于地方政府。从某种意义上讲，地方政府难以整合不同部门的信息系统，是当前我国电子政务发展中信息孤岛问题最具典型意义的表现形式。

四是公共服务虽有改善，但仍明显弱于政府部门的自我服务。历史来看，直到本世纪初，按2002［17号］文加快电子政务建设时，还是按监管、效率、服务的顺序，进行电子政务部署的。近年，结合向服务型政府转型的要求，电子政务加强公共服务的思路日益清晰起来。但实施层面的调整毕竟需要一个过程。尤其从许多电子政务项目来看，它们从一开始就是政府机构按自我服务的要求设计的。一些电子政务项目之所以上马，其主要的目标诉求就是为提高政府自身的运行效率，或加强监管，并不是服务公众或让公众用户满意。从更深层的分析来

1 详见中国社会科学院信息化研究中心、北京国脉互联政府网站评测中心自2006年以来连续六年的中国特色政府网站测评报告。

2 见中国社会科学院信息化研究中心：“中国电子政务实施与应用调查报告”，《中国信息界》，2006年第6期。

看，这又是与许多政府部门本身职能转变远未到位有关。

近年，随着Web 2.0技术的普及应用，国外“政府2.0”的发展趋势令人瞩目。“政府2.0”并不像国内一些专家所理解的那样，即在不改变政府行政模式的基础上简单应用Web 2.0技术。“政府2.0”的趋势要求国内电子政务加快向服务型转变的战略调整，真正将电子政务建立在以公众为中心的基础上，通过政府信息化应用的深化，促进政府自身的转型，助力和谐社会的构建。

七、信息化机制体制的问题

与上述问题相关，以信息化促进和谐社会建设，还需要积极推进相关机制体制的改革，事实上，上述问题有许多都与机制体制改革的相对滞后或不配套有关。

例如，在互联网的治理方面，机制体制不配套的典型表现，就是政府单方制定规则，加剧了权利与义务的不对称。就制定规则的程序而言，目前网民并没有获得参与规则制定的保证。互联网如果只是国家的，那么对于没有规则制定参与权的网民来说，互联网就成为可以“乱撒种”的“别人的地”。其实，互联网更是所有网民的。网民既是监管对象，更是服务对象。和谐网络社会需要政府和网民共建；服务型政府要为网民服务。对网民，不光要“堵”，而且要“疏”。程序正义是制定规则的规则。没有程序正义，单边制定的规则，就很难全面和准确地反映各相关利益主体的诉求，容易偏离自然、中正的轨道，难免治乱波动。

再如，企业信息化要想取得理想的绩效，就必须把技术因素和非技术因素结合起来，特别要重视和有效解决人的问题。不少企业仅仅引入信息网络技术，并没有改变过时的运营假设、组织设计、传统规则，以客户为中心变革企业资源配置、运作方式等，反而在陈旧的企业制度之上使先进技术沦为固化落后的工具。因迁就现状建立“数字神经系统”，则无益地加大未来企业改革的成本和难度，信息化本身也只能被推倒重来。随着企业信息化向纵深发展，一旦涉及各类当事者的权力和利益关系，更要靠改革才能化解阻力。实践证明，许多企业信息化的不成功往往是败在机制体制上。

还有，在电子政务方面，我们的调查数据有力证明了这一论点。在调查中，来自东、中、西部不同地区的受访者，都不约而同地把“政务改革不配套”，列在影响电子政务发展的关键因素的首位。可见，加快政务改革的步伐，成为顺利推进电子政务的关键因素。

总之，要在实践中以信息化助力和谐社会建设，不仅要在战略设计的时候，能够充分认识信息化在构建和谐社会中的重要作用；而且必须针对以往信息化建设中的问题和不足，进行必要的战略转变和政策调整。在以后的章节中，我们将就其中的后六个问题分别进行较为详细的分析，从信息化战略与政策调整的角度，提出我们的建议。

第七章

信息化发展对国民素质的影响[1]

1　本章根据本课题组2010年工信部委托我们完成的“十二五”信息化规划专项研究课题“信息化与国民素质研究”的研究报告改编。

社会是由人构成的。国民素质的建设与培育对于社会发展、社会和谐关系重大，意义深远。一方面，促进经济增长及发展方式转变，建设创新型国家，离不开国民素质的提高；另一方面，国民素质的提高，本身又是人全面发展的题中应有之义。因此，国民素质关系到人们的幸福，作用于和谐社会的建设。而信息化应该，也可以在促进国民素质提高进而助力和谐社会建设方面发挥重要的作用。

第一节　信息化发展对国民素质影响的主要方面和作用方式

研究信息化对国民素质的影响，需要首先从理论上阐述信息化的哪些因素影响国民的哪些素质，以及信息化影响国民素质的作用路径和作用机理。

一、国民素质内涵及影响因素

(一) 国民素质的内涵与结构

不同的研究者对国民素质内涵的定义和结构分类是不一样的。比如：有三分法(身体素质、心理素质、社会文化素质)[1]，有四分法(科学素质、信仰素质、艺术素质、人文素质)[2]，有五分法(健康素质、智力素质、心理素质即人格素质、

1　林世达：《国民素质论》，中央编译出版社，2009年4月第1版。

2　袁正光：《对素质教育的再思考》，http://xyjsjy.com/?p=2417。

道德素质、角色素质）,[1]有八分法（人格素质、精神素质、道德素质、文化素质、科学素质、健康素质、职业素质和审美素质）[2]。

三分法的好处是可以从马克思和西方经典作家那里找到理论支持，即把现实的人理解成自然性、精神性与社会性的统一；缺点是后一项包容的内容过多；袁正光的四分法忽略了身体素质；而五分法中的角色素质一定程度上与道德素质相交叉；八分法中素质内容定义的交叉会更多。

我们倾向于把三的分法的后一项分成“才”“德”两大类，与前二项合并起来形成一种新的四分法，即“德”、“才”、“身”、“心”，大致与我国教育界提倡的“德、智、体、美”的教育内容和目标分别对应。当然，各大类又可以进一步细分，是否进一步细分，可根据分析的需要来取舍。例如，考虑到本研究的需要，我们在后面的讨论中，特别关注国民文化素质（即“才”）中的信息素质、科学素质。

（二）国民素质与人的发展

我们研究国民素质，涉及国民个人素质和国民整体素质。国民整体素质与国民个体素质，既有联系，又有区别。联系在于，同样是研究“以人为本”的主题，而且宏观的国民整体素质以国民个体素质为基础。值得强调的是，国民的整体素质并非个体素质的简单加总，而更重要的是整体素质通过特定的社会组织，以及群体间非对等的作用力体现出来。换言之，整体素质的水平不等于个体素质的算术平均，而是后者的加权平均；区别在于，宏观的国民整体素质，往往表现在聚焦“人类发展”或主题；其概括性表现在以普遍性和全面性的视角（共同发展的视角）看待人的发展（而不仅仅是个人发展），强调“能力”而非一般禀赋。

从宏观视角看国民素质，实际上就把国民素质的问题转化为人类发展即人

1　沙莲香：《论中国人的素质构成与社会发展》，http://www.sociologyol.org/yanjiubankuai/xuejierenwu/shalianxiang/2007-03-25/698.html。

2　解思忠：《国民素质忧思录》。

的能力提升的问题。如同《2005中国人类发展报告》的定义所示："人类发展是指人的能力的提升，它更加强调全社会成员的共同发展和人的全面发展。这里的'能力'具有多方面的含义：健康长寿的能力；获得文化、技术和分享社会文明的能力；摆脱贫困和不断提高生活水平的能力。"[1]更加广义[2]的人类发展，体现为四种重要基本能力：生存能力；学习能力；获得一定生活水准的能力；参与社区生活的能力[3]。在信息化时代背景下，国民的信息素质/能力具有特别重要的意义，而这种素质/能力的实现与国民的信息满意度密切相关，体现为国民的信息福利。

（三）国民素质的影响因素

影响国民素质的因素实际上非常复杂，大致可从国民素质的先天继承性与后天获得性来分析和归类。通过借鉴现有的研究成果，我们可以简要地把影响国民素质的主要因素归纳出来，用以指导我们进一步研究信息化对国民素质发生影响的途径。

研究者们一般认为，影响国民素质的一级因素可归并为三大类，即：环境外因、个体内因和实践。它们的相互关系可以简单表述为：国民素质是历史的产物；环境塑造人，反过来人又影响和改造环境；个体内因具有差异性，个体在先天条件和客观环境下，在实践中经过知（认知）、情（情感）、信（信念）、意（意志）、行（行动）的复杂过程，实现素质的内化，内化的素质通过个体的实践外化体现出来；实践是环境与个体之间的桥梁。人的素质随着人的社会实践和社会关系的发展和丰富不断发展。

首先，在影响国民素质的环境因素中，最重要的是：（1）生产力与经济基础；（2）制度与政策；（3）教育与文化环境。

根据马克思主义社会存在决定社会意识的理论，个体社会角色变化，个体社

1 其中"共同发展"超越了一般心理素质的范畴。

2 广义是指以上三个指标（人类发展指数三指标），只是可获取统计数据的三项指标，并未全面覆盖人类发展的全部内涵。

3 参见联合国人类发展报告，采用阿玛蒂亚·森的"能力方法（capability approach）"与"人类发展分析路径（human development approach）"。

会实践方式（包括生活方式、工作方式、学习方式、交往方式、娱乐方式等）的变化，对于个体素质的生成和内化起重要的影响作用。农业社会把人束缚在土地上，工业社会的分工体系使人变成“螺丝钉”，造成物对人异化，信息化则为人突破时空限制迈向全面发展提供了条件。

信息化在有些方面，可以较为直接地影响国民素质，而在另一些方面，则更多地通过作用于，以及结合着影响国民素质的环境因素，共同对国民素质产生影响。我们对信息化的影响作用，应实事求是地给予评估。

必须强调的是，中国当下仍处在一个社会各方面快速转型的进程中，影响我国国民素质的经济、政治、文化、社会等各主要因素都正在经历着历史性的剧变。我们研究信息化发展对国民素质的影响，必须牢记和把握这个大的时代背景，用动态发展的观点看问题。

二、信息化的发展：国民素质分析的视角

信息化与国民素质是相互作用的。换言之，二者的作用是双向的：信息化发展对国民素质发生影响，反过来，国民素质的状况也影响信息化的发展。在这里，我们主要研究的是前者，即就信息化对国民素质的影响进行单向度的分析。

（一）多维度分析信息化对国民素质的影响

应该指出，如同国民素质的概念内涵丰富一样，信息化发展的概念内涵也十分丰富。信息化发展对国民素质的影响不仅范围相当广泛，而且发生作用的途径和机理也非常复杂。

研究信息化的影响，在认识论和方法论上人们最易出现的片面性在于，仅仅把信息化视为信息通信技术工具的应用，从而忽略了应用主体因此带来的活动方式，或人类发展方式的转型。全面分析信息化发展对国民素质的影响，必须跳出简单化的信息通信技术工具性利用的狭隘局限，从工具性、空间性和目的性等多个维度，对信息化作用于国民素质的影响展开分析。

首先，信息化为人们提升素质提供了新的工具。以互联网的发展为例。当信息化发展进入互联网时代，互联网为网络用户在原有活动领域和方式的基础上提供了不同以往的新工具。比如，作为通信工具，它可以取代信函或电话等，让用户更便捷、以更低廉的成本和丰富的形式进行即时或非即时的信息交流；作为学习工具，它可以帮助用户查找资料、展开讨论、比较不同观点、建立知识点间的关联；作为交易工具，它可以用来打破时空限制，帮助卖家开展市场营销、帮助买家找到心仪的商品、降低交易费用，等等。人们使用新的工具开展各种活动，必然会对他们的相应能力提出新的要求，从而提升其素质。

其次，互联网不仅为实体空间用户的活动提供新工具，而且本身形成了一个相对独立的虚拟空间。用曼纽尔·卡斯特的话说，它是一个人造的，但离开具体的物质实体独立存在的、可感知、可参与、可操作的“流动空间”。虚拟空间的存在，拓展了人们实践活动的场域，为人们在其中开展各种虚拟实践活动提供了不同于现实空间的新环境。“随着互联网建构的虚拟社会日益发展和完善，人不仅生活于现实社会中，而且也生活在虚拟社会里，同样不仅需要在现实社会谋求自身的发展，也要在虚拟社会寻求自身的发展，更要谋求人在虚实两种交融的社会场域中全面发展。”[1]人们通过在虚拟空间中的各种实践活动，激发和实现着自身多方面的潜能。

此外，互联网不仅发展了作为客体技术的新工具，而且改变了社会，改变了作为社会主体的人本身。马克思在《政治经济学批判（1857—1858年草稿）》中论述人的发展时曾指出：人的全面发展首先是“个人关系和个人能力的普遍性和全面性”。每个人的自由而全面发展，自然是超越或克服了“个人同自己和同别人的普遍异化”，而使得这种“个人关系和个人能力的普遍性和全面性”发展得更为充分。互联网打破实体空间的各种束缚，令人们在其中建立起各种各样的人际关系，如果说网络空间的某些社会关系建立在主体现实身份的基础上，是实体

1 见郑永廷为曾令辉《虚拟社会人的发展研究》所作的“序”，人民出版社，2009年12月第1版。

空间中人际关系的延伸，那么，另一些社会关系却建立在网络虚拟身份的基础上，形成虚拟社会的人际关系。互联网发展带来的这种可实可虚、亦实亦虚、实虚交叉与转换的人际关系，是网络社会研究的新课题，也是分析信息化影响国民素质的新课题。

从目的性的维度分析国民素质的问题，涉及人作为目的与作为手段的关系。在不同时代，人类发展方式不同，目的与手段之间具有不同的关系。马克思曾把人类社会的发展过程划分为三种形态："人的依赖关系（起初完全是自然发生的），是最初的社会形态，在这种社会形态下，人的生产能力只是在狭窄的范围内和孤立的地点上发生着。以物的依赖性为基础的人的独立性，是第二大形态，在这种形态下，才形成普遍的物质交换，全面的关系，多方面的需求以及全面的能力体系。建立在个人全面发展和他们共同的社会生产能力成为他们的社会财富这一基础上的自由个性，是第三阶段。第二阶段为第三个阶段创造条件。"[1]

我们不应该颠倒目的与手段的关系，只把经济增长的手段当作目的，把人力资本、人力资源当作了经济增长的手段，忽视了人是目的这一人类发展主题。人类发展理念的倡导者、经济学家马布·乌尔·哈克（1995）曾指出，"经过数十年的发展，我们才重新发现显而易见的真理——人既是发展的手段，也是发展的目的"。国民素质问题所围绕的核心，是以人为本；信息化发展对国民素质影响的问题的本质，是人在信息化的过程中得到发展，提高人的信息满意度和信息福利，实现人本身的现代化。

（二）多层面分析信息化对国民素质的影响

信息化的发展作用于诸多社会层面。我们需要从影响国民素质的角度，对信息化发展的作用加以必要的层次划分。

在采用一般信息化定义的基础上，我们不妨从以下层面理解和使用信息化

1 《马克思恩格斯全集》第46卷（上册），人民出版社，1979年，第104页。

发展的概念内涵，从而进一步分析和探讨信息化对国民素质的影响。

1. 器物层面：信息化的发展包括信息基础设施的发展、信息通信技术及其装备的发展、信息产业的发展、信息化手段的广泛应用等。对信息化这一层面影响的分析，有助于更多地展现信息化作为客观工具发展对国民素质的影响作用。

2. 制度层面：信息化发展带来生产方式与商业模式的信息化转型、电子政务与电子民主的发展、社会媒介与信息权利的发展、社会交往与社会治理的信息化转型等。对信息化这一层面作用的分析，有助于更多地展现信息化对国民素质养成的环境，特别是人文环境的影响，更多地展现信息化作为空间性发展对国民素质的影响作用。

3. 文化层面：信息化发展带来信息资源可得性、丰富性和低成本化的发展，形成多元文化选择与主流价值体系之间的巨大张力，为人的全面发展提供新的条件等。对于信息化这一层面作用的分析，有助于更多展现信息化作为社会性发展对国民素质的影响作用。

三、信息化发展影响国民素质的作用机理

信息化在器物、制度、文化各层面的发展相互作用，共同推动整个社会的信息化进程，在此过程中，国民素质养成与变化的不同元素受到信息化广泛而深远的影响。

（一）从国民素质养成与变化的关键环节看信息化的作用

国民个体素质是群体或整体素质的基础。国民个体素质的养成和变化的过程，主体心理活动的中介是其中的关键环节，而它正是通过主体与环境的信息交互实现的。信息化直接作用于这一关键环节，在主体和环境两端都带来了变化。

当然，国民个体之间是存在差异的，这种差异会作用于个体与环境信息交互的过程，从而影响其素质的养成与发展。换言之，个体差异会影响信息化对国民素质养成与变化干预的结果。造成个体差异的原因相当复杂，大致可以归纳为两

方面：一是客观原因，即个体在社会关系中所处的位置；二是主观原因，即个体过去的体验形成的认知能力和思想认识，从而使不同人对同一环境形成不同的理解和评价。

国民个体素质受信息化的影响虽因个体间差异呈现具体的不同，但他们受影响的方式也存在共性。就国民个体素质养成和变化的一般性而言，信息化对国民个体素质的影响，通过以下“知、情、信、意、行”体现出来。

1. 认知：比如，信息化带来的信息爆炸极大改变了个体认知的信息环境，使个体所接触的信息空前丰富化和多元化。对于同一事物，人们可以更方便地听到不同的声音（包括“噪声”），好处是有利于减少盲从，坏处是使真相和真理包裹在假象和谬误之中，不易辨识。

2. 情感：比如，信息化尤其是互联网带来的虚拟社区，为个体满足情感体验提供了新的空间，一些网民通过网络实现其价值追求和情感寄托，发展虚拟社会关系，新的社会关系产生新的情感。互联网的这种功能正是它对这些网民形成吸引力的重要原因。而虚拟空间中的“巴尔干化”也会带来新的盲从。

3. 信念：比如，理想信念往往在很大程度上来自“榜样的力量”。信息化加强了社会价值的多元化趋势，带来榜样的多元化；互联网（尤其在我国）不仅带来众声喧哗，而且造成诸神退位，草根明星崛起，人们欣赏口味变化不定；信念还往往因现实与理想、实际与理论的差距带来心理落差而受损，信息化会放大这种落差，执政党和公务员中腐败现象曝光，极大地影响着社会公众对主流价值体系的信念。

4. 意志：比如，社会转型期多元价值体系影响着人们的价值取向，进而作用于个体意志素质的内化，信息化尤其是网络化，明显削弱了国家、学校、家庭、传统媒体的信息选择和过滤功能，加强了多元价值体系对人们意志素质的影响。

5. 行为：如前所述，信息化改变了人们的工作、学习、生活、交往等方式，改变了通过实践桥梁实现个体素质内化和外化的行为方式。

信息化在对国民个体素质产生影响的基础上，还对国民群体素质产生影响。考察信息化对群体素质的影响，不仅可以观察一定时期信息化影响社会的文化水准、社会心理、价值取向、舆论氛围、公民意识水平、道德法治观念等方面的状态，而且可以从动态发展的角度，在社会正规与非正规机构与组织指导思想、行为规范、教育取向与实践效果等方面变化的过程中考察信息化的作用。近年，国内通过体制内的各类机构向全社会大力倡导社会主义核心价值体系，利用各种信息化手段持续开展宣传教育，其目的之一正是为了引导国民的整体素质的发展方向。

（二）从信息化对国民信息素质的影响看信息化发展的作用

信息化对国民素质的影响，表现为对人的发展的各种基本能力的影响。其中，我们必须关注信息化的发展对国民信息素质的影响。国民信息素质，是国民素质中的信息能力。一方面，国民的信息素质，直接影响到他们掌握和应用各种信息化工具，从事信息活动的能力，这种能力进而影响他们从事学习、工作、交往、生活等其他活动的方式与效果；另一方面，如下所述，国民的信息素质，也会对他们其他方面的素质产生深远的影响。

参考国外的相关研究，现代社会信息环境对国民信息素质的要求，至少应包括以下几点[1]：（1）运用信息工具的能力，包括掌握从图书资料的检索，到计算机信息处理软件和网络浏览器、网络通信工具软件的灵活使用；（2）主动获取信息的能力，包括具有敏感的主动的信息意识；能够根据自己的学习目的去发现信息，收集整理必要的信息，包括采访、参观、实验、问卷调查，各种现代媒体的应用，如图书馆、网络的利用，等等；（3）处理信息的能力，包括检索、筛选、鉴别、使用、表达和输出信息的能力，能够从丰富的信息中选择和鉴别自己所需要的信息；能够明白易懂地表达自己的研究成果和传递给他人；并能够充分运用信息工具进行学科知识的学习和研究；（4）正确的信息伦理道德修养，遵循信息应用的伦理道德规范，不做非法活动，知道如何防止计算机病毒和其他计算机犯罪活动；（5）信息的创新能力。通过对众多信息的归纳、综合、抽象、直觉、评价等思维活动，

1 参考美国政府《21世纪的信息素质》。

找出倾向性、法则性、相关关系、因果关系等规律，得出创新的结论；(6) 社会网络能力，包括具有新型的协作意识和现代观念，能够通过互联网大大扩展协作的范围，增进社会资本；包括面向世界，在更高的境界上树立人生的理想，能够在社会发展和信息海洋中形成正确的世界观和人生观。通过信息教育和实践，使国民将这些能力内化为自身的思维方式和行为习惯，从而形成“信息素质”[1]。

人的信息素质在农业时代、工业时代也存在，但相对当时的主要发展方式，不具有决定性的作用。但进入信息时代，人的信息素质越来越成为国民素质中的决定性的素质。国民素质随着人的发展方式转变而转变，这也是人的现代化实现的过程。正如农民的素质不同于工人的素质一样，网民的素质，也具有自己不同的特点。信息化对人类发展方式转变、对人的现代化具有重大影响，推动人类从主要依靠的自然素质（体力）、社会素质（社会能力），转向更加倚重人的信息素质（脑力）。

（三）信息化影响国民素质的途径和机理

信息化影响国民素质的具体作用途径和机理，主要可以分解描述为：

1. 对身体素质的影响：信息化发展可以使人们更方便地获得关于体质、保健、养生、治病、生育、养育、身体锻炼等方面的正面信息和负面信息；通过改变人们的生活和工作方式，改变人身体不同器官和系统的平衡，或它们的活动时间、强度、恢复的状况，医疗保健信息化既可带来信息共享的好处，又可以增加人们医疗保健的成本……

2. 对心理素质的影响：信息化在为人们满足各种心理需求提供方便的同时，使人的内心世界也更易受到冲击；从人具有追求心灵慰藉动机的角度看，信息化让人们更方便地超越时空从网络的虚拟世界中寻找自己新的“精神家园”；人们

1　澳大利亚面对信息化社会，提出教育要着重培养七项“学以致用”的关键能力：收集、分析、组织信息的能力；表达想法与分享信息的能力；规划与组织活动的能力；团队合作的能力；应用数学概念与技巧的能力；解决问题的能力；应用科技的能力。

不仅需要在现实社会关系中获得自身的发展，而且需要在互联网形成的虚拟社会中获得发展……

3. 对文化素质的影响：信息化拓宽了信息渠道，使人们可以并且事实上所接受的信息量更大，更丰富和多元化；信息化更方便信息与知识的普及、使用，加快了知识更新的速度，冲击现有的教育体系；信息化带来教育与学习模式的变化，包括传统正规体系内的教学和非正规体系的教学；信息化削弱了传统媒体、传统教育机制对国民意识形态的控制力，强化了个人及非正规机制的信息自主权……

4. 对社会素质的影响：信息化改变了各社会主体利益的表达方式以及事实上的话语权状态，但这种改变对于不同主体而言不一定是等量齐观的；改变了个体间、个体与群体、群体与群体间的沟通方式；信息化改变人际交往方式，在互联网的虚拟空间中形成了虚拟社区，在此基础上形成了“非组织的组织力量”[1]……

除了以上直接影响外，信息化对国民素质的影响还更多采取间接的途径，即通过改变环境，进而对国民素质产生影响。这种间接的影响途径，主要包括：信息化在促进经济增长的同时，改变着经济发展方式、市场交易模式和人们的就业方式；电子政务和电子民主推动国家政治和行政制度更加透明化和可问责，为建设政治文明，实现社会制度的民主参与和公平正义提供了新的可能；信息化使各种思想文化、价值体系之间的相互冲击、交融与竞争空前激烈；网络新媒体的发展进一步削弱了传统媒体的议程设置功能，等等。

信息化对国民素质的影响作用可能是正向的，也可能是负面的，关键取决于个体和社会的价值选择，而这在很大程度上又取决于国家的政策取向。考察一个国家和社会信息化影响国民素质的具体状态和结果，需要进行实证研究和价值评估。

但从信息化发展的根本趋势上说，信息社会对工业社会的替代，新型工业化对传统工业化的替代，有利于人们摆脱传统工业化中物对人的控制，有利于人们发展新的社会关系，有利于人们从事新的学习和社会实践，通过新的心理活动和心理体验的内化，改变和发展国民的素质。

1　克莱·舍基：《未来是湿的》，中国人民大学出版社，2009年5月第1版。

第二节　信息化对我国国民素质的影响——实践研究

本节将从理论分析转向实践，侧重分析信息化实践对国民素质的影响，试图归纳国家相关的战略部署、方针政策发展的主要脉络，从政府和国民两端看信息化对国民素质影响的现状，分析政策得失，为我们考虑今后以信息化促进国民素质提升提供实证研究的基础。

一、国家信息化指导思想和方针政策转向“以人为本”

从国家信息化发展战略演进的角度，动态分析国家信息化对国民素质的影响，人们不难发现，随着信息化实践的发展，国家在信息化的指导思想、决策部署和政策安排上，对信息化影响国民素质的问题，事实上经历了一个由相对关注较少到越来越重视，由被动应对到主动引导的过程。

实际上，国家信息化战略层面日益重视提升国民素质的这种变化，是信息化与时俱进地配合国家大政方针调整的结果。改革开放以来，国家整体发展战略经历了从强调“以经济建设为中心”，到强调“以人为本”、“科学发展”的过程。与此相应，国家信息化也从集中服务于经济发展，克服传统工业化瓶颈，逐步转到“两化融合”，为全面建设和谐、小康、创新型和学习型社会服务的更广阔的领域中来。研究信息化发展对国民素质的影响，以信息化提升国民素质，促进人的全面发展，自然被提到了战略的高度，越来越得到重视。

专栏 1　国家信息化战略方针的发展——国民素质的视角

1993 年成立的“国家经济信息化联席会议”，是我国第一个负责统筹领导全国信息化工作的专门机构，至此结束了以前信息化工作由不同部门各自为政领导的局面。不过，从这一机构的名称和职能便可看出，此时的国家信息化主要还是与经济建设相联系，服务于经济工作的。

1996 年，“联席会议”改组为“国务院信息化工作领导小组”。1997 年 4 月，全国第一次信息化工作会议提出国家信息化建设的八项主要任务，其中包括“加快发展面向经济和社会的信息服务业”，“促进科技教育领域的信息化，提高科技教育水平，加快信息化人才培养，提高广大劳动者的信息化技能，增强全民信息化意识”等内容，将国家信息化的范围从国民经济拓展至社会的其他方面。

2002 年，再次改组后的国家信息化领导小组批准颁布了《国民经济和社会发展第十个五年计划信息化重点专项规划》，指出“信息化关系到经济、社会、文化、政治和国家安全全局”，“推进信息化是加快现代化建设、全面建设小康社会和实现第三步发展目标的战略举措”，第一次明确要求“十五”时期要使“信息化成为提高国民素质的重要手段，信息化成为加强社会主义精神文明建设、提高教育质量和水平、繁荣民族文化的重要手段”。

2006 年，国家发布《2006—2020 年国家信息化发展战略》指出，“大力推进信息化，是覆盖我国现代化建设全局的战略举措，是贯彻落实科学发展观、全面建设小康社会、构建社会主义和谐社会和建设创新型国家的迫切需要和必然选择”，提出要“充分发挥信息化在促进经济、政治、文化、社会和军事等领域发展的重要作用”，信息化要“以人为本，惠及全民”，“为迈向信息社会奠定坚实基础”，并相应做出了战略部署。

2008 年颁布的国家信息化“十一五”规划指出，“信息化对人们的工作、生活、学习和文化传播方式产生了深刻影响，促进了国民素质的提高和人的全面发展”，提出要“以为民、便民、惠民为根本出发点，努力促进区域、城乡和不同社会群体之间信息化协调发展，使广大人民群众更好地分享信息化发展成果”，并专门提出了“十一五”国民信息素质的发展目标。

与此相应，从政策层面来看，国家信息化许多政策的制定与实施，不同程度上体现了提升国民素质的诉求，如：缩小数字鸿沟、电信与广电网络的“村村通”工程、降低电信相关资费，加强信息资源开发与利用，发展数字文化产业，推行电子政务、实行政府信息公开，优化网络环境、保障网络和信息安全、加强信息内容监管与舆情引导等，均包含了提高国民素质方面的政策意图。

二、信息产业大发展为以信息化提升国民素质创造了物质条件

自20世纪80年代以来，我国信息基础设施实现了跨越式发展。国家在信息化发展战略和政策上重视信息基本业务的普遍服务和缩小数字鸿沟。在农村和边远地区大力推行以电信网和广电网普遍覆盖为内容的“村村通”工程和普及互联网公共接入点，取得了明显成果。截至2010年年末，我国电话用户数达到11.53亿，其中，移动电话用户达到8.59亿，移动电话用户在电话用户总数中所占的比重达到74.5%，固定电话和移动电话的普及率分别达到每百人23.1部和64.4部；互联网用户数达到4.57亿，网民普及率为34.3%；通电话的行政村已达100%，通电话的自然村达到94%，通互联网的乡镇达100%，其中，通宽带的乡镇达98%[1]；到2010年年底，我国广播电视“村村通”工程的建设覆盖任务已全面完成，20户以上已通电的自然村已全部实现了通广播、电视[2]。

我国电子信息产业持续高速发展，产业规模与实力不断壮大，已成为国民经济的基础产业、支柱产业和先导产业，为提升国民素质创造了有利条件。2010年，我国规模以上电子信息产业销售收入规模7.8万亿元，同比增长29.5%，其中软件产业收入1.3万亿元，增长31.3%。规模以上电子信息制造业工业增加值增长16.9%，比上年加快11.6个百分点，高出工业平均水平1.2个百分点；实现销售产值63,395亿元，同比增长25.5%。电子信息制造业增加值、利润、投资增速分别高于工业平均水平1.2、4.3、21.7个百分点。规模以上电子信息制造业收入、从业人员占全国工业比重达9.1%、9.7%，电子信息产品出口占全国出口的比重达37.5%。我国手机普及率达到64.4%，居民彩电、计算机拥有比率也比上年有所提高。金融、电力、交通行业应用软件收入增速均超过25%，信息技术在智能交通、电网改造、无线城市中的渗透作用更加突出，手机阅读、移动支付、

1 工业和信息化部：《2010年全国电信业统计公报》。

2 广电总局规划财务司：《全国“十一五”广播电视村村通工程建设任务全面完成》，http://www.sarft.gov.cn/articles/2011/01/05/20110105105157740465.html。

网络电视等新业务不断拓展。[1]近年，国家实行“家电下乡”、“信息支农”等政策，为广大群众创造“用得上、用得起、用得好”的信息化发展环境，使越来越多的国民成为信息用户，分享信息化发展带来的好处。

我国信息基础设施和信息产业的大发展，在有力地支撑经济发展的同时，也为国民素质的提升奠定了坚实的基础。

三、以信息化为关键带动因素的新型工业化为国民素质提升提供强大需求和实践基础

不同的经济发展方式对国民素质，尤其是对劳动者的素质有不同的需求。针对我国传统工业化发展存在的种种问题，1995年，党的十四届五中全会提出了转变经济增长方式的战略任务。2002年，党的十六大报告指出：“实现工业化仍然是我国现代化进程中艰巨的历史性任务。信息化是我国加快实现工业化和现代化的必然选择。坚持以信息化带动工业化，以工业化促进信息化，走出一条科技含量高、经济效益好、资源消耗低、环境污染少、人力资源优势得到充分发挥的新型工业化路子。”2007年，党的十七大报告进一步提出推进“两化融合”的方针。

信息化在传统工业化向新型工业化发展方式转变的过程中，扮演关键性的角色。实现经济发展方式的转变，离不开与之相适应的高素质的劳动者，在这个意义上，信息化发展对国民素质的影响，一方面是对新的高素质的劳动者提供了强大的需求，另一方面，也为国民和劳动者的素质提升提供了社会实践的基础。其中，最突出的一点，就表现在国民和劳动者信息素质的明显提升上。

四、电子政务的发展为国民提升各种素质，尤其是政治民主素质创造了有利条件

2002年以来，我国电子政务建设得到快速发展。十年来，国家电子政务各项重点工程稳步推进；政府网站从中央、省，到地市、县区基本形成了全面覆

1 工业和信息化部：《2010年电子信息产业统计公报》。

盖，并正在向社区和乡镇延伸;《政府信息公开条例》的实施，推进了政府工作的民主化和透明化，政府面向社会的信息内容服务水平显著提高；电子政务的业务应用日益丰富，各项应急信息系统的建设明显提高了政府应对突发事件的能力；电子政务基础性建设也不断获得进展。各级政府机构与政府官员大量利用信息化手段，尤其是利用互联网广泛开展与公众的互动，互联网日益成为党政决策层“了解民情、汇聚民智”的主渠道之一。

电子政务改善了国民素质养成与提升的环境。首先，政府部门通过电子政务改进公共服务的提供方式，给更多的国民尤其是网民带来了方便，利用互联网跨越时空的特性，基于互联网渗透率的不断提高，电子政务也为国民接入政府的信息和服务带来更多的公平机会；其次，电子政务加强和优化了政府监管，促进了政府转型，特别是为国民广泛参与政府决策提供了强大便捷的渠道，激发了公众参与决策和公共事务的热情；再次，信息化和电子政务的发展，为国民网络反腐、网络问责提供了可能性，近年互联网上诸多此类热点事件表明，普通老百姓可以利用网络为武器揭露腐败现象，并迅速形成强大的监督力量，对腐败分子形成巨大威慑。这些都为国民通过参与提升自身政治和社会素质创造了更好的条件。

五、与国民素质直接相关部门信息化的发展

从“十五”信息化规划开始，政府主管部门就注意到社会信息化发展对国民素质的影响，将“促进信息技术在科技教育、医药卫生、广播电视、社会保障和公共事业等领域的应用”，列为信息化应用的四大重点之一。“十一五”信息化规划在坚持这一战略布局的同时，进一步提出，要立足建设和谐社会积极促进社会信息化，“促进社会公平，缩小不同地区、领域和社会群体获取信息能力差距”，“使教育、科技、文化、卫生等领域的优质资源输入农村，提高农民素质”，“培育数字内容产业”，“培育公共信息服务”。

近年，与国民素质提升关系密切的教育、科技、卫生、文化、科技、出版等

领域的信息化有了明显推进。

1. 教育领域：在“面向21世纪教育振兴行动计划”、“211工程”、“985工程”等系列政策和政府工程的推动下，在国家《十一五教育规划纲要》的部署引导下，教育信息化基础设施，尤其是农村现代远程教育网络建设和高校校园网建设稳步发展，创建了国家级教育信息化应用支撑平台；国家信息教育资源服务体系加快形成；教育信息化技术服务支撑体系，如教学科研网络、教育政务和教育管理信息化、高校数字图书馆等应用工程建设进展顺利；教育信息化标准体系建设和专业人才培养对教育信息化的保障得到加强；信息技术教育取得新的进展。2009年，“校校通”工程实施接近尾声，大部分初级学校已建立较完善的网络教育课程。根据中国互联网信息中心的调查，我国青少年在学校上网的比例从2008年的19.1%增加到2009年的36.3%。其中，处于低等教育阶段的学生网民在学校上网的比例上升最快，2009年小学生和中学生在学校上网的比例分别达到36.7%和46.3%，学校上网条件的改善降低了青少年从网吧上网的比例。[1]

2. 科技领域：进入“十一五”以来，我国深入实施科教兴国战略和人才强国战略，颁布施行了《国家中长期科学和技术发展规划纲要（2006—2020年）》，国家制定了《科学技术进步法》和《促进科技成果转化法》，这都大大推动了科技信息化的进展。国家重视利用现代信息技术手段，建设信息化的数字科技平台，构建网络科研环境，促进科研资源共享，面向全社会提供服务，推动科学研究手段、方式的变革；针对条块分割、相互封闭、重复分散的格局，根据“整合、共享、完善、提高”的原则，探索建立有效的科技基础条件平台的共享制度和机制，制定各类科技资源的标准规范和必要的政策法规，探索灵活多样的共享模式；利用各种现代信息化手段，大力推广先进适用技术，改善科技管理。例如，目前，国家各类科技计划项目已经全部在科技部门户网站上实现了一站式申报管理，部分科技计划项目已采取网评的方式办理。2009年，科技部完成了863计划、973计划、科技支撑计划等11类科技计划或专项工作的申报、立项、

1　中国互联网信息中心：《2009年中国青少年上网行为调查报告》。

评审等工作，各类计划共申报项目（课题）超过13,000项，发布项目申报指南及其他项目申报信息220余条。2009年度科技部门户网站发布各类信息7,793条，平均每天有32,550人访问网站。科技部还通过其门户网站“科技统计”栏目和中国科技统计网，向社会及时公开科技统计报告、主要统计数据、科技统计资料汇编等。[1]

3. 卫生领域：医院信息化建设加速推进，据统计至2008年，全国17,000所县及县以上医院中，有31%的医院使用了网络化信息系统，其中省级以上医院使用网络信息系统的比例已达84%；区域卫生信息化试点效果明显，社区居民电子化健康档案建设效果显著；自“非典”以来，国家实施了公共卫生信息系统建设规划，至今已基本形成纵横交错的传染病报告、分析和处理的信息构架、省级应急指挥与决策系统、市级医疗救治系统和卫生执法监督系统，提高了应对突发事件的能力；全国县级新型农村合作医疗信息系统全部投入运行，为新农合制度的实施提供了有力的技术支撑。

4. 文化领域：“十一五”以来，国家在推进“村村通工程”的同时，以农村为重点部署和实施了“文化信息资源共享工程”、“社区与乡镇综合文化站（室）工程”。目前分布式数字资源库群初步形成，已建成从国家中心到覆盖乡镇及村基层服务点的五级网络体系，许多地方实现了乡、村级服务点全覆盖；文化资源数字化建设快速推进。截至2009年6月，文化共享工程资源量达到74.635太比特；数字图书馆建设成效显著，电子媒体工程呈现蓬勃发展的势头，形成互联网、卫星、有线/数字电视、VPN、光盘/移动硬盘等共享工程技术多模式并用的格局；文物博物馆信息化工作也有了较大进展，建成“中华文化信息网”、“中国文化遗产网”，初步形成了共建机制，社会效益日益明显。

5. 新闻出版领域：国家继续鼓励数字内容产业的发展，有力推动了中文数字内容资源的丰富化、出版资源与流程的数字化，推动了数字广播电视发展与新闻出版领域的信息化建设。到2008年，我国数字内容产业规模达到2,173.8亿

1 数字来源：科技部官方网站。

元，互联网数字内容服务整体规模达到452.7亿元，移动数字内容服务规模达到1,274.0亿元；数字影音动漫市场规模达到349.8亿元；全国数字出版总体收入规模达530亿元，新型出版业态已成为新闻出版业新的经济增长点；新闻出版行业信息化与网络化建设继续加快，书号实名申领管理信息系统已经启用，网络出版监管小型试验系统可实现每天50万个网页的监测，国家版权监管基础平台建成，提高了出版信息化管理水平。

六、信息化给广大群众的日常生活方式带来深远影响

我国信息化的应用不仅向广度而且向深度发展，信息化的应用已经并将继续对人民群众的学习、工作、生活、娱乐、交往方式产生深远影响，而这种影响必然深刻作用于国民素质的养成和提升。

据中国互联网信息中心的统计报告，截至2012年年中，我国网民总数达到5.38亿，互联网普及率逼近40%。手机网民达3.88亿，在总体网民中的比例提高至72.2%。农村网民为1.46亿，占整体网民的27.1%。30岁以上各年龄段网民占比上升至43.2%，初中及小学学历的网民增加到46.7%。有90%的网民在家上网。网民的上网工具更加多元。网民平均每周上网时长为19.9小时。

2012年年中，整体网民使用网络排名前三分别是即时通信（82.8%）、搜索引擎（79.7%）、网络音乐（76.4%），网络新闻、博客应用、社交网站等应用的比例也相当高。网络已成为中国网民获取信息的第一渠道，网民已习惯于首先从网上读新闻和寻找他们所需要的信息；我国网民对网络的娱乐性应用较发达国家比例更大一些，对于青少年网民尤其是未成年网民更是如此。另外，近年网民博客应用快速增长，除了名人、专家重视把博客作为扩大传播影响力的平台外，更多的平民也在撰写博客，微博的兴起更是有后来居上之势；社交网站逐步成为广大网民休闲娱乐、传播信息的重要渠道。而商务交易类应用近年快速增长，其中，网络购物、网络银行、网上支付的应用比重都是上升的，电子商务逐渐成为越来越多的网民消费生活的习惯。

在手机网民中，即时通信、手机搜索和网络新闻排在各项应用的前三位，移动电子商务未来仍有很大的发展空间。[1]

七、政府部门加强互联网监管

近年，政府有关部门对互联网的监管力度明显加大。国新办、公安部、文化部、工信部等联合开展打击整治网络有害或不良信息、打击网络侵权盗版和查处网络出版物整治互联网低俗之风的专项行动。据官方统计，2008年共发现清理境内网上各类违法有害信息240余万条，关闭违法网站和网上信息服务栏目2万余个；开通了12321网络不良与垃圾信息举报受理中心，共受理互联网不良与垃圾邮件举报132,969起，垃圾短信举报708,214起。2008年，新闻出版总署累计查禁违法违规网络出版物75篇（部、款），删除违法违规网络小说、游戏、在线图片等3,153部（篇、款、张），查禁非法网站近600家，删除网页链接达1.8万余条。截至2009年6月30日，累计查处含有淫秽色情及低俗内容的网络图书、网络小说、网络游戏、手机游戏、网络图片和网络动漫作品498种，查处违法违规网站690家，删除各类低俗内容的网页链接5万多条。

八、不足之处

从提升国民素质的角度分析我国信息化的发展，我们认为，实践中存在以下主要不足之处值得重视。

1. 在信息化建设中，我国长期以来强调信息化为经济建设服务，相对轻视为社会发展和为人的全面发展服务。近年在“以人为本”的信息化指导思想下情况有了明显改善，但毕竟在信息化重大工程安排和信息化投入的部署中，与国民素质提升关系相对密切的领域欠账较多。

2. 自跨入新世纪以来，虽然国家在战略和政策上一直非常重视缩小数字

1 中国互联网信息中心：中国互联网络发展状况统计报告，2012年7月。

专栏2　“十一五”时期政府监管部门在互联网管理方面的行动

2006年2月21日，信息产业部启动“阳光绿色网络工程”，重点清除垃圾电子信息、治理手机违法不良信息、宣传网络安全、打击非法网上服务。

2006年7月11日，国家出台了《网吧专用计算机应用标准》。

2008年以来，国家启动了“中国未成年人网脉工程”、“阳光·绿色”网络工程和中国青少年“文明上网迎奥运”主题系列活动等。

2009年，教育部、财政部、工信部、国务院新闻办发起了净化校园网络环境的措施，为各中小学校联网的计算机终端免费提供“绿坝”上网过滤软件。

政府主管部门颁布了多项网络管理法规

文化部：《关于加强网络文化市场管理的通知》、《关于贯彻“互联网上网服务营业场所管理条例”的通知》、《关于加强互联网上网服务营业场所连锁经营管理的通知》、《关于实施“互联网文化管理暂行规定”有关问题的通知》，文化部还同信息产业部、中央文明办、公安部等主管部门一起发布了其他管理规定，如《关于网络游戏发展和管理若干意见》、《关于净化网络游戏工作的通知》。

国家广播电影电视总局：《互联网等信息网络传播视听节目管理办法》、《信息网络传播广播电影电视类节目监督管理暂行办法》、《关于加强通过信息网络向公众传播广播电影电视类节目管理的通告》、《网上播出前端的设立审批管理暂行办法》等。

国家版权局：《互联网著作权行政保护办法》、《关于制作数字化制品的著作权规定》、《关于计算机软件著作权管理的通知》、《关于对出版和复制境外电子出版物和计算机软件进行著作权授权合同登记和认证的通知》等。

新闻出版总署：《互联网出版管理暂行规定》、《电子出版物管理规定》、《音像制品制作管理规定》、《电子出版物出版管理规定》等规章，以及《图书、音像制品、电子出版物营销分类法》、《出版物物流标签》等多项国家及行业标准。2009年，新闻出版总署先后八次发出查处低俗网络出版物的紧急通知，深入开展整治互联网低俗之风专项行动。

工信部：《关于规范短信息服务有关问题的通知》。

鸿沟，但数字鸿沟依然明显存在，并在某些方面还有加大的迹象，详见本书第八章。

3. 国家近年高度重视构建社会主义核心价值体系，希望以此引领全社会思想文化的发展，但在实践中的引导效果并不尽如人意。这与党政的宣传、教育模式滞后有关，与说一套做一套有关，更与腐败现象的反面影响有关。

4. 电子政务公共服务方面的发展滞后于监管能力的发展，在政府与网民互动交流的广度和深度上，在决策部门和公共事务管理机构回应网民电子参与和网络问责方面，在贯彻落实《政府信息公开条例》提高政府透明度方面，在以电子政务推动政务改革和政府由监管型转变为服务型方面，均存在程度不同的差距，限制了通过电子政务提升国民素质的效果。

5. 互联网监管更多是沿循全能政府的做法，尚未形成网民参与治理的有效模式。网民的正当权益未能得到全面清晰的界定和应有的保障，主管部门往往单方面制定管理规则，在程序上缺乏网民参与的制度性保证，管理部门重监管轻服务，不利于网民在权利与义务对等的基础上提升自身素质，也不利于建设和谐的长治久安的网络社会。

6. 较之于经济、政治等方面的影响而言，信息化发展对国民素质影响的研究则显得不够系统和深入，对信息化作用于国民素质的规律了解不够。

第三节　以信息化助力国民素质的提升

一、端正思想认识

首先，以信息化提升国民素质符合国内外信息化发展趋势的客观要求。如第二章所述，信息社会的建设要实行“以人为本”、“充分包容”和“面向发展”三项原则，已成为国际社会普遍接受的共识。而以人为本的信息化，必须服务于人的发展，必须高度关注直接关系国民素质提升的领域的信息化，千方百计让国民从信息化发展中获得实际的好处。我国社会进入“后3,000美元”的发展阶段，要求社会发展政策的设计必须重视满足社会成员已变化的需求，其中包括十分重要的信息需求。以信息化促进国民素质的提升，助力构建和谐社会，符合现阶段社会成员对信息化的要求。另一方面，随着消费结构、产业结构和就业结构发生根本性变化，信息通信技术日益融入国民的日常生活，也需要以信息化助力国民素质的发展。

其次，以信息化提升国民素质符合我国社会转型的需要。今天，中国社会正在经历“从计划到市场、传统到现代、工业化到新型工业化、封闭到开放、落后到先进”的全面转型，社会的各个领域都已发生和将继续发生重大变化，出现了许多矛盾和冲突。社会转型要求利用信息化提高国民的科学素质和理性思维，破除封建迷信；以法制意识、科学管理替代不合理的家族、血缘关系等等；要求建立新商业文明和社会文明，社会成员的工作、生活越来越需要提升自身的信息能力；要求人们适应社会组织向更开放、透明、自组织方向发展的需要，建设一种更开放、分享和信任的文化氛围，增强组织成员的参与感、积极性和责任感；要求人与人之间的合作秩序更加良性，有利于将个体的能量充分激发出来，让社会成员拥有更多自主性，获得更多全面发展的机会。

最后，以信息化提升国民素质符合国家信息化中长期发展战略的要求。《2006—2020年国家信息化发展战略》提出下列方针。“要以人为本，惠及全民，创造广大群众用得上、用得起、用得好的信息化发展环境。”“充分利用信息技术，促进我国经济增长方式由主要依靠资本和资源投入向主要依靠科技进步和提高劳动者素质转变，提高经济增长的质量和效益。”“全面推进素质教育。人民群众受教育水平和信息技术应用技能显著提高，为建设学习型社会奠定基础。”“提高国民信息技术应用能力。强化领导干部的信息化知识培训，普及政府公务人员的信息技术技能培训。配合现代远程教育工程，组织志愿者深入老少边穷地区从事信息化知识和技能服务。普及中小学信息技术教育。开展形式多样的信息化知识和技能普及活动，提高国民受教育水平和信息能力。”“培养信息化人才。构建以学校教育为基础，在职培训为重点，基础教育与职业教育相互结合，公益培训与商业培训相互补充的信息化人才培养体系。鼓励各类专业人才掌握信息技术，培养复合型人才。”“开发科技、教育、新闻出版、广播影视、文学艺术、卫生、‘三农’、社保等领域的信息资源，提供人民群众生产生活所需的数字化信息服务，建成若干强大的、影响广泛的、协同关联的互联网骨干网站群。”“坚持政府主导、社会参与，缩小区域之间、城乡之间和不同社会群体之间信息技术应用水平的差距，创造机会均等、协调发展的社会环境。”“尊重信息化人才成长规律，以信息化项目为依托，培养高级人才、创新型人才和复合型人才。”这体现了国家信息化战略对以信息化提升国民素质的要求。

二、把握重点和原则

以信息化提升国民素质，需要把握以下重点：

1. 坚持“以人为本、科学发展”的信息化战略

人的现代化是全面建设小康社会的重要前提条件、主要动力和最终目的。要进一步扭转“为经济增长而发展”、“为经济增长而信息化”的战略，真正把人的发展放在发展战略和规划的核心地位，通过信息化为国民创造更好的工作、学习和生活环境，增强人的各方面能力，特别是自我选择和自我实现的能力。

2. 将信息化提升国民素质置于新型工业化的基础之上

以信息化提升国民素质，要和以信息化促进发展方式转变结合起来。以信息化带动工业化，推动“两化融合”，走新型工业化道路，是由我国现阶段的基本国情决定的。以信息化提升国民素质的过程，不仅不能脱离这一基本国情，相反必须建立在新型工业化的基础之上。

3. 以信息化促进国民素质的转型

在新型工业化的基础上，以信息化提升国民素质，必须看到国民素质内容的变化。要根据信息化即由工业社会向信息社会转型的要求，促进传统工业化所形成的国民素质向信息社会所需的国民素质转型。为此，要特别重视提升国民的信息素质，促进文化现代化、教育现代化、制度创新、民主法治建设及物质文明建设，进而推动人的现代化。

4. 努力保障和不断提高国民的信息福利

“十一五”信息化规划曾设立了国民信息素质的目标，提出了包括学校教育和在职教育在内的指标要求。从“十二五”乃至此后，应该根据“后3,000美元”阶段社会发展的特点，根据我国信息化发展，尤其是互联网发展的实际，将保障和提高国民信息福利列上重要的议事日程。国民的信息福利，是国民信息素质/能力与国民信息满意度二者的结合。

5. 实现信息福利的机会平等与公平

首先应强调在信息化过程中为所有国民提供公平获取信息福利的机会；同时应努力实现信息福利的结果的公平，即信息福利在国民不同群体间的分配应努力避免贫富分化的状态。必须高度关注并不断努力缩小数字鸿沟，重视通过

政府和公共服务部门的信息化发展，通过公共产品的供给促进信息福利的机会平等与公平。

以信息化提升国民素质，要坚持以下原则：

一是人类发展与社会公平相平衡的原则。人类发展和社会公平同是一个社会追求的目标[1]。人类发展分析路径着重突出两个核心思想：人类福利是发展的目的，经济增长是发展的手段。人类发展指数（HDI）的三种能力，即提高人均寿命、教育水平及生活质量，就体现了这一核心思想。与基本需求理论和人力资源开发理论相比，人类发展分析路径中，发展是指增进人们福利、拓展人的能力和机能。对教育和健康的投资有利于人类生活本身。社会治理应以社会公正为目的，应当扩大公民参与、公民权利，尤其是妇女、少数民族、穷人这些弱势群体的参与权。

二是提高国民素质要协调发展和共同进步。全面建设小康社会意味着政治、经济和社会的全面发展，意味着城乡之间、地区之间、民族之间的协调发展，意味着人口与自然环境的统筹发展。总之，意味着全社会成员的协调发展和共同进步，建立一个和谐而又共同富裕的社会。信息化提高国民素质，应坚持统筹发展的原则。

三是提高国民素质要坚持权利和能力平衡的原则。这又具体包括三方面内容：保障人的基本权利和机会平等；提升和发展人的能力；应承认基于人的能力差异之上的收入和财产分布的合理差别原则。

三、明确目标与任务

（一）以信息化助力国民素质提升的目标

实现人的现代化，是以信息化提升国民素质的根本目标，即要以人为本，平衡经济增长与人的发展，提高国民的生存能力、学习能力、获得一定生活水准的

1 《2005年中国人类发展报告》提要。

能力和参与社区生活的能力[1]，全面实现小康社会，推动建立和谐社会，实现人的现代化。为此，要通过信息化，全面推进价值观念[2]、伦理道德、思维方式、生活方式、情感方式和交往方式等在内的人的现代化。[3]

以信息化提升国民素质的目标，有远景目标和阶段目标之分。远景目标，是通过信息化，实现人的自由而全面发展，实现与信息社会相应的人的现代化。它应该是社会现代化与人的现代化的有机统一，是社会进步与人的全面发展相互协调。其中，人的全面发展包括：人的平等发展，要求制度安排具有平等性和普适性；人的和谐发展，要求处理好个人与他人、个人与社会的关系；人的自由发展，指实现人的个性的自由发展，包括使人们从各种束缚中解放出来，按自己的意愿自主做事。这当然需要一个相当长的历史过程。

以信息化提升国民素质的阶段目标，是由我国工业化任务尚未完成的国情特点决定的。

第一，通过信息化，改造农业社会形成的国民素质。一是在人的政治素质方面，克服封建专制造成的愚昧落后和官本位的封建意识；二是在人的经济素质方面，强化信息意识、网络意识，克服不讲效率、不讲社会协作的小农意识；三是在人的管理素质方面，克服家族血缘式管理的弊端；四是发扬诚信传统，克服以私人关系为主的潜规则。

第二，通过信息化，提高工业社会所需的国民素质。一是政治文明素质，如依法行政、公共成本核算等；二是市场经济素质；三是以提高效率为宗旨的科学管理素质；四是技术理性素质；五是法制意识；六是社会公德意识。

---

1 这四种重要基本能力主要根据联合国人类发展报告，参考采用了阿玛蒂亚·森的能力方法与“人类发展分析路径”。

2 新加坡政府1990年发表了《共同价值观》，提出了国民应该遵循的五大共同价值观，即国家至上，社会为先；家庭为根，社会为本；关怀扶持，同舟共济；求同存异，协商共识；种族和谐，宗教宽容。

3 参考“全面建设小康社会中人的现代化的目标模式”，方世南、范俊玉《先进文化与小康社会》，苏州大学出版社，2003年，第254—267页。

第三，通过信息化，实现国民素质转型，培育信息社会所需的素质。一是通过电子政务，为国民提供个性化服务，培育国民的电子民主素质；二是发挥多元主体合作管理、人民调解与社会自组织作用的社会责任意识；三是基于社会资本和社会网络的网络合作意识；四是兼顾效率与公平、效率与个性化的人本管理、权变管理素质；五是树立可持续发展的生态环保意识。

以信息化提高国民素质的定量目标，可分为不同层次：

一是综合的定量目标，可用“人类发展指数”的指标衡量，这一指数的四个分项指标，即信息化要有助于提高人均寿命，提高教育水平，提高人均收入，促进社会参与。我们建议，未来可以将人类发展指数作为以信息化助力提升国民素质提升的综合定量指标。

二是具体的定量目标，国内研究者对此见仁见智，我们认为，可以参考人类发展指数的指数构成，相应提出一些精简的指标，以便进行具体的测算。比如，除了人均寿命、人均收入等已有指标外，可将劳动力平均受教育年限、教育及娱乐支出比重、电视机普及率和互联网普及率，作为反映国民教育水平的指标；将私人捐赠占 GDP 比重、志愿者占成年人口比重、非政府机构成员指数，作为社会参与的指标。另外，考虑可持续发展的因素，可将城镇空气质量指标、农村饮用水质量指标、碳排放量控制指标，作为国民环境保护素质的测评指标。

（二）以信息化助力国民素质提升的任务

今后，以信息化促进国民素质的提高的主要任务包括以下方面：

1. 加快信息化基础设施的完善和升级，进一步采取有效措施普及应用信息通信技术，为广大人民群众在应用信息通信技术中提升自身素质创造更好的条件。

2. 继续大力推进新型工业化，以信息化加快经济发展方式的转变和经济又好又快发展，为提高国民信息素质和其他各项素质奠定扎实的经济基础，创造更多的用武之地；同时，加大培育和提高国民信息素质的力度，以适应信息化时代经济、政治、文化、社会转型对人口素质的需要。

3. 加快教育、科技、卫生、文化、新闻出版等领域的信息化建设，以信息化助力科教兴国、人才强国战略和创新型国家、学习型社会的建设，促进国民素质的提高。

4. 进一步发挥现代信息技术对经济基础和上层建筑变革的促进作用，以信息化推进体制机制改革和制度建设，为国民形成现代独立人格、全面提升能力创造良好的制度环境。

5. 以信息化促进和谐社会建设，尊重和保障国民的信息权益，不断提高国民的信息福利，在人民群众广泛参与的基础上改进互联网监管方式，由自上而下的监管向“管理与服务并重”和民主治理的方向发展。

6. 适应“后3,000美元”阶段人的发展和价值追求变化的特点，以信息化的不断推进，为满足人们在提高物质生活之后，要求丰富精神生活、发展社会关系和全面实现个人价值的需要创造条件。

7. 以信息化提高社会主义核心价值体系对社会成员的引导效果，不断提高全社会的凝聚力。

四、采取有针对性的政策

鉴于前述以信息化提高国民素质方面存在的问题，应采取有针对性的措施加以解决。为此，应在信息化重大工程安排中，继续加大与国民素质提升关系相对密切的领域的投入；重点关注弱势群体的信息福利，为他们创造更公平的发展机会；创新核心价值体系的宣传、教育模式，更有力地打击腐败，改善对国民思想道德素质的引导效果；加快政府转型和行政改革，提高电子政务公共服务的能力，扩大电子参与和电子民主，加强政府的透明性、响应性和可问责性；在全面清晰界定和保障网民正当权益的基础上，改善互联网的监管，建立健全网民参与治理的良性模式，构建和谐网络社会；加强对信息化作用于国民素质的规律的研究。

（一）关于提高国民信息素质的建议

1. 继续贯彻落实《2006—2020年国家信息化发展战略》“以人为本，惠及全民，创造广大群众用得上、用得起、用得好的信息化发展环境”的要求，为群众通过应用信息技术提高信息素质创造良好条件。

2. 充分利用信息通信技术，促进我国经济增长方式由主要依靠资本和资源投入向主要依靠科技进步和提高劳动者素质转变，提高经济增长的质量和效益。

3. 将提高国民信息技术应用能力的任务纳入素质教育的内容，构建以学校素质教育为基础，普及中小学信息技术教育，以在职培训为重点，基础教育与职业教育相互结合，公益培训与商业培训相互补充的信息化人才培养体系。

4. 强化领导干部的信息化知识培训，普及政府公务员的信息技术技能培训。

5. 配合现代远程教育工程，组织志愿者深入老少边穷地区从事信息化知识和技能服务。

6. 开展形式多样的信息化知识和技能普及活动，提高国民信息能力。

7. 鼓励各类专业人才掌握信息技术，培养复合型人才。尊重信息化人才成长规律，以信息化项目为依托，培养高级人才、创新型人才和复合型人才。

8. 发挥市场机制在人才资源配置中的基础性作用，高度重视“走出去，引进来”工作，吸引海外人才，鼓励海外留学人员参与国家信息化建设。

（二）关于提高国民科学素质的建议

科学对于人类的贡献，不仅是提供认识客观世界的知识、方法，更重要的是提供了科学的思想、科学的观念，引导人类进入理性社会。为以信息化提高国民科学素质，需采取以下措施：

1. 加快推进科研信息化，提高科技人员的信息化素质。以科技现代化推进信息化与工业化融合，是一个重要的选择。要加大对科研信息化基础设施建设和运行的支持力度，推进科研环境的数字化和网络化，建设信息化的协同科研环境，整合科研数据资源，为增强我国科技创新能力提供信息化的支撑。

2. 继续推进网络化科研平台（e-Science）建设，广泛利用信息化手段，促进全民，尤其是青少年的科普教育。总结推广网络化科研平台工程的经验，扩大网络化科研平台覆盖面和应用率，在全国范围持续开展网络化科研平台活动。

3. 利用信息化手段支持企业自主创新。以信息化为创新提供更加高效的研发工作平台、技术手段、工作模式和条件，创新管理机制；以信息化提高企业人力资本水平和学习能力，推动创建学习型企业；以信息化改善企业知识管理，推动产品创新，提高设备技术含量和附加值；以信息化提升企业“将科研成果转化为生产力，转化为企业收益”的能力和将技术创新转化为企业核心竞争力的能力；以信息化推动和支撑企业从全社会获得更多的信息和知识，促进科技信息和知识的共享和交流。

（三）关于提高国民文化素质的建议

1. 加大对教育信息化的投入，加快提高教育信息化水平，大力推行优质教育资源共享，改善农村和边远地区教育发展滞后的状况。利用宽带网络技术提升各级校园网，加快整合各类公用教育网络平台，改善教学信息化手段。

2. 充分利用信息通信技术，构建多层次、交互式网络教育培训体系，大力推进公共图书馆、博物馆等公益性教育机构和中华民族优秀文化作品的数字化、网络化建设，方便公民自主学习。

3. 加快新闻、出版、影视、文艺等领域的信息化建设，提高优秀文化产品的供给能力，完善公共文化信息服务体系，丰富广大群众的文化生活。支持、鼓励顺应互联网文化潮流的活动，用先进文化提高国民素质。

4. 更新观念，解放思想，营造有利于互联网文化发展的宽松的舆论环境，鼓励广大群众创作自己喜闻乐见健康向上的作品，鼓励网络游戏、Web 2.0等新兴文化活动的开展，尊重网民的自主选择，寓教于乐。

5. 利用信息化手段，围绕世界观、价值观、人生态度、审美意识、生活情趣、人文情怀，等等，开展文化建设、文化交流。

6. 出台特殊优惠政策，促进高科技与创意产业的结合，积极发展数字内容、软件、视频游戏和娱乐等当前创意产业的高端。大力扶持“中国创造”的外向型创意经济，鼓励创意产品出口，不断提高全民创意素质[1]。

（四）关于提高国民道德素质的建议

要利用信息化手段，开展思想道德、社会公德、职业道德、家庭美德教育，营造良好的环境，引导国民形成爱国守法、诚信敬业、勤俭自强的国民道德素质。

1. 要紧紧抓住影响人们道德观念形成和发展的重要环节，坚持不懈地在全体公民，特别是在广大党员中进行道德教育。

2. 配合反腐败斗争，重点加强领导干部的道德素质教育。严格领导干部模范实践社会主义荣辱观，抵制拜金主义、享乐主义、极端个人主义等腐朽思想的侵蚀。不受私欲所左右，做好自己该做的事，管好自己的手，管好自己的口，严于律己，不贪不占，不损人利己。

3. 通过电子政务，进一步完善公务员考核机制和考核标准，对公务员的工作业绩、工作态度、工作能力、工作效率等方面综合做出评价。进一步提高政府工作的透明度，严格问责制，自觉接受群众监督和社会评价。

4. 利用各种信息化手段，在广大群众广泛参与的基础上，创造公正、高效的法治环境。促进政府官员和公务员依法行政，努力构建和谐社会所需的法治条件。

5. 充分运用新闻媒体的宣传作用，大力宣传文明先进的正面典型，努力形成强大积极的舆论氛围；加强舆论监督，要充分发挥互联网新媒体的民主监督、揭

---

1 据联合国贸发会议（UNCTAD）《创意经济报告2007：评估创意经济的挑战——面向可信决策》所提供的数据，中国内地以613.60亿美元的成绩，成为创意产品出口的全球第一；高于位列第二的意大利334亿美元。美国2005年是255.44亿美元，2000—2005年间增长23%；而中国相应的数字是613.60亿美元和115%。

露腐败的作用，及时地揭露和鞭挞社会上的消极现象和不良现象，从而达到弘扬正气，遏制邪气的目的。

6. 通过信息化手段，在全社会培植诚信文化，特别要重点解决政府诚信缺失的问题。

（五）关于提高国民健康素质的建议

1. 大力推进国家和地方卫生保健领域的信息化建设，进一步完善公共卫生应急信息系统的建设，不断增强政府和社会对突发疫情的应急能力。

2. 将国民个人卫生保健信息电子化的任务尽快列入日程，加紧相关的技术标准、数据采集与贮存、交换与使用、隐私保护、法律法规等基础研究，选择试点，逐步推行。

3. 利用现代信息手段，加强医疗医药、护理康复、疾病预防、心理辅助、养生保健和健康生活方式的宣传，提高人民群众的健康意识、知识水平和保健能力。

4. 推进体育，尤其是群众体育领域的信息化工作，以信息化助力群众体育运动的开展，加强相关的信息发布与交流，提高群众性体育运动场馆、器材资源的利用率，促进群众体育的蓬勃开展。

5. 进一步完善国民卫生保健、体育信息化基础设施，创新体制机制，逐步整合利用相关信息资源。

6. 政府应加大相关投入，鼓励发展面向广大人民群众卫生保健和体育的信息服务业，同时，加强对食品、药品、保健品的市场管理，加强对相关虚假信息的揭露和打击，切实保障人民群众的健康。

第八章

缩小数字鸿沟 助力和谐社会建设

以信息化助力和谐社会建设，其前提是社会主体必须拥有应用信息通信技术的基础条件。然而，在现实中，社会成员及其群体拥有应用信息通信技术的条件并非等同。如同经济社会发展不平衡一样，社会成员因各种主客观因素的限制，也存在着信息通信技术拥有及应用条件上的贫富不均。换言之，他们之间存在着明显的数字鸿沟。在当今时代，解决数字鸿沟的问题，是让信息通信技术的穷困者也直接享有信息化带来的经济社会成果，摆脱经济社会弱势地位的关键举措，也是避免社会进一步两极分化，建设和谐社会的必要措施。因此，无论在国内外，缩小数字鸿沟，都日益成为政府公共政策的一项重要内容。

第一节　数字鸿沟：互联网时代的贫富分化

一、数字鸿沟的概念

如第一章所言，数字鸿沟所反映出来的不同群体信息能力的差距，经历了一个发展过程，体现不同群体信息能力差距的核心指标是因时而变的，从20世纪80年代的电话通信接入，到世纪之交的互联网接入，再到当前的宽带接入。

数字鸿沟的概念主要反映的是互联网时代不同群体信息能力的差距。自20世纪末以来，数字鸿沟问题开始引起全球的普遍关注。数字鸿沟的概念，最早见于美国国家远程通信和信息管理局（NTIA）名为《在网络中落伍》的系列报告。1998年7月，美国国家远程通信和信息管理局发表该系列报告的第二部，题目就叫《在网络中落伍——数字鸿沟的新数据（“Falling Through the Net II:

New Data on the Digital Divide”)》。

“数字鸿沟（digital divide）”，或译为“数字分化”，是随着全球信息化，特别是互联网的发展在国际上出现的一个新概念。数字鸿沟的定义，比较有代表性的有以下几种：（1）美国国家远程通信和信息管理局认为，数字鸿沟指的是在那些拥有信息时代的工具的人以及那些未曾拥有者之间存在的鸿沟。（2）联合国经社理事会认为，数字鸿沟系指由于信息通信技术的全球发展和应用，造成或拉大的国与国之间以及国家内部群体之间的差距。（3）经合组织（OECD）《理解数字鸿沟》报告指出，数字鸿沟是指个人、家庭、企业、不同社会经济发展水平的地区，在享用信息技术的机会以及利用互联网从事各项活动的水平之间的差距。（4）联合国“信息社会世界峰会”对数字鸿沟的定义，是指世界上享有技术社区和排斥技术社区之间的差距，以及这些社区内部和彼此之间不转让信息的情况。（5）国家信息中心“中国数字鸿沟研究”课题组的定义（2006）是，“所谓数字鸿沟，是指不同社会群体之间在拥有和使用现代信息技术方面存在的差距”。[1]

比较数字鸿沟概念的上述定义，我们不难看出其中的差别。美国国家远程通信和信息管理局的定义强调信息技术工具拥有者和未拥有者间的差别；联合国经社理事会的定义强调数字鸿沟产生的原因是由于信息通信技术的全球发展与应用，但未指明是何种差距；经合组织的定义指明了这是享用信息技术的机会及应用互联网水平的差距；第四种定义关于社区内部和彼此间不转让信息的说法则是不正确的；国家信息中心课题组的定义则强调数字鸿沟体现的是信息技术拥有与应用上的差距。

中国社会科学院学者汪向东（2003）对数字鸿沟的定义是：“在全球信息化、数字化的过程中，不同国家和地区、不同的群体（如不同年龄、性别、职业、教育水平和收入水平的人群）之间，体现在信息拥有上的贫富分化或贫富悬殊，造成这种信息资源拥有上贫富分化或悬殊的原因，主要是他们在信息能力及网络技

1 参见国家信息中心“中国数字鸿沟研究”课题组：《中国数字鸿沟报告（2006）》，《中国信息年鉴（2006）》。

术应用能力上的差距”。[1]这个定义，一是指出了数字鸿沟产生的历史背景——全球信息化和数字化；二是指出数字鸿沟体现的主体——不同国家和地区间，以及不同的群体之间；三是指出数字鸿沟体现的内容——信息技术工具、信息资源的拥有和应用。与此相近，也有研究者指出数字鸿沟不仅体现在信息技术的接入上和应用上，而且体现在因接入和应用带来的结果，即知识上，并称这种知识的鸿沟是“第三道数字鸿沟”。[2]

当信息化进入到互联网时代，数字鸿沟的概念更多地是与互联网技术和信息资源相关联。是否拥有互联网的接入手段和能力影响不同群体的应用，进而影响他们对网上信息资源的拥有情况。相对于此前的“缺失的环节”而言，互联网时代出现的数字鸿沟使信息技术与信息资源的贫富悬殊更加突出。

近年，从全球范围来看，互联网正在向宽带化演进，从而，数字鸿沟将越来越多地体现为宽带鸿沟（broadband divide）。2010年11月，美国《个人计算机世界》（*PC World*）专业杂志上发表的有关美国国家远程通信和信息管理局的一篇报告，用数据表明，在美国“宽带鸿沟依然存在”。

二、数字鸿沟的产生

数字鸿沟的产生，与信息化发展和普及程度有关，我们可以从实际构成数字鸿沟的影响要素来分析。主要有三：第一是信息接入的物质手段。信息主体是否拥有信息接入的物质手段，往往是测评数字鸿沟的起点。而信息接入的物质手段又可以细分为网络设施、终端设备和其他相关条件，比如电力供应的情况。第二，与信息接入的物质手段相对应的是信息主体的接入能力，这主要又包括两方面，一是技术能力，二是经济能力。前者是指信息主体是否拥有接入和应用信息技术手段的知识，即会不会用；后者则是指信息主体是否拥有接入和应用信息技

1 见汪向东主编：《中国：面对互联网时代的“新经济”》第十三章，三联书店，2003年第1版。

2 见韦路、张明新：“第三道数字鸿沟：互联网上的知识沟”，《新闻与传播研究》，2006年第4期。

术手段的财力，即是否用得起。第三，数字鸿沟的测评，还与信息主体接入和应用的信息资源有关，有无对于一定信息主体适用的信息资源，同样也决定着数字鸿沟的实际状况，比如，盲人上网，不仅需要适用的物质手段，而且需要适合他们接受的信息资源。

在我国农村，“村村通”工程要解决的是网络覆盖问题，“电脑下乡”要解决的是终端设备问题，而当地供电条件如果不好的话，即使解决了网络和终端，仍然无法正常接入。对农民进行计算机和网络知识培训，是要帮助他们提高相关的技术能力；而降低上网资费，保障普遍接入，是保证他们能够用得起互联网的必要措施；最后，没有适用的信息资源也不行。因此，调动各方面的积极性，努力开发适合“三农”的信息资源，对于缩小城乡数字鸿沟也是必不可少的。

另一方面，数字鸿沟又不仅仅是个技术问题，数字鸿沟的产生与经济社会发展水平和分布不平衡密切相关。经济发展水平低和社会资源分布的严重不平衡，是导致数字鸿沟的基本原因。因此，有研究者进而坚信，数字鸿沟与其说是一个技术问题，不如说更是一个社会问题。[1]以信息基础设施为例，国际组织和国外一些著名的调查咨询公司的许多研究表明：不少发展中国家缺乏对信息基础设施的投资，是造成他们的信息基础设施不能满足信息化需要，处于数字鸿沟落后一方的主要原因。除了这些发展中国家存在着认识上的差距外，客观上更主要的原因仍然是经济实力的欠缺。也有研究将经济社会发展欠发达的因素细分为：人文基础、科教投入、人才结构、风险投资规模等，由这些因素构造了形成数字鸿沟的因果链，从而认为贫富差距是“标”，数字鸿沟也是“标”，这些环节才是“本”。[2]

据美国《基督教科学箴言报》2010年11月17日报道，联合国公布了2010年度多维贫困指数，按照新的标准，全世界又有3亿人加入贫困者行列，全球贫困

---

1 Wenhong Chen & Barry Wellman，Minding the Cyber-Gap：The Internet and Social Inequality，http://homes.chass.utoronto.ca/~wellman/publications/cybergap/cybergap.pdf.

2 《数字鸿沟：世界各国面临的共同问题》，http://www.cas.cn/xw/zjsd/200906/t20090608_641834.shtml。

人口增长21%，超过17亿。配合联合国确定的第十四个“国际消除贫困日”的宣传材料称，全世界目前有长期遭受贫困和营养不良的人口8.54亿人，每天生活费不足1美元的极端贫困人口超过10亿人，每年死于与贫困有关疾病的儿童560万，喝不上清洁饮用水的城乡居民超过11亿人，连基本的卫生设施都没有的人口26亿人。[1]糟糕的是，全球贫困国家和人口的数量在不断增加中。据新华社报道，联合国下属的一家智库机构指出，全球最不发达国家数量过去三四十年间翻倍，而生活在贫困线以下的民众数量同样翻倍。年度报告显示，2002年至2007年期间，全球极端贫困人口每年增加300万，2007年增至4.21亿。另外，这些国家严重依赖粮食进口，“所耗费用从2002年90亿美元增至2008年230亿美元”。[2]

经济的落后，使得这些发展中国家在文化教育、科技水平方面都存在着较大的差距。在连食物、水、衣物、药品、电诸如此类最基本的生存条件尚不具备的情况下，这些地方的贫困居民根本无力问津信息通信设备。例如，世纪之交，非洲大陆只有1,400万根电话线，这个数字少于曼哈顿或者东京的数量，而且这些电话线的80%，还是集中在非洲的六个国家[3]。在亚非拉最贫困地区，经济科技的落后，导致资金匮乏、人才匮乏，导致电信基础设施和信息资源的匮乏。可见，不同的经济社会发展基础，是产生数字鸿沟的基本原因。

三、国际数字鸿沟与国内数字鸿沟

按数字鸿沟存在范围不同，人们可以把数字鸿沟分为国际间的数字鸿沟和国内不同群体间的数字鸿沟两种。

虽然世纪之交数字鸿沟问题引起国际社会的普遍关注，但事实上，经过近十

1 联合国:《全球贫困人口超过17亿》，http://www.ehornbill.com/ehcms/index.php?option=com_content&view=article&id=2467:17&catid=70:2010-01-19-16-20-13&Itemid=93。

2 《北京晨报》官网，2010年11月27日，http://www.morningpost.com.cn/xwzx/guoji/2010-11-27/85264.shtml。

3 《数字鸿沟——如何化危机为机遇》，来源网络。

年的发展，国际数字鸿沟的问题依然严重存在。据2005年信息社会世界峰会时国际电信联盟披露的官方数据，2004年，八国集团（G8）国家（加拿大、法国、德国、意大利、日本、俄罗斯、英国和美国）虽然人口只占全球人口的15%，但却拥有与世界其他非G8国家总数相近的互联网用户，分别为4.29亿和4.44亿。G8国家每两人中就有1个网民，而在非洲每100人中只有3个网民。[1]根据世界经济论坛发布的《2009—2010年全球信息技术发展报告》的数据，2008年，互联网在全球互联网普及率最高的国家的普及率已达到90%，而在最低的国家还不到1%。有35个国家的互联网普及率在10%以下，有相当一部分国家每百人的移动电话用户数不足10%。有的发达国家每万人互联网国际带宽达到7,400兆以上，而同时，仍有73个国家每万人的国际带宽在10兆以下。[2]

在我们亚太地区，据亚太经社委员会的数据，2000年至2007年间，一方面，移动电话用户快速发展，分别在南亚增加了近70倍，在中亚增加了40倍，在东南亚这个相对较为成熟的市场，也增加了近10倍；基数最低的不发达国家移动电话用户数量增长最为显著。但在同一期间，亚太国家在互联网接入方面的差距却在加大。新西兰、日本、韩国、新加坡和马来西亚是互联网接入率最高的五个国家，55%至80%的人口已联网；而缅甸、东帝汶、塔吉克斯坦、孟加拉国和柬埔寨则只有不足1%的人口接入互联网，是接入率最低的五个国家。亚太各国平均互联网接入率为20%。[3]

另据非盟委员会的数据，2005年至2008年，非洲的手机使用费用平均降低了20%，手机用户迅速从1.38亿增加到3.7亿，平均每百人中拥有手机的数量从15.6部增加到39部。但互联网宽带普及率极低，据联合国非洲经济委员会最近公布的数据，非洲人口约占全球人口的15%，但只有占世界5%的人口能够上

1 见ITU官方数据，http://www.itu.int/wsis/tunis/newsroom/stats/。

2 转引自工信部徐愈司长2010年在“信息革命与数字鸿沟”分论坛上的发言。

3 《亚太穷国与富国之间仍存在巨大的“数字鸿沟”》，见联合国主页2008年数据，http://www.un.org/chinese/News/fullstorynews.asp?newsID=10767。

网，同时非洲只有不到1%的人在使用宽带。其次是地区差距显著，互联网用户主要集中在南非等国家，而中非等国则严重落后，甚至那里有些人还不知道互联网为何物。[1]

在国内不同群体间的数字鸿沟方面，发达国家与发展中国家的情况并不相同。美国的研究报告目前关注的焦点是宽带鸿沟。如，美国国家远程通信和信息管理局的报告披露，2009年10月，美国有64%的家庭接入了宽带，而2007年时这一数据是51%。收入低于25,000美元的家庭，接入宽带的比率低于36%，而家庭成员主要赚钱者学历不到高中的家庭接入宽带的比率，则不到29%。分年龄组来看，家里主要赚钱者年龄在16-44岁的家庭，有71%装了宽带；而主要赚钱者年龄在65岁及以上的家庭，装宽带的低于40%。另外，2009年时仍有5%的家庭通过拨号接入互联网，而在2007年拨号接入的家庭为11%。[2]美国的数据表明，即便在这个最大的发达国家，不同群体间的数字鸿沟（主要表现为宽带鸿沟）依然存在。

欧盟的数据也更多反映了发达国家的特点。比如，据香港大学电信研究项目中心（TRPC）主任彼得·罗夫洛克（Peter Lovelock）博士2009年发表的一项研究，在欧盟27国，性别间的数字鸿沟非常小，数字鸿沟更多受年龄、受教育程度和收入水平的影响。在欧盟国家，农村并不意味着低收入，因此城乡间的数字鸿沟在绝对意义上差距不大，但在少数收入相对低的国家，如罗马尼亚，城乡数字鸿沟的影响就明显得多。[3]另据世界银行的一项研究，虽然在欧盟较富裕的25国中，接入宽带的人口高达93%，但欧盟27国的农村人口中，仍有30%未接入宽带。[4]

---

1 http://www.cnr.cn/allnews/201002/t20100203_505981848.html.

2 NTIA Report: Broadband Divide Still Exists, PC World, Nov 9, 2010. http://www.pcworld.com/businesscenter/article/210033/ntia_report_broadband_divide_still_exists.html.

3 Peter Lovelock, The Economics and Policy of Digital Divide., 2009年5月26日，北京。

4 Introduction to Plan Avanza 2, http://search.worldbank.org/all?qterm=digital+divide+urban+internet+2009&intitle=&as_sitesearch=&as_filetype=.

第二节　数字鸿沟与中国

一、国际数字鸿沟

（一）一般数字鸿沟[1]

应该指出，自20世纪80年代以来，我国在推进信息化的过程中，就一直非常关注并致力于信息通信技术的能力建设，其结果集中表现在信息基础设施和信息通信技术用户规模的长足进步上。据工信部电信发展年度报告上的数据，截至2010年年底，我国拥有11.53亿电话用户，其中移动电话用户8.59亿，移动电话普及率达到64.4/百人；网民4.57亿，其中宽带网民4.5亿，占网民总体的98.3%，互联网网民整体普及率达到34.3/百人。

从移动电话普及率的指标看，我国在缩小中外数字鸿沟方面尚有差距，不仅低于全球平均水平，也稍低于发展中国家平均水平。据国际电信联盟官方数据，2009年，我国移动电话普及率为56.3%，而发展中国家达到57%，全球移动电话普及率则为67%；2010年，发展中国家移动电话的普及率为68%，而全球的移动电话普及率为76%。

从互联网用户普及率的指标看，我国在国际上比较起来，缩小中外数字鸿沟

1　本节国际电信发展的数据，除专门注明者外，均见ITU World Telecommunication/ICT Indicators database。

的情况还是令人乐观的。据国际电信联盟官方的测算数据，2009年，全球互联网用户的普及率为26/ 百人，低于我国同期网民普及率28.9约3个百分点。2010年，全球互联网用户普及率为30/ 百人，低于我国同期网民普及率4.3个百分点。而同期，发展中国家互联网普及率的平均水平为21%。

不过，我国若与发达国家比较起来，移动电话和互联网的普及率差距还是相当明显。根据国际电联的官方数据，2010年，发达国家的移动电话普及率已达到116/ 百人的水平，趋于饱和；同时，互联网普及率，在发达国家则已达到71/ 百人的水平。我国的这两项指标与发达国家的水平相比，均为后者的一半左右。从分国别的数据来看，近年，我国的互联网普及率，不仅明显低于西方七国、北欧五国和亚太诸强，在“金砖四国”中，我们也仅高于印度，低于俄罗斯、巴西不到10个百分点。

表8.1　2008—2009年一些国家互联网普及率（%）[1]

	2008	2009	2010
西方七国			
加拿大	76.70	80.30	81.60
法国	70.68	71.58	80.10
德国	77.91	79.26	82.00
意大利	44.53	48.83	53.68
日本	75.40	78.00	78.20
英国	78.39	83.56	85.00
美国	74.00	78.00	74.00
北欧五国			
丹麦	85.02	86.84	88.72
芬兰	83.67	82.49	86.89
冰岛	91.04	93.46	95.00
挪威	90.57	92.08	93.39

1　表中数据摘自国际电信联盟信息通信技术指标数据库 ITU World Telecommunication/ICT Indicators database。

（续表）

	2008	2009	2010
瑞典	89.12	90.80	90.00
亚太诸强（除日本）			
澳大利亚	71.67	74.25	76.00
韩国	80.99	81.60	83.70
新西兰	72.03	79.70	83.00
新加坡	66.38	68.29	71.00
中国台湾地区	65.84	69.90	71.50
中国香港地区	66.70	69.40	72.00
“金砖四国”			
巴西	33.83	39.22	40.65
俄罗斯	26.83	29.00	43.00
印度	4.38	5.12	7.50
中国	**22.60**	**28.90**	**34.30**

国际电信联盟另有一项分国别的信息社会发展的测度研究，更具有直观的效果。它是利用包括信息通信技术获取、使用和技能等方面的11个指标组成“信息通信技术发展指数（IDI）”，来测度2007—2008年各国家和地区信息社会的发展水平。在此研究覆盖的159个经济体中，我国以3.23的分值，排在第79位，而高于我国得分一倍以上，即分值在6.46以上的经济体有21个。

（二）宽带鸿沟

若从宽带发展来看，我国与国际上信息化领先国家的差距更令人瞩目。中外宽带鸿沟主要表现在以下几个方面：

1.“宽带不宽”

2011年1月，中国互联网信息中心发布第27次统计报告时加进了网速测试数据，结果表明“宽带不宽”的问题明显存在。此次测试采用互联网数据中心电话访谈方式进行，模拟访问了中国20家主流网站首页，获得的结果是：“虽然我国宽带普及率已经高达98.3%，但是全国平均互联网平均连接速度仅为100.9千比特每秒（Kbps），远低于全球平均连接速度（230.4千比特每秒）”[1]。

中国互联网信息中心的分析师孙秀秀在自己的分析文章中指出：“尽管中国各地区互联网主流宽带已是1兆、2兆或4兆的容量，但访问目标网站时，仅仅能达到100.9千比特每秒的速度。”另外的问题是发达地区宽带不发达，“北京、上海和广东是中国三个公认的互联网发展较好的地区”。但是，“却只分别排在第10位、第13位和第31位。中部省份河南、湖南和河北却位列前三甲”。她认为，出现这种情况的原因，一方面是受到目标网站速度限制，另一方面是地区间宽带不宽的影响。[2]

另据阿卡迈（Akamai）公司关于2010年第四季度的报告，我国平均网络带宽为1兆比特每秒（Mbps），远远低于许多发达国家和信息化领先国家的水平，比如，美国和瑞典（5.1）、挪威（5.2）、丹麦（5.3）、比利时和加拿大（5.5）、瑞士（5.6）、捷克（5.7）、荷兰（7）等是我国平均网络带宽的5—7倍，而亚太地区的日本（8.3）、中国香港（9.4）、韩国（13.7）是我国平均网络带宽的8—13倍以上。同时，我国网络高峰连接速度为3.7兆比特每秒，明显低于全球网络平均高峰连接速度，后者是8.8兆比特每秒，其中，高峰网速为我国3倍以上的有奥地利、法国、意大利、西班牙、澳大利亚、新西兰、以色列、智利；4倍以上的有捷克、丹麦、芬兰、德国、爱尔兰、挪威、英国、新加坡；5倍以上的有荷兰、瑞典、瑞士、中国台湾、加拿大、美国；6倍以上的有比利时（22.8）、葡萄牙（23）；7倍以上的有阿联酋（27.2）；8倍—10倍以上的有日本（30.5）、韩国（32.3）、中国香港地区（37.9）。

另据该机构的测试数据，高于2兆比特每秒网速连接的IP地址，我国仅占8.1%，欧盟国家则在64%—90%以上，亚太互联网发达国家与地区在52%—

1 见中国互联网信息中心第27次统计报告。

2 http://www.20ju.com/content/V158768.htm.

93%，中东及拉美多数国家在25%—60%，美国和加拿大分别为75%和88%；高于5兆比特每秒网速连接的IP地址，我国仅占0.3%，欧盟国家多在20%—40%（荷兰为56%）。亚太的情况差异较大，日本为58%居全球之首，中国香港地区为56%，韩国为49%，澳大利亚、新西兰、新加坡和中国台湾地区为12%—29%，马来西亚也以1.9%为我国的6倍以上，中东和拉美国家中最高的阿联酋为27%，委内瑞拉（0.2%）低于我国，埃及与我国同为0.3%，其他均高于我国数倍或数十倍以上，北美的加拿大和美国分别为41%和36%。详见下表。

表8.2　中外宽带连接速度对比数据（2010年第四季度）

国家／地区	平均连接速度 Mbps	高峰连接速度 Mbps	高于5Mbps（%）	高于2Mbps（%）	低于256Kbps（%）
欧洲					
奥地利	4.1	14.3	21	69	0.4
比利时	5.5	22.8	47	90	0.3
捷克	5.7	18	38	91	0.2
丹麦	5.3	16.2	40	87	0.5
芬兰	4.8	15.6	30	64	0.6
法国	3.5	13.8	12	77	0.4
德国	4.4	16.7	23	88	0.7
希腊	3.4	16.2	8.2	80	1.1
爱尔兰	4.9	16.2	23	76	2.4
意大利	3.4	14	10	83	1.1
荷兰	7	20.6	56	90	0.6
挪威	5.2	17	32	81	0.8
葡萄牙	4.8	23	34	84	0.3
西班牙	3	14	7.6	71	0.8
瑞典	5.1	18.9	29	67	1.3
瑞士	5.6	19.2	33	92	0.6
英国	4.3	16.1	22	87	0.7

（续表）

国家 / 地区	平均连接速度 Mbps	高峰连接速度 Mbps	高于 5Mbps（%）	高于 2Mbps（%）	低于 256Kbps（%）
亚太地区					
澳大利亚	3	12.6	12	52	4
中国	1	3.7	0.3	8.1	9.6
中国香港地区	9.4	37.9	56	93	0.4
印度	0.8	5.1	0.4	4.5	35
日本	8.3	30.5	58	80	1.4
马来西亚	1.3	8.1	1.9	9.9	4.7
新西兰	3.4	14.1	13	77	5.1
新加坡	3.1	15.4	18	54	12
韩国	13.7	32.3	49	87	0.3
中国台湾地区	4.8	19.3	29	79	0.6
中东					
埃及	0.7	5.2	0.3	2.7	9.8
以色列	3.6	13.7	8.2	82	0.2
科威特	1.5	9.9	1.6	18	3.7
沙特阿拉伯	2	7.7	1.4	37	0.7
叙利亚	1.9	3.9	5	45	25
阿联酋	4.2	27.2	27	48	7
拉丁美洲					
阿根廷	2.1	10.5	5.2	33	2.7
巴西	1.7	7.9	3.9	28	12
智利	2.5	12.4	4.1	57	0.7
哥伦比亚	1.9	9.1	0.8	40	1.5
墨西哥	1.8	8.2	0.9	25	1.5
秘鲁	1.6	8.7	0.7	26	1.7

（续表）

国家 / 地区	平均连接速度 Mbps	高峰连接速度 Mbps	高于 5Mbps （%）	高于 2Mbps （%）	低于 256Kbps （%）
委内瑞拉	1	5	0.2	5.2	10
北美洲					
加拿大	5.5	19.5	41	88	1.6
美国	5.1	20.3	36	75	2.5

来源：Akamai, The State of the Internet, 4th Quarter 2010 Report。

2012年初，阿卡迈继续发表2011年第三季度全球互联网报告，指出世界平均互联网速率同比提升了39%，达2.7兆比特每秒，而中国大陆平均网速为1.4兆比特每秒，仍远低于世界平均水平，排在全球第90位。在就此事接受新华社记者采访时，中国社科院信息化研究中心主任汪向东教授指出，阿卡迈的报告传递出三层信息：一是从纵比来看，中国大陆的平均网速排名从2010年第二季度的全球117位上升至90位，排名在前进；二是从增长速度来看，中国大陆的平均网速从2010年第二季度的每秒0.9兆比特增至每秒1.4兆比特，增长速度相对还是比较快；三是从横向来看，全球第90位的排名毕竟很落后，仅从亚太地区来说，除了远远落后于韩国（16.7兆比特每秒）、日本（8.9兆比特每秒）、新加坡（4.5兆比特每秒）等国家，即使和泰国（3.4兆比特每秒）、马来西亚（1.9兆比特每秒）等相比也是落后的。这和目前中国在国际上的经济地位、政治地位等并不匹配。中外之间客观上存在着相当明显的宽带鸿沟。

2. 高速宽带普及率较低

我国虽然近年宽带入户发展速度较快，但从人口和家庭宽带普及率来看依然不高。据我们收集的数据，2008年，我国宽带普及率为6.29%，比2007年年底提高了1.4%；然而，与日本、韩国、中国香港等发达国家和地区的宽带普及率至少相差15个百分点。2008年，我国宽带家庭普及率为20%，不及经合组织30个国家家庭普及率（51%）的一半[1]；2009年，人口的宽带普及率仅为经合组织国家的30%[2]。

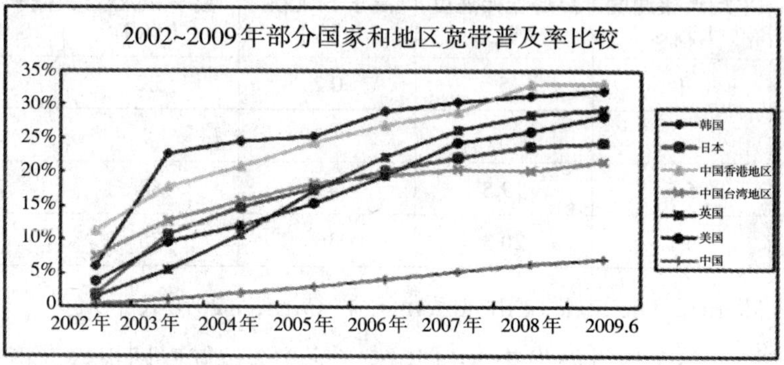

图 8.1 宽带普及率国际比较[3]

3. 宽带接入价格偏高

宽带价格水平居高不下，会直接影响信息化的总水平。国际电联的研究表明，信息通信技术的总水平与信息通信技术价格之间，存在明显的负相关关系。也就是说，信息通信技术价格高者，其信息通信技术水平相对较低；而信息通信技术价格低者，其信息通信技术水平相对较高。国际电联的实证数据也表明，对宽带来说，在穷国更贵，在富国便宜，是一种普遍现象。2009年，发达国家和发展中国家之间的宽带价格差距十分明显（按购买力平价计算，宽带接入月平均价格分别为28美元和190美元）。在发展中国家，宽带接入仍然是最昂贵且价格可承受性最差的一项信息通信技术服务。

根据国际电联2009年的数据，亚太区域固定宽带分价格指数的价格占收入的46%，而在美洲和独联体区域，该百分比约为10%。欧洲的固定宽带服务价格水平不到平均月收入的2%，这是迄今为止固定宽带服务价格最低的地区。

在国际电联的报告《衡量信息社会发展（2010）》中，研究者对161个经济体2008—2009年的信息通信技术综合价格指数和分价格指数进行了测算。中国

1 贾辉、梁平："我国宽带接入网发展的国际比较"，《通信世界》2009年34期。

2 邬贺铨："从战略高度推动中国宽带化发展"，《中国信息化形势分析与预测（2010）》。

3 数据来源：《2009—2015中国宽带接入市场预测》。

信息通信技术综合价格指数排位在第七十五位，比前两年有所上升。但从分价格指数的情况可以看出，排位上升主要得益于电话，宽带价格还是拉了后腿。

2010年，国家信息中心信息化研究部发布的《中国信息社会发展报告2010》称，中国上网不仅速率低，而且价格高。2008年，我国上网接入速率约为1 .8兆比特每秒，远远低于日本的63兆比特每秒，韩国的40兆比特每秒以及中国香港的20兆比特每秒。2008年，中国宽带用户平均月资费83.8元。如果考虑到收入差距的话，2008年韩国人均国民收入是我国的6.9倍，这意味着我国的宽带资费水平相当于韩国的124倍。[1]电信领域的专家不同意国家信息中心的算法，分别用实际资费、实际资费/人均GDP、购买力平价三种方法计算，认为我国宽带的价格，分别是韩国的1.9倍、14倍和2.4倍。著名电信专家杨培芳认为，中国宽带的价格用绝对值比较，大致是韩国的10倍左右。运营商则辩解，中国的宽带价格比欧美发达国家“便宜很多”。[2]

二、国内数字鸿沟

自20世纪90年代以来，我国信息化虽有显著进展，但国内不同地区之间、城乡之间、不同群体间的信息技术应用水平和网络普及程度发展很不平衡，尤其是城乡数字鸿沟有扩大的趋势，成为影响社会和谐发展的重要因素。

（一）地区间的数字鸿沟

地区间数字鸿沟主要体现为我国东部、中部和西部地区之间信息通信技术拥有及应用上的差距。政府官方的数据表明，“十五”末期，我国东部地区城市居民每百人固定电话用户数、手机用户数、互联网用户数和百户家庭计算机拥有量，分别约为中、西部地区的1.8倍、4.3倍、2.1倍和1.8倍。而截至“十一五”末的2010年，全国移动电话普及率为64.4部/百人，其中东部省份的移动电话普及率为82.8部/百

1　见2010年8月11日《经济参考报》报道。

2 《中国宽带费是韩国124倍 运营商称比欧美便宜很多》，http://club.china.com/data/thread/1011/2716/94/23/3_1.html。

人，西部省份为55.5部/百人，中部省份为51.7部/百人，东部省份仍分别为西部和中部地区1.5和1.6倍。[1]

从网民普及率来看，据中国互联网络信息中心的数据，2007年12月，东部地区网民占全部网民的比例超过一半，达到58.5%；而中部和西部地区网民却分别只占总数的23.3%和18.2%；到2009年年底，我国东、中、西部网民占全部网民的比例，变化为57.8%、22.1%和20.1%。另从部分省市的数据来看，也能明显看出这种区域间的差异。2007年，北京、上海、广东三地的网民普及率已经高达46.6%、45.8%、35.9%，而安徽、贵州、甘肃的网民普及率只分别达到9.6%、6.0%、8.4%；到2010年年底，北京、上海和广东网民普及率仍居前三位，分别为69.4%、64.5%和55.3%，而位居后三位的云南、江西、贵州的网民普及率分别为22.3%、21.4%和19.8%。[2]这些数据表明，尽管近年我国地区间网民普及率的差距有所缩小，但高低相差仍有3倍半之多，地区间的数字鸿沟依然明显。

其他一些互联网指标的差异，进一步揭示了地区间的数字鸿沟。北京、广东、上海、浙江四个省市的网站数量2007年占全部网站数量的53.7%，域名数量占全部域名数量的比例也高达51.6%；到2010年年底，以上数据稍有下降，分别为50.7%和51.6%，仍占全国的半数以上。另外，中国IPv4地址的地域分布也存在严重不均衡现象，以上四省市占全国40%以上。而且从变化趋势上看，以网民和上网资源表示的地区间数字鸿沟差距改变很小。

（二）城乡间的数字鸿沟

我国城乡间的数字鸿沟多年来一直显著存在。一方面，国家为发展农村信息通信，消除城乡数字鸿沟，加强信息基础设施建设，大力推进“村村通”工程。截至2010年底，“十一五”农村通信发展规划的“村村通电话、乡乡能上网”的目标全面实现。据工信部公布的电信发展报告，全国范围内100%的行政村通电话，100%

1　分别据信息产业部、工信部发布的不同年份的官方数字计算。

2　此处及本节以下所用数据，除特别注明出处以外，均根据中国互联网信息中心相关年份的报告。

的乡镇通互联网（其中98%的乡镇通宽带），94%的20户以上自然村通电话，全国近一半乡镇建成乡镇信息服务站和县、乡、村三级信息服务体系。此外，已有19个省份实现所有自然村通电话，75%的行政村基本具备互联网接入能力。但另一方面，城乡差距仍然明显。以固定电话为例，2010年，尽管城乡固定电话数量都在下降，全国固定电话用户仍有29,438万户之多。其中，城市固定电话用户下降更快，仍有19,662万户；农村固定电话用户为9,776万户。[1]可见，虽然我国农村人口约占70%，农村固定电话用户数却仅占全部用户的1/3。

从网民普及率来看，近年，城乡间网民普及率的差异呈不断拉大的趋势，中国互联网信息中心的分析师孟凡新在《中国城乡互联网数字鸿沟缘何拉大》一文中，提供了自2005年底到2010年中城乡互联网普及率的变化情况，其中，城乡互联网普及率的差距从14.3个百分点，拉大到34.2个百分点，分别代表城乡互联网普及率变化的两条折线，形成明显加大的喇叭口状态，如下图所示。

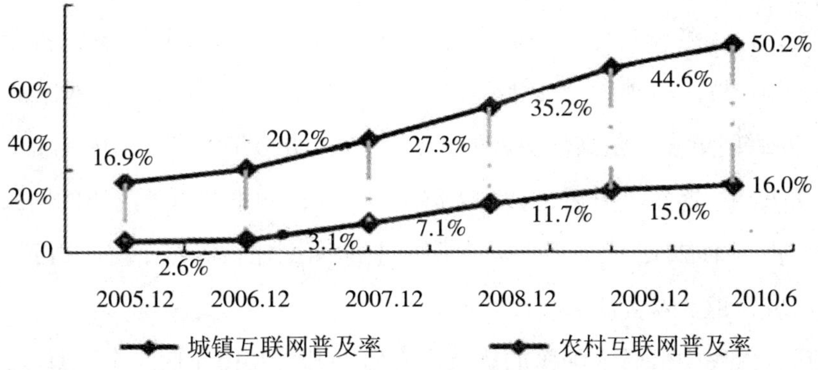

图8.2　中国城乡互联网普及率差异变化（2005.12—2010.6）

这种情况说明，虽然近年农村网民也有快速增长，但由于城市网民增长得更快，结果使得城乡数字鸿沟不仅没有减小，反而有扩大的趋势，以致到2010年年底，我国网民中，农村网民仅占27.3%，城镇网民占到了72.7%。可见，在我国，城乡间以网民普及率为指标的数字鸿沟还是相当显著的。

1　工信部2010年电信发展报告。

（三）其他方面数字鸿沟的变化情况

首先，我国网民性别鸿沟逐步缩小。2005年底，我国男性网民总数6,516万人，占全国网民比重为58.7%；我国女性网民总数4,584万人，占全国网民比重为41.3%。到2010年底，我国网民总数增长到4.57亿，两性网民所占比重变为：男性网民为55.8%，女性网民为44.2%。尽管网民性别比重还存在一定差距，但是较之互联网发展之初已有明显改善。总体上看，我国现在的性别数字鸿沟已不是十分明显，与发达国家情况基本相似。而且，在电子商务领域，一些积极的现象逐渐呈现出来，女性网民在电子商务发展中的地位和作用越来越多地显现出来。

其次，网民的年龄鸿沟也在改善中。2005年，30岁及以下的网民在总网民中占达高达71%，30岁以上的网民占比不到30%；到2010年，30岁以上各年龄段的网民占比均有所上升，特别是40—49岁和60岁以上两个年龄段，五年间在总网民中的占比上升了一倍多。30岁以上网民整体占比，上升至41.8%。

再次，网民的学历结构不断优化。2005年时，初中及以下网民占全部网民的比重为16.2%，高中（中专）网民比重为30.2%，大专及以上网民的比重占53.6%，互联网更多还是高学历者的工具。到了2010年年底，高中（中专）学历的网民比重经过连年上升后，首次下降到35.7%；初中及以下学历的网民比重继续上升，占到41.2%；大专及本科学历以上的网民比重继续下降，占到23%强。互联网已成为越来越多低学历者的工具。

最后，网民中低收入网民的比重也有所上升。2010年底，个人月收入在500元以下的网民占比从上年的18%上升到19.4%，月收入在501—2,000元的网民群体占比也从41.7%上升至42.8%。同时无收入群体的网民，也从10%降低至4.6%。

以上数据表明，近年国内的数字鸿沟依然存在，虽然在某些方面得到了改善，但地区鸿沟差异显著且改变不大，特别值得重视的是本来就相当明显的城乡数字鸿沟的进一步拉大。数字鸿沟的存在，不利于和谐社会建设，因此，有必要把缩小数字鸿沟与构建和谐社会的任务结合起来，在战略上和政策上统一做出安排。

第三节　建设和谐社会必须缩小数字鸿沟

在信息化的时代背景下，数字鸿沟及其变化，必将作用于所关涉利益主体的生存与发展状况，进而改变未来不同主体间的力量对比格局和社会结构。建设和谐社会，必须着力缩小数字鸿沟。

一、要充分认识数字鸿沟“马太效应”的危害

随着信息化建设与应用的不断发展，数字鸿沟直接关系到竞争者未来的竞争能力和地位。直观来看，数字鸿沟反映的是信息资源分配和人们获取和利用信息资源能力的严重不平衡。如果说在此前的社会形态下，物质资源和能源非常重要，那么，随着人类社会进一步向着信息社会和知识经济的方向发展，信息资源的重要性明显提升，当事主体对于信息资源的获取、拥有和利用能力，必将在未来的市场竞争、社会生产和财富分配中起到更具决定性的作用，也势必越来越多地影响当事主体未来的竞争能力，进而影响到社会财富的生产能力和分配格局。

不少有识之士指出，数字鸿沟是因经济财富与社会资源分配不公造成的，如果听任数字鸿沟扩大，它就会通过加剧竞争力能力的两极分化，产生“马太效应”，进一步加剧经济财富与社会资源分配的不平衡，让富者更富，贫者更贫。

数字鸿沟对于财富资源分配具有“马太效应”。这在国内外许多实证研究中，已经得到证明。有研究指出，自从信息经济盛行以来，南北之间的差距进一步拉

大，广大亚非拉发展中国家还远远不能享受到信息经济带来的好处。而世界范围内的国内贫富差加剧分化是新现象。格林斯潘称当前的两极分化程度是自20世纪20年代以来最严重的，许多国家（包括中国）的贫富差距已经突破了合理的限度。[1]另有研究数据显示，几乎所有互联网接入普及率非常低的非洲国家，都是那些在健康、教育和收入方面最不发达的国家。这表明在全球社会两极分化与数字鸿沟之间存在着某种联系。该研究将51个非洲国家的互联网接入及“人类发展指数”的数据进行相关分析，结果二者相关系数为 -0.733，意味着具有较高的相关性。[2]

这种“马太效应”是通过技术和非技术资源分布双重失衡的机制形成的。从技术资源分布方面来说，那些信息和网络技术方面具有明显优势乃至垄断地位的一方越是发展，相对应的弱势的一方就往往要花更高的成本来引进技术。在技术进步周期不断缩短的情况下，落后一方的技术跟随更加困难，这样，技术差距就会被越拉越大。从非技术资源分布方面来说，优势一方拥有较高的收入水平和教育程度，只需花费自己收入中很少一部分就可以享用信息技术带来的便利，而且较容易跨越应用上的文化障碍。相反，弱势一方接入信息网络和信息资源的成本在其平均收入中占了更大的比重，受教育水平和文化程度上的差距进一步加大了他们应用信息技术的难度。再考虑到信息网络本身具有的外部性特点，网络联结的节点越多，越有利于降低成本，提高整体的效能，反之，节点越少，单个节点的成本越高，网络整体的效能越差。技术和非技术资源分布的失衡，造成联合国报告指出的网络社会存在的两套信息系统并存的状态：一套存在于富国，它们越是富裕，越能以低成本、高速率，获得丰富的信息；而另一套存在于穷国，它们越是贫困，越是要花更高的成本，以更慢和更不稳定的网络获取信息，更多人被阻隔于其外，依靠过时的信息进行活动。在一国内部，城乡数字鸿沟、地区数字鸿沟也有类似情况。

数字鸿沟作用于社会资源结构失衡的途径，往往是通过不同群体能力上的

---

1 http://finance.ifeng.com/opinion/hqgc/20110119/3237678.shtml.

2 Christian Fuchs & Eva Horak: Africa and the Digital Divide, 2008, Available online at www.sciencedirect.com.

"马太效应"来实现。这不仅体现在国际数字鸿沟上，也体现在国内数字鸿沟上。处于数字鸿沟优势方的社会群体，可以通过依靠他们所拥有的较强的信息能力，获得更多的资源，从而进一步强化自身的竞争能力，取得较高的收入；而处于数字鸿沟劣势方的社会群体，由于不拥有或拥有较弱的信息能力，则在信息化的背景下陷于更加不利的竞争地位，甚至有可能陷入一种恶性循环的境地。

二、以包容性政策突破机会不平等的限制

数字鸿沟的"马太效应"，除了反映了不同主体在竞争能力上的两极分化，还反映出同场竞技的不同群体拥有着越来越不平等的发展机会。对此，如果缺乏有力的政策干预和引导，这种机会分布的不平等，就会加快信息弱势方的贫困化和边缘化。

机会的贫困，是广义贫困的组成部分。例如，世界银行在2000/2001年度的《世界发展报告》中就对贫困给出了广义的定义，即：贫困是指福利的被剥夺状态。贫困不仅指物质的匮乏，而且还包括低水平的教育和健康。除此之外，贫困还包括风险和面临风险时的脆弱性，以及不能表达自身的需求和缺乏参与机会，具体包括政治、社会、经济、人类、保护五个方面。联合国前任秘书长安南也曾把基本电信手段和信息能力，比作工作、住房、食物、健康条件和饮用水等起码的生活保障，认为对于不发达国家和社会的弱势群体而言，基本信息能力的缺乏作为一种贫困，已经和那些生活保障条件的缺乏一样值得重视，它不仅会影响目前的生活，并且还会因此减少未来发展的机会。[1]而美国联邦通信委员会主席朱利叶斯·格纳考斯基（Julius Genachowski）则说"数字鸿沟是一个机会鸿沟——如果你不能上网，你就不能在数字经济中竞争"。[2]

1 http://news.sohu.com/52/36/news144393652.shtml.

2 见 the PC World report Nov 9, 2010, "The digital divide is an opportunity divide— if you can't get online, you can't compete in the digital economy", http://www.pcworld.com/businesscenter/article/210033/ntia_report_broadband_divide_still_exists.html。

国外还有研究指出，数字鸿沟视角下的社会，已呈现出社会不同群体在发展能力和发展机会上的分层化。例如，范·戴克（Van Dijk）认为，在结构不平等的网络社会中，信息、知识和权力具有集中的趋势，加剧了物质与非物质资源分化的“马太效应”。这种趋势不断演化的结果，是越来越多的人将会很难拥有在某些劳动岗位、教育方面的平等机会，更少拥有政治和社会参与的机会，甚至完全被边缘化，即被排除在特定的社会领域之外。从而，整个社会呈现出分层化状态，形成第一、第二和第三等级的公民、消费者、工人、学生和社区成员。[1]另有实证研究表明，范·戴克笔下的网络社会分层结构造成的机会不平等，在发展中国家表现得比在发达国家更加明显。[2]

深入观察，人们不难发现数字鸿沟、机会分布、信息能力与发展境遇之间的作用机理。对于数字鸿沟劣势一方来说，他们缺乏参与经济、政治、文化发展和技术进步的机会，是由于缺乏信息资源和掌握信息资源的能力造成的。首先，经济、政治、文化发展和技术进步的机会，是一种信息的存在。因此，发现机会，首先需要当事主体具备在信息的海洋中掌握相关信息和辨识信息的能力。其次，发展机会的确认，需要通过信息交流。及时和顺畅的信息沟通，是当事主体借以把握发展机会的必要条件。再次，信息化、全球化的发展，不仅使得世界日益融为一体，而且推动着世界加速变化。在此背景下，一些参与发展的机会，比如市场机会，往往更显得稍纵即逝。这就要求当事主体在寻找发展机会时，对于相关的信息具有更高的敏感性，而这种敏感性本身就是一种信息能力。第四，在信息爆炸的今天，真假信息往往鱼龙混杂难以分辨，人们要把握发展机会，还必须具备对信息的分析与判别能力。最后，参与发展的机会，还与是否熟悉和遵循相关的游戏规则相关。对于弱势群体而言，由于缺乏信息能力而带来较少参与发展的机会，结果造成对相关的游戏

1 Van Dijk, J., 2006. The Network Society. Social Aspects of New Media, second ed. SAGE, London.

2 Christian Fuchs & Eva Horak: Africa and the Digital Divide, 2008, Available online at www.sciencedirect.com.

规则及其变化更为陌生，则有可能进一步恶化他们参与发展的条件，从而被边缘化，即被排斥在发展的主流之外，陷入恶性循环的境地。

因此，人们普遍认为，信息通信技术应用的不足，不仅本身就体现了贫困，而且还将加剧弱势群体的贫困，比如机会的贫困、效率的贫困、规避风险的贫困；反之，增加信息通信技术的应用，则有利于贫困人口的减贫，这种减贫不仅仅是经济意义上的减贫，还有更多的政治、社会和保护意义上的减贫。[1]而针对弱势群体被边缘化的威胁，西方国家较早提出“社会包容”的目标，在信息化的背景下，进而强调缩小数字鸿沟，让弱势群体通过应用信息通信技术实现广泛的社会包容，即电子包容。

国际社会对于弱势群体缺乏信息能力带来的危害性其实早已了解，并且也一直特别重视以信息通信技术应用助力弱势群体的反贫困事业。1984年，国际电信联盟著名的“美特兰报告”——《缺失的环节》，是早期强调通过发展电信基础设施应用促进发展中国家开发和减贫的重要文献。1994年和1995年，世界银行连续两年的报告都提到了IN4D（Information for Development的缩写，即利用信息促进发展），1995年还专门设立了名为InfoDev的基金。世纪之交，数字鸿沟加剧贫富差距的问题更是强烈触动了各国发展战略决策者们的神经，强调将信息通信技术用于减贫成为国际上热议的主题和许多人的共识。自2003年哈佛大学世界发展研究中心举办“信息通信技术与减贫”大会以来，信息通信技术促进发展和信息通信技术用于减贫的概念很快流行起来。联合国2003年、2005年两次召开信息社会世界峰会，明确指出“要坚定不移地赋予穷人，特别是生活在边远地区、农村和边缘化城区的穷人，获得信息和使用信息通信技术的能力，使其借此摆脱贫困”。[2] 2007年，联合国贸发理事会发布名为《信通技术和电子商务促

1 R. Spence IDRC ,*Information and Communications Technologies*（*ICTs*）*for Poverty Reduction: When, Where and How?* July 18, 2003.

2 联合国信息社会世界峰会的《原则宣言——建设信息社会，新千年的全球性挑战》，第十四条。

进发展》的报告，以专门篇幅论述了信息通信技术与电子商务在减贫中的巨大作用，建议发展中国家的政府重视应用信息通信技术，并从国际信息化与电子商务应用中获益，重视开展对包括扶贫政策在内的信息化政策进行评估。[1]这非常值得我国在政策设计中加以借鉴。

三、缩小数字鸿沟，减轻社会和世界的失衡

从建设和谐社会、和谐世界的观点看待数字鸿沟，我们不难发现数字鸿沟是加剧社会失衡和世界失衡的不利因素，进而成为信息时代的不和谐因素。

社会失衡、世界失衡的加剧，显然是不利于社会和世界和谐的。以世界失衡为例，近年，我国在国际上许多场合积极主张建设和谐世界。根据权威解释，"'建设和谐世界'的核心是'和谐共处'。'和谐共处'相对于'和平共处'，是'更上一层楼'了。它不仅要求维护和平，实现'和平共处'，而且要超越和平，促进和睦、合作和共同繁荣，实现'和谐共处'"。[2]要实现和谐，离不开多边主义的集体安全机制来防止冲突和战争，离不开互利共赢的合作关系，离不开多元包容的精神和有效的交流与对话，等等。[3]总之，和而不同的国家之间要保持一种良性、稳定的平衡与互动状态，才能促进和睦、合作和共同繁荣。

从国际竞争的视角来看，随着数字鸿沟进一步拉大，南北方国家间在国际市场上的不平等地位进一步强化所形成的"马太效应"，必然会增加世界的不安定因素。北方发达国家在信息能力和网络利用上的优势，进一步成为巩固它们竞争地位的有力工具；而对于南方发展中国家来说，跨越互联网时代的数字鸿沟是对它们竞争能力的新的考验。一些发展基础较好、应对措施得当的发展中国家，可能会发挥后发优势取得跨越性的进步；而一些基础薄弱、应对不当的发展中国家

---

1 见《中国经济年鉴》，2007。

2 http://news.xinhuanet.com/ziliao/2006-08/24/content_5000866.htm.

3 张建：《人类追求和谐的脚步》，http://news.xinhuanet.com/world/2006-08/23/content_4993067_3.htm。

便会因数字鸿沟的存在，进一步落后于世界并且加大自己赶超先进国家的难度。贫富越是分化，就越难形成良性、稳定的平衡和互动状态，越难实现和睦、合作和共同繁荣。既然数字鸿沟已成为互联网时代进一步拉大南北差距的重要因素，成为国际关系中的一个新的不稳定不和谐的因素，国际社会就应当努力缩小数字鸿沟。

同样，国内数字鸿沟的存在与扩大，也会加剧社会的失衡，不利于和谐社会建设。贫富两极分化，会让贫困一方产生挫败感和被排斥感；数字鸿沟带来的机会不平等，会让人质疑社会资源分配的公平正义性。当两极分化超越一定的界限，社会矛盾和社会冲突就会上升，且难以形成良性沟通、互信共融的合作关系。

数字鸿沟加剧社会失衡，其实对谁都没有好处。数字鸿沟引致的社会动荡，不仅不利于信息劣势一方，而且也不利于信息优势的一方。因此，无论从国际社会，还是从国内来说，重视通过缩小数字鸿沟促进和谐发展，已成为各方人士的一种共识。特别值得我们高度关注的是，我国的贫富两极分化，事实上已经成为威胁社会和谐的重要因素，在社会转型与矛盾凸显的历史背景下，数字鸿沟的扩大更应引起社会的高度关注。要构建和谐社会，就必须努力缩小数字鸿沟。

四、缩小数字鸿沟任重而道远

变数字鸿沟为数字机遇，是进入新世纪以来，国内外相关领域的决策者们反复强调的政策着力方向。其基本的政策含义是要充分利用信息通信技术具有的正面效应，通过一系列政策手段和资源配置，更快地提高信息弱势一方的信息能力，缩小他们与信息优势一方的数字差距，使他们拥有更多的发展机会，从而改善贫富两极分化的状态，实现包容性发展和共同进步。

然而，实践表明，变数字鸿沟为数字机遇并非易事，缩小数字鸿沟任重而道远。

首先，缩小数字鸿沟需要较多的资源投入。处于数字鸿沟弱势地位的一方，克服自身的信息弱势，往往面临更大的挑战，需要克服更多的困难。既然数字鸿沟的形成与当事各方的经济文化等发展条件有关，那么，信息弱势方可以用于改善自身信息地位的资源往往是有限的。而且，要缩小数字鸿沟还需要他们加快发展速度，这往往又意味着需要为此投入更多的资源。考虑到信息通信技术当前仍处于不断快速更新换代的阶段，这就进一步加大了信息弱势方缩小数字鸿沟的难度。

其次，缩小数字鸿沟需要信息弱势一方对信息化持有正确的认识，在短缺资源的约束下调整自己的目标取向。无论国内国外，在一般情况下，低收入群体经常会把改善物质生活条件放在提高信息能力之上，作为更为优先考虑的问题。例如，现阶段全球性最大的挑战是如何消除贫困，对于贫困人口，在有限的经济收入条件下，他们往往会把解决温饱问题放在第一位。国内的扶贫也是如此，扶贫要致力于解决贫困人口的营养、教育、卫生条件、水、住房等多方面的生活条件，改变他们信息能力缺乏的状况，只是要解决的问题之一。事实上，信息化扶贫经常看不到明显的效果，从而，在一些地方这又反过来成为难以克服数字鸿沟的原因。从道理上讲，那种先满足生活温饱的基本需要，后发展信息能力的政策选择，只会使得信息弱势方的发展之路越走越窄，发展的机会越来越少，因此是不利的。对于弱势群体，提高信息能力和改善其他生活条件，二者应该兼顾。尽管理论上如此，但在现实中找到以信息化脱贫致富的门路，通过信息能力的提升带来实际的好处并非易事。

第三，缩小数字鸿沟需要形成多方参与，各方良性互动的关系。这也不是一件容易完成的任务。比如，要解决国际数字鸿沟问题，就需要调整和改变现有的国际秩序。现实的国际经济秩序主要是由北方发达国家制定的，发达国家凭借其强大的经济技术优势，利用贸易和投资等手段，控制和剥削南方国家。特别是在信息技术更新周期不断缩短的情况下，发展中国家很难使本国的研究与开发跟上信息科技进步的节奏，发达国家对先进技术的控制使南北国家数字鸿沟越拉越大。另外，与互联网相关的规则几乎完全是由西方国家，尤其是由美国制定和主导的，发展中国家根本没有什么发言权。以美国为代表的发达国家在互联网领域制定了一些不合理的规则，迫使发展中国家就范。因此，要缩小数字鸿沟，就需要首先缩小南北国家间的技术差距，发达国家就应该抛弃技术垄断的立场，以更开明的态度向发展中国家进行技术转让。发展中国家也应该努力通过自力更生和国际协作冲破发达国家的技术垄断，否则，数字鸿沟就不可能缩小。[1]解决国内数字鸿沟问题也同样需要相关利益主体共同参与制定游戏规则，在此基础上形成新的利益平衡和良性互动的关系。这在本质上是一种难度极大的利益调整和博弈过程。

最后，缩小数字鸿沟还需要探索一系列行之有效的方法。毕竟要使信息弱势一方实现长期稳定和快速的信息化发展，需要在国内外、地区内外形成可持续发挥作用的条件，如建立透明的前后一致的法律框架与规则框架、制定有效的投资政策、加强相关的人力资源开发、加强相关主体间的合作、重点探索中小型企业和社会弱势群体适用的信息通信技术业务模式、探索旨在扩大市场和面向中低收入人群的新的经营模式、形成有效的国际国内的协调机制、开展教育培训等，都需要为之付出持久的努力。

五、缩小我国数字鸿沟的政策建议

如前所述，近年数据所显示的国内数字鸿沟在某些方面不仅没有缩小，而且还在扩大的现象，不能不引起我们的高度警觉。要把《2006—2020年国家信息化战略》规定的缩小数字鸿沟的任务落在实处，不管我们已经采取了什么手段，都必须最后体现在实际效果上。因此，我们应继续加大力度，在发展战略上和政策上进行调整，采取更有效的措施，更有效地整合各方资源，努力缩小数字鸿沟。

基于我国的国情和信息化发展的现实，我们对缩小数字鸿沟提出以下政策建议。

1. 通过加大资源投入，开展持续的能力建设，不断改善全社会，特别是信息化弱势一方的信息化能力。在我国二元结构的现实国情条件下，要把落后地区、

1　汪向东主编：《中国：面对互联网时代的“新经济”》，三联书店，2003年第1版。

农村地区、弱势群体的信息化能力建设，与不断改善他们的整体素质和各方面的条件结合起来，特别要注重加强相关的信息基础设施建设，包括建设信息化应用的公共接入点，为缩小差别，实现共同发展创造必要的条件。其中，要特别注意，在新近一轮“智慧城市”建设的热潮中，警惕进一步拉大城乡数字鸿沟的威胁。加快推进三网融合，利用多种网络和多种接入手段实现信息接入的便利化。

2. 创新各主体良性互动的机制。首先，政府在缩小数字鸿沟的过程中，承担着不可推卸的责任。政府要为缩小数字鸿沟投放更多的公共资源，不断改善公共服务，促进公共服务的均等化，提供普遍服务；其次，要大力发展信息化领域的公益事业，建立更多的公益信息中心和数据库，鼓励和促进各种公益性资源互补共享。另外，要在市场机制的基础上，充分调动和发挥市场主体的积极性，发挥市场配置资源的作用，探索超越慈善动机、将慈善救助与利润驱动机制更好地结合起来的方式；要通过扩大市场竞争形成有利于信息化发展与应用的良好市场环境。在政府机构、企业、非政府 / 非营利组织和广大信息化应用主体间，建立新型分工、良性互动的机制，以克服市场失灵或政府失灵等问题。考虑到资源和利益主体的多元性，更应把创新有效协调机制的任务，摆到突出的位置上来。

3. 要制定有利于加快缩小数字鸿沟的技术政策。在信息化发展相对滞后的社区，提倡发展简单、实用、价廉、方便的信息化技术，包括信息接入终端和相应的信息系统，以降低信息应用的成本和难度，解决“用得上、用得起”，再解决“用得好”的问题。鉴于我国移动通信普及程度较高的现实条件，要在农村、边远地区和弱势人群中，大力发展移动信息化应用。同时，在具备条件的地方，应不失时机地引入和应用新技术。

4. 千方百计提高信息化应用的绩效。农村信息化，特别是农村电子商务的长期实践告诉我们，调动原本信息化应用弱势群体积极性的最好办法，是让他们亲眼看到信息化能够带来实实在在的效益，尤其要重视信息化在减贫致富领域的作用，发挥当地和相关群体中“领头羊”的示范作用。注意总结和大力传播具有典型意义的案例，通过榜样的力量，加速信息化在落后社区中的普及应用。要针对信息化应用中出现的典型问题和普遍问题，提供重点指导，以点带面解决问题。要以应用为核心，优先开发信息化应用所需的本地内容，开发贴近生产、贴近生活的信息化应用，努力避免开发与应用脱节，提高信息化开发与应用的经济效益和社会效益。

5. 加强在全社会，特别是弱势社区的信息化培训。要动员和整合各种积极力量与资源，持续开展相关的技术、商业模式和信息能力的推广与应用，特别要在农村、边远地区和弱势群体中，大力普及信息化知识和技能，帮助他们克服信息化应用的困难。要重视加强对培训者的培训，改进课程设计，开发信息化培训所需的各类课件和适宜的内容。推动网络化、远程化教育，利用互联网和公益性网站，传播和普及信息化相关知识。政府在为信息化培训投入更多的资源，提供更有利的政策环境。

6. 注意总结借鉴国外的相关经验与教训，加强缩小数字鸿沟领域的国际交流，拓展国际合作的渠道，引进外部资源，加快缩小国内的数字鸿沟。

第九章

网民与互联网治理问题[1]

1　本章内容改编自本课题组主要成员的研究成果《中国互联网网民报告》,《中国网情报告》,新星出版社,2009年第1版。

互联网治理问题是以信息化促进和谐社会建设需要解决的突出问题。如何对待网民，能否基于网民权利共建网络治理新机制，是互联网治理中绕不开的核心问题。在互联网治理实践中，我们看到，网民的作用具有两面性。处理得好，网民会成为和谐社会的积极建设力量；处理不好，也会引发治理难题，甚至酿成群体事件。互联网治理不仅是中国遇到的问题，也是世界性的问题。创新互联网的治理机制，需从网民权利这一基本问题入手，寻求既符合互联网发展潮流与互联网治理规律，又结合我国现阶段社会发展实际的解决之道，使互联网治理成为构建和谐社会的积极因素。

第一节　网民权利与互联网治理

当前在中国13亿人口中，网民数量已突破5亿，这个数字超过美国的总人口，也超过德国、英国、法国的总人口。5亿网民带来的，并不是人口的增多，而是为中国人口增加了新的社会特性。随着网民权利意识的兴起，网民社会正在形成之中，并改变着中国社会的结构。这是互联网治理与传统治理相比，时代背景上发生的最大变化，它影响着互联网时代社会和谐发展的基本走向。

一、我国互联网发展中政府与网民面临共同的困境

1. 网民的困境在于，本想获得更大的权利自由，但由于责任和义务缺位，反而使自由遇到更大限制。网民责任与义务的缺位，反映了网民自律机制有待建立

和完善。

（1）一方面，网民正当权益未得到清晰界定，权利得不到应有保障。权利受到侵犯，义务就无从谈起。

网民正在像30年前的农民、20年前的乡镇企业家那样，自发地、每日每时地释放着非体制的力量。在这种非体制力量中，包含着新产生的利益和权利。这种新的利益和权利如果不能被体制尊重和吸取，就会对体制不断造成冲击。

在以往的社会结构中，通过30多年的改革开放，经济精英得到了效率导向的市场化政策的关照；弱势民众正在得到公平导向的以人为本政策的关照；知识分子也在改革中得到实惠。政策覆盖主要利益群体，是改革、发展和稳定得以同时兼顾的保障。

然而，随着规模不亚于以上利益群体、人数超过工业革命时期总人口的网民的出现，平衡正在被打破。网民已不再能被视为利益格局中可以忽略不计的“其余部分”。

在网民处于边缘的情况下，网民正当权益一旦受到侵犯，往往求告无门，这不利于他们对应尽义务的理解。

（2）另一方面，监管者单方制定规则，将加剧权利与义务的不对称。

网民权利与义务对称机制的建立，是网络社会和谐稳定的根本保障。要通过合理规则的制定，使权利与义务对称机制得以建立。

当前，由于网民没有参与规则制定的制度性保证，网民的权利没有得到充分的体现，网民普遍缺乏承担责任、自律自治的动力，放纵性地经常“出轨”。这种“出轨”，在给政府带来麻烦的同时，也带来更严格的他律，伤害了网民自己的权益。

2. 从政府方面来说，困境在于，想有效治理，但由于全能式地管理，反而管出越来越多的网络“暴民”。

尽管政府已推出几十部与互联网相关的法律法规，成为世界上该领域法律法规最多的国家之一，但密集的监管，并没有像农村改革、城市改革那样调动起网民的积极性，只是将社会不稳定因素从地面压入地下，将网民的能量积聚起来，随时可能借助突发性事件而形成集中的爆发——不管这种爆发是向着对政府有利的方向（例如，2008年网民自发反对西方媒体造假），还是向着不利的方向发展。

政府为维护稳定，不得不加大监管力度，为此付出比疏导型政策大得多的治理成本，而且效果并不尽如人意。当前互联网上的许多监管措施，反映了应急和短期行为的特点。一方面，虽然国家已明确要建立服务型政府，但网络监管者还有待从全能式监管型的思路中摆脱出来。全能监管在实践中表现为管了大量管不好、管不了的事。另一方面，对网络规律和网民权益缺乏深思熟虑的研究，没有对网民的政治权利与自然权利加以区分，管了一些不该管的事。全能式监管，既加大了管理的成本，又削弱了网络治理的针对性和效果。

互联网治理正出现"一放就乱，一乱就管，一管就死，一死就放"的不良循环。正如学者李永刚指出的："其间的死结在于，越是迷恋权力监管的效用，就越是扼杀民间自治的空间；越是扼杀民间自治的空间，民间就越是不能自治、不会自治，因而就越可能在监管失常的时候生乱；而越是生乱，权力就越是坚信监管的必要。"

这种"两难"，既是政府的困境，也是网民的困境。

二、互联网的发展，需要政府与网民共谋利益，共同制定规则，共建和谐

1. 网民是网络监管的服务对象

有句古话说，"别人的地里乱撒种"。意思是说，如果地不是自己的，就不用担心后果，甚至怎么乱来都没有关系。互联网如果只是国家的，那么对于没有规则参与权的网民来说，就成为"别人的地"。网络暴民的心理就是"别人的地里乱撒种"。如果地是他自己的，必小心耕种，不使荒废。

总的来看，网民是建设和谐网络空间的主体，而不是被和谐（或以网络语言称被"河蟹"）的客体；是构建和谐社会的积极力量，而不是消极力量。网民是网络监管的服务对象。换言之，网络监管的目的应该是更好地服务网民。只有非常的力量，才能把建设性的力量转变为破坏性的力量。几十部监管法规，不能达

到万全的效果。是否应该转变一下思路？简单的道理在于：和谐社会需要共建；服务型政府要为网民服务。

2. 共建和谐社会，需要共同制定规则

网民是网络社会建设的基础，网民的基本权利，是基础的基础。网民如水，可以载舟，也可以覆舟。程序正义，是网民基本权利的保障，也是平衡网民与政府关系之秤。在秤的两边，不可缺少网民参与，不能遗忘政府服务。

全能型政府孕育暴民型网民，服务型政府培养责任型网民。共建和谐社会，离不开利益相关方——包括政府、网民、企业、社会——的共同参与；需要在多方利益博弈中，共同制定游戏规则，共同遵守游戏规则。任何单边主义——无论是政府的全能主义，还是网络暴民的行为——都是不可取的。

我们认为，中国互联网的程序正义有待建立和完善。程序正义是制定规则的规则。没有程序正义，制定的规则，就难免治乱波动。

我们认为，网民的基本权利是程序正义中不可遗漏的环节。网民的基本权利，与企业家的利益诉求、弱势民众的利益诉求、知识分子的诉求一样，都应得到同样认真的对待。

三、为共建和谐社会而取得共识

我们把网民的权利区分为基本权利与政治权利，网民的基本权利是指网民的自然权利，网民的政治权利是指网民的公民权利。我们认为，从政治权利上维护社会一元化主导价值是必要的；同时，从基本权利上尊重网民多元化主体价值也是必要的和有益的，从基本权利上尊重网民多元化主体价值是无害的，从基本权利上尊重网民多元化主体价值是必然的。

本章的主题集中在共建和谐社会上。通过求同存异，可以解决的问题，主要是有共同利益，可以取得共识，通过合作可以取得共赢的方面；在此之外，政府和网民仍然面对各种其他挑战，但不属于通过官民合作可以解决的问题，不是我们这里讨论的重点。

第二节 网民特性及决定因素分析

一、网民的公民特征与网民的个性特征

在2008年网民反对“藏独”及西方媒体不实报道的行动中，网民的自发行为显示出许多独特之处。网民对西方媒体关于西藏问题的不公正报道，穷追不舍，寻根溯源，提供证据，证伪不实。那股劲头不亚于在华南虎事件、铜须门事件中的表现。这一回，网民站在了维护政府一方。反观“藏独”背后的西方反华势力，从布鲁塞尔开始，精心策划组织了近一年，想给中国政府带来大麻烦，但他们却遇上一个意想不到的新对手，这就是网民。西方媒体对付网民对不实报道的揭露，束手无策。既不能说网民不民主，又不愿坦承错误，陷入了极大的尴尬之中。

在我们看来，这场信息对抗，固然有爱国主义等政治成分，但真正体现网民特色的，是他们对话语正当性的追求。许多网民是被诸如美国有线电视新闻网（CNN）断章取义、英国广播公司（BBC）移花接木，“假扮僧侣”等滥用话语权的行为激怒，出于恢复话语的正当性而站出来的。

（一）网民不等于网上公民

公民是指具有一个国家的国籍，根据该国法律规范享有权利和承担义务的自然人。公民权利属于政治权利，权利行使于同质性的社会空间。网

民是由异质性的个人通过网络互联形成的虚拟群体，网民权利属于不可交换的自然权利，权利行使于异质性的信息空间。

网民固然可以把公民的行为搬到网上，那只不过是公民的电子化。但我们认为这只能算网民与传统结合的行为，是网民行为的一部分，是与传统结合的那部分，不是网民的特质所在。例如电子民主，就属于这个范畴。网民的特质是追求异质性，而非同质性。比如，铜须门、华南虎门和“藏独”门的政治含义是不一样的，而一个网民实际上可能在这三个事件中同样扮演“追杀者”的角色，对事件真相穷追不舍。

这说明，在网民的特质中，事实与价值是不分的。他们并不按某种“普遍真理”一成不变地指导行动。对一个具体的网民来说，可能用公民的属性去覆盖网民的特质；但对网民整体来说，网民的特质却是不可覆盖的。相反，网民的行动往往发生在事实与价值背离的时候。

(二)网民在日常生活中主张权利

网民的一个重要特点，是不去抽象地选择话语。他们每每以独一无二的案例，切入想要切入的话题。把每一个高高在上的政治行为，放在日常生活语境中来解构，这是话语正当性的妙用。

在华南虎案例中，网民分成各种细小的兴趣小组，有的研究光，有的研究树叶，有的研究年画，有的研究生态保护。……这不同于主张政治权利。网民把关于根本利益、长远利益的话语，视为一种宏大叙事；认为这些宏大叙事必须在正当性方面，接受实际的眼前话语的检验，要切合当下语境。

公民在公共领域实现自己的主张，网民在日常生活领域实现自己的主张。公民是理性的，网民是感性的。网民并不关心纲领，他要在每件实事上，检验善恶真伪。因此对网民的权利，与对公民的权利，响应方法是不同的。

网民要求一对一响应，就事论事，有理说理，一事一议，及时反应。比如，湖南省林业厅对华南虎录像造假做出迅速反应，使网民的知情权得到了及时满足，就没有造成陕西省林业厅处理华南虎事件那样的不良影响。对网民的典型误解是，一只老虎是真是假，有什么关系？但网民不是公民，作为公民，他关心政治；作为网民，不关心老虎关心什么呢？准确地说，网民通过老虎来看人，通过日常生活看待政治，总之，通过实事来看纲领。不抓住这个规律，就看不懂网民。

正是在这个意义上，加拿大政治学教授阿维格尔说："尽管国家是重要的政治斗争的场所，但公民现在被看作是在他们的家庭、车间、性关系中就建立了他们的政治主张。"意思是，政治不再是议题集中的那些"大事"本身，而是扩展到"小事"之上。这些小事，反映的是网民的网络自然权利。

正面响应网民，需要提高为人民服务水平，将政府服务水平，提高到为人人服务（为人民提供个性化服务，为人民提供及时服务）的新阶段。从危机处理角度讲，就是要对网民自发形成的"日常生活"的热点，进行认真负责、快速及时的响应，有一说一，有二说二。

（三）网民权利通过话语实现

网民的行为由针对一个个具体事件的话语组织起来的这种现象，是由信息空间的异质性决定的。异质性表现为权利的不可通约。由于语言长于表现异质性，网民借助语言这种信息空间的"显影液"，可以显现多元化的具体利益。互联网，正好成为这样一个话语交换场所。布尔迪厄称之为语言学场域、文学场域，福克斯和米勒将其概括成"公共能量场"。

网民的语言场不是无规则和无序的，它有以下几个特点，需要政府以特殊方式加以响应。响应得当，这个场就趋于和谐与稳定；响应不得当，这个场就会趋于失序和紊乱。

第一是要求"切合语境"。现代性的公共行政之所以不能切合语境，是因为它们只能从根本利益和长远利益角度概括民众利益，而所谓切合语境，就是指切合民众在局部利益和眼前利益中表达的政治意向。为此，要通过以语言为媒介的意义分析达到效果。语言交换，在电子政务中，可以通过编码和解码的方式，大大地提高效率。这是达到"办实事"水平的根本方式。切合语境，主要是通过贴近群众，随时随地了解群众所思所想来实现。

第二是要求自主参与。对话的作用在于消解中介和一切迂回的价值阻梗，使民众意志不受官僚中间扭曲地传达。尤其是使生产者与消费者以平等身份对话，这是从中间价值回到生活世界、以人为本的一种方式。政府与人民群众的鱼水关系，本质上就是一种日常生活对话的关系。

第三是要求体现意向性。话语分析非常强调个性化选择的作用。消费意向性的分析，处于电子业务的核心。电子政务在发展的高级阶段，不仅要响应公民，还要响应网民。这些网民将是个性化的公民。

二、网民是否更具有网民特征？——网民与非网民的行为对比[1]

(一) 网民的权利意识

网民权利意识中，有别于非网民的多元化取向，具体反映在选择的多元化上面。在调查中，我们问及相对网下生活，互联网给你更多带来哪种感觉：回答

1 由中国社科院信息化研究中心2008年3月委托专业调查公司进行的全国1,288样本网民与非网民行为调查中。统计基本情况和赋值标准如下：

初次上网的分类和赋值为：

7年前1，5年前2，4年前3，3年前4，2年前5，1年前6，没上网7

没上网共63人，占调查对象5.13%。

通过年龄、教育程度和收入区分调查对象：

年龄的分类和赋值为：

10—15岁1 15—18岁2 18—24岁3，25—30岁4，31—35岁5 36—40岁6 41—50岁7 51—60岁8 60岁以上9。

教育程度的分类和赋值为：

初中及以下1 高中 / 技校 / 中专2 大专3 本科4 硕士及以上5

月收入的分类和赋值为：

1—500元1 501—1,000元2 1,001—2,000元3 2,001—3,000元4 3,001—5,000元5 5,001—10 ,000元6 10,000元以上7 无收入8

"可以提供更多选择"（以下简称"更多选择"），反映了这种多元化偏好。

表9.1 网民月收入与"更多选择"交叉表

收入分层	回答是	回答否	未回答	总计	回答是的比例
1	14	5	9	28	50%
2	71	7	6	84	84.5%
3	299	28	8	335	89.3%
4	174	8	8	190	91.6%
5	104	6	4	114	91.2%
6	34	5	0	39	87.2%
7	28	2	0	30	93.3%
8	358	20	16	394	90.9%
总计	1082	81	51	1214	89.1%

调查显示，除了少数收入在500元以下（不含无收入的学生）的人以外，绝大多数网民都选择了"更多选择"一项。说明度过基本温饱线的网民，主体价值意识明显提高。

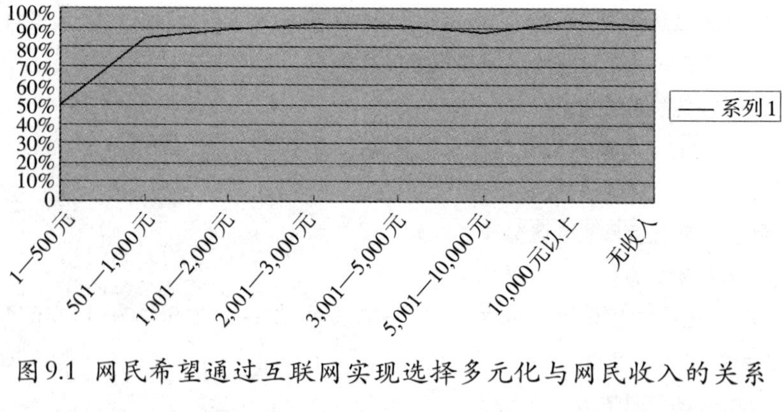

图9.1 网民希望通过互联网实现选择多元化与网民收入的关系

即使在1—500元的最低收入群体中，网民对于"更多选择"的选择也有50%，是否定的答案的近三倍。

（二）网民与非网民对于选择权利的不同态度

表9.2 网民年龄与更多选择的交叉表

年龄层	回答是	回答否	未回答	总计	回答是的比例
1	44	5	2	51	86.3%
2	101	4	1	106	95.3%
3	338	16	7	361	93.6%
4	265	16	12	293	94%
5	105	11		116	95%
6	98	5	3	106	92.4%
7	65	7	2	74	87.8%
8	29	6	1	36	86%
9	17	3	1	21	81.0%

有高达91.2%的上网人群选择了"更多选择",比不上网人群的同样选择高出了一倍多。

表9.3 非网民年龄与更多选择的交叉表

年龄分层	回答是	回答否	未回答	总计
1	1			2
2	2			2
3	2			2
4				3
5	4	2	1	7
6	2		2	5
7	6	2	5	15
8	3	3	9	15
9	5	1	6	12
总计	25	8	23	63

不上网人群比上网人群的选择意识明显偏弱。尤其是中年以上人群，选择意愿偏弱。总共只有39.7%具有选择意愿。远远低于网民91.2%的比例。说明上网

人群比非上网人群，表现出强得多的主体价值多元化的意识。

三、网民特性的决定因素是什么

从实证的角度看，同非网民比较起来，网民在个性、合作性、责任性、草根性、参与性、精神性等方面，表现出自己的特征。我们通过数据挖掘中的决策树技术，对网民特性及其决定因素，进行以下剖析：

（一）个性分析

网民具有感性、多元性、个性化、草根性等异质性特征。网民回答上网是为了获得更多选择，反映了主体价值多元化的取向；他们比别国网民更多满足文化娱乐的需求，反映了他们高感性的特征。

我们首先从网民参与博客的动机，分析其草根性、个性化的逻辑：

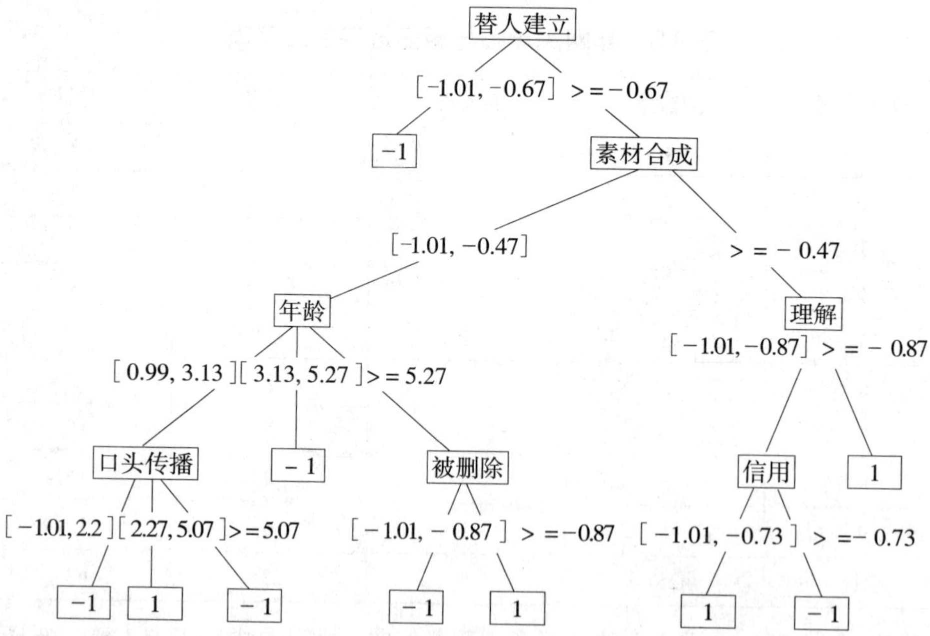

图9.2 网民个性的决策树

分析网民创建博客行为的决策树规则，可以看到，网民首先是以互助合作的动机为起点的。“替人建立”博客，在这里隐喻的是助人行为；“素材合成”，代表的是共享意识。具有网上共享资源的互助动机后，有两个因素决定进一步的发展，一是对游戏规则的认同，在这里用“理解”代表。如果网民认同游戏规则，可以直接导致个人互联的行为（以博客代表）；如果不认同游戏规则，则还要看他对非正式规则的理解。非正式制度安排（如社会资本和文化，这里用“信任”代表）如果可以接受，网民也有动力参与个人互联。另一个因素是年龄。年龄较小者，依其行为的自由程度或草根程度（以“口头传播”为代表）决定他是否参与个人互联；年龄稍长者，则视管制的宽松（以对帖子“被删除”的态度代表）而决定行动。

其次，以满足文娱为例，说明网民高感性的特征。

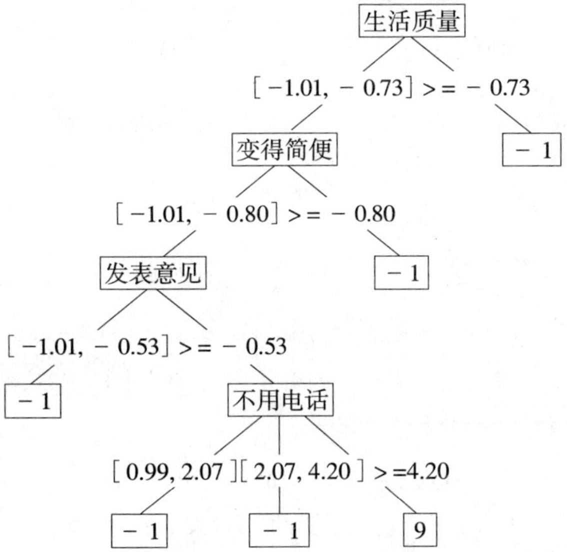

图9.3　网民高感性的决策树

网民首先是从越过温饱阶段，追求生活质量，开始对于感性娱乐的需求。如果对生活质量没有要求，他们会直接放弃文化娱乐。如果对生活质量有要求，下一步考虑的是如何复归本原生活，让生活变得简便（包括避免从生产方式角度对生活方式的扭曲与过度诠释)。这是与传统工业化相反的价值取向。如果他们没有这种取向，他们也会直接放弃文化娱乐选项。如果希望复归本原生活，网民接下来考虑的是主体价值的成长环境是否宽松，表现为从受众变为参与者的难度。如果环境不利，他们仍会放弃。如果环境有利，他们最后考虑的就是技术习惯，那些依赖简单互动工具的人，会产生对文化娱乐的强烈需求。

(二)合作性分析

我们可以通过增进信任、网络安全、信用、方便互助、替人建立博客、与人分享消费、是否加入朋友圈等问题，观察网民的合作性。以网民对“增进信任”的认同为例，看看他们对于合作的认同。

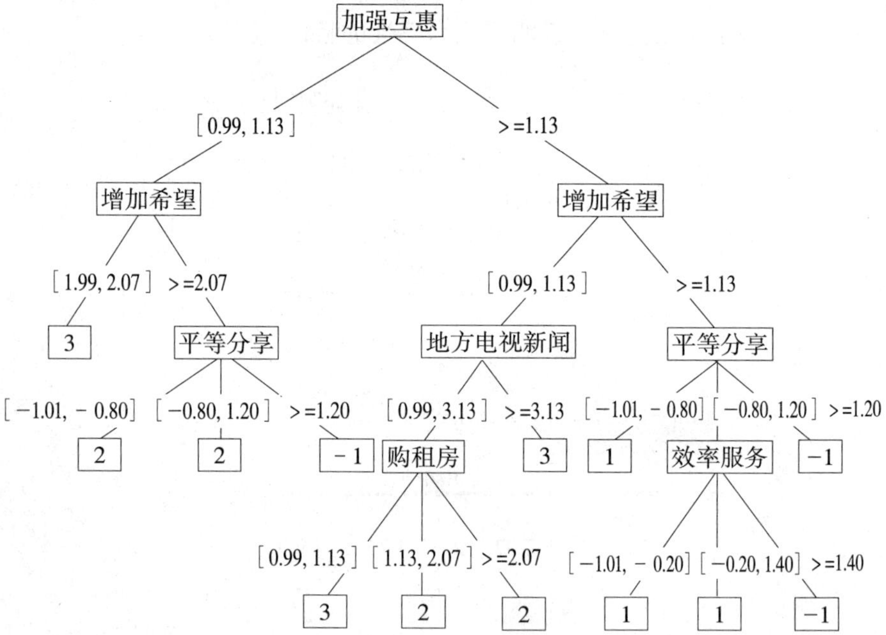

图 9.4 网民合作性的决策树

我们可以概括地解读如下：增进信任，加强合作，前提是有共同的利益存在。在此基础上，抓住共同面对的难题，以解决问题的希望建立共识。通过平等分享，高效办实事，解决实际问题。这将是建立网上互信的有效途径。

（三）草根性分析

网民的草根性，可以通过他们的公平感，让生活变得简便的要求，对于业余作品的偏好等方面表现出来。

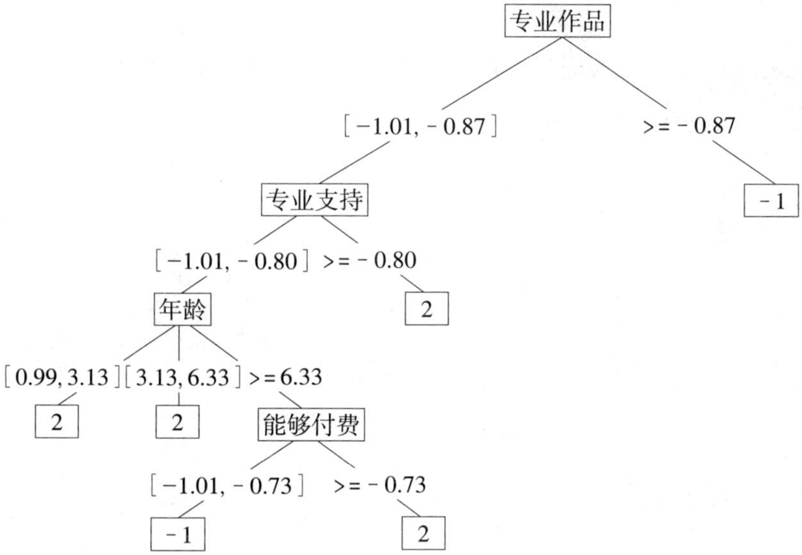

图 9.5　网民草根性的决策树

以他们对于业余作品的偏好为例，网民的草根性，是与对精英的叛逆态度相一致的。他们渴望服务，为此愿意付出。

表9.4　学历与业余作品选项交叉表

学历分层	−1	2（选业余）	总计	比例
1	99	71	170	41.8%
2	191	148	339	43.7%
3	191	127	318	39.9%
4	203	117	320	36.6%
5	13	4	17	23.5%
总计	697	467	1164	40.1%

从表中情况分析，网民的草根意识，与学历呈反比。学历越低，草根意识越明显，学历越高，草根意识越淡。以平均水平40.1%为界，高等教育成为区分精英与草根意识的分界线，而硕士学位以上学历者的精英意识比例产生一个向上的跳跃。

（四）参与性分析

网民的参与性，主要通过他们对社会事务的兴趣，发表意见的热情和平等分享的愿望等方面表现出来。

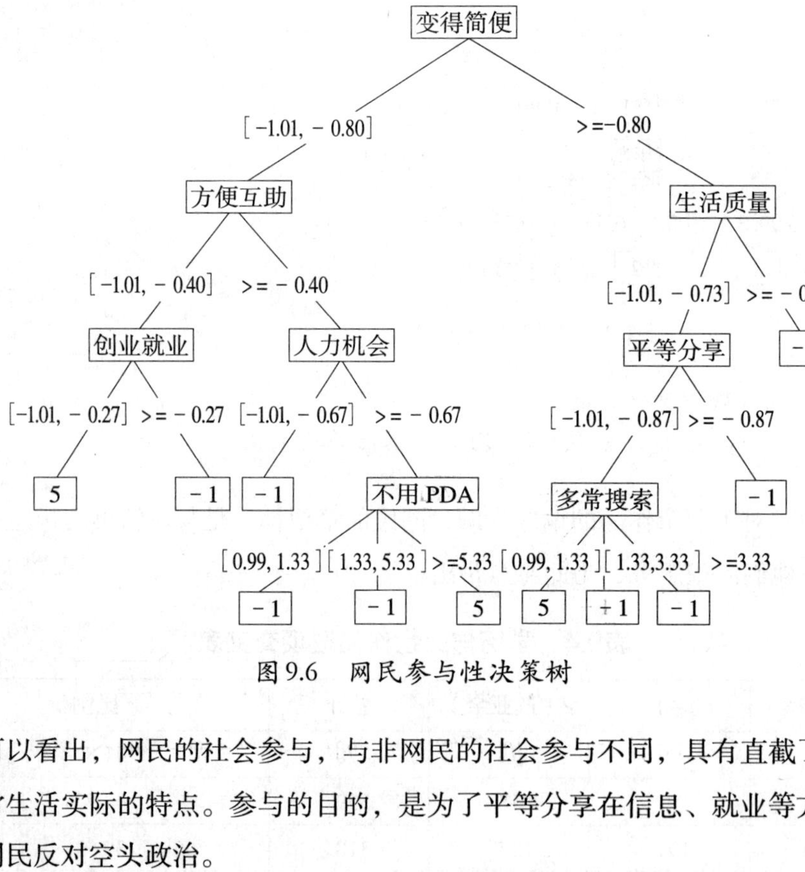

图9.6 网民参与性决策树

可以看出，网民的社会参与，与非网民的社会参与不同，具有直截了当、贴近日常生活实际的特点。参与的目的，是为了平等分享在信息、就业等方面的资源。网民反对空头政治。

（五）精神性分析

网民对信息、精神、文化日益增长的需求，可以通过他们回答信息是否越多越好，如何看待精神文化满足以及快乐感，认为现有手段不能满足需求等方面看出。以网民选择信息“越多越好”答案的情况为例：

表9.5　网民学历与“越多越好”选项的交叉表

学历分层	其他选择	回答“越多越好”	总计	比重
1	100	70	170	41.2%
2	169	170	339	50.1%
3	154	164	318	51.6%
4	156	164	320	51.3%
5	7	10	17	58.8%
总计	586	578	1164	49.7%

从表中可以明显看出，回答信息越多越好的比重，基本上随着网民学历的上升而上升。说明对人力资本的投入，可以带来更多的信息需求。反映了网民日益增长的信息和文化需求的内在动力。再以精神文化为例：

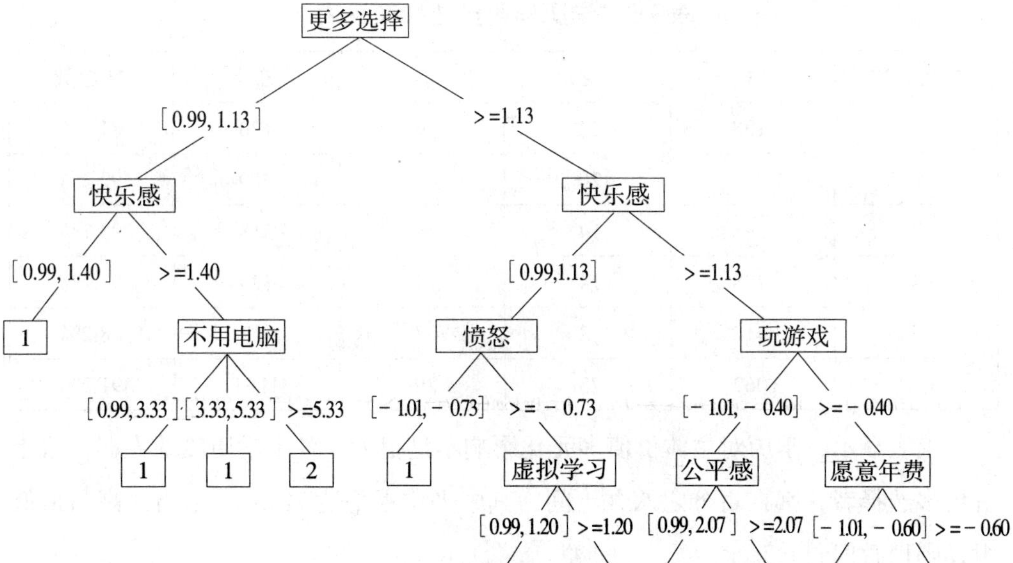

图9.7　网民精神性决策树

网民的游戏规则，体现出这样一些不同于网下的精神文化满足的原则：首先是多元化，希望获得更多的选择；其次是快乐，也就是酷，通过个人快乐实现社会幸福；三是实现信息表达、文化娱乐、科技知识在内的全面发展。

四、选择与理解——网民在权利与义务问题上的诉求与合作意愿

在网络调查数据中，有两项结果，典型地代表了网民对权利和义务的态度。一是对“选择”的态度。“选择”在这里代表多元化主体价值的权利意识；二是对“理解”的态度。“理解”在这里代表对社会管理的内在认同，转义为对义务的认同。

（一）网民对权利的认同路径

网民权利多种多样，我们把选择的多样性，作为网民特有的权利看待。从中分析网民权利的实际动力机制。

表9.6　学历与更多选择交叉表

学历分层	1	2	3	总计	1/总数
1	138	23	9	170	81.1%
2	313	20	6	339	92.3%
3	298	14	6	318	93.7%
4	298	14	8	320	93.1%
5	15	2		17	88.2%
总计	1062	73	29	1164	91.2%

上表显示，学历对主体价值多元化影响不是很大，各个学历段的人群，希望有更多选择者，都在百分之八九十间，其中平均水平达91.2%。学历最高与最低组，则稍微偏弱。

根据对于网民回答“更多选择”的粗糙集决策规则分析，回答“更多选择”的网民中，最集中的20%，上网在五年以上（22岁之前初次上网），年龄集中

在18至30岁间，收入集中在1,001至3,000元间。可见，学校期间上网，与形成“更多选择”的态度之间，具有一定的联系。

（二）网民如何对义务形成认同

网民对义务的认同，是自组织和自律的基础。我们通过网民对监管的“理解”，来分析这种认同的特点。对网民回答“理解”进行交叉分析与关联规则分析显示：表示不理解的网民，主要是上网三年而无收入的低年龄者（1和8）；以及上网五至七年，收入在5,000元以下者。

再看那些表示理解的比较集中的人群有五类：

1. 初次上网 =1, 年龄 =4, 月收入 =4，理解 =1　47.83%

2. 初次上网 =1, 年龄 =4, 月收入 =3，理解 =1　39.39%

3. 初次上网 =1, 年龄 =3, 月收入 =3，理解 =1　35.29%

4. 初次上网 =2, 年龄 =3, 月收入 =8，理解 =1　33.93%

5. 初次上网 =1, 年龄 =3, 月收入 =8，理解 =1　30.51%

从中看出，在中小学初次上网者，对义务的理解较弱。而18岁以后第一次上网的群体，对网民义务和责任有较高承受能力。这种分界很可能暗示，那些在中小学期间将主要精力用于功课，考上大学后才初次上网的人群，较为规训；而中小学期间热衷上网，较早工作取得收入的人群，对网上义务的理解程度较低。

我们利用学历与“理解”选项的交叉分析，进一步检验，上大学是不是对网民义务意识有相关性影响：

表9.7　高等教育对网民义务意识的相关性影响

	初中 1	高中 2	大专 3	本科 4	硕士 5	总计
−1	128	228	181	199	12	748
1	42	111	137	121	5	416
总计	170	339	318	320	17	1164
1/ 总数	0.247059	0.327434	0.430818	0.378125	0.294118	0.357388

表中大专和本科学历的网民表示“理解”的比例（分别为43.1%和37.8%），明显高于初中与高中学历的网民（分别为24.7%和32.7%）。前者高于平均水平线，后者低于平均水平线。当然，更高的学历（硕士及以上）比较又低了下来，但表示的可能是另外的含义。

（三）对于理解与选择关系的关联规则分析

通过数据挖掘，对各种价值取向之间相互作用进行分析，我们形成了关于“理解”与“选择”态度的关联规则，在其中的强规则中，“理解”与“更多选择”选项不相容的居多。这意味着，多数具有多元化主体意识的网民，并没有自觉地接受管制的意识。

同时，我们看出有七条强规则，满足“更多选择”与“理解”相容条件。它们分别是：

1. 理解 = “1” 并且创建博客 = “1” ==>> 更多选择 = “1”
2. 理解 = “1” 并且增加希望 = “1” ==>> 更多选择 = “1”
3. 理解 = “1” ==>> 更多选择 = “1”
4. 增进信任 = “3” 并且理解 = “1” ==>> 更多选择 = “1”
5. 理解 = “1” 并且增进信任 = “2” ==>> 更多选择 = “1”
6. 创建博客 = “－1” 并且理解 = “1” ==>> 更多选择 = “1”
7. 理解 = “1” ==>> 创建博客 = “－1” 并且更多选择 = “1”

解读这些强规则，我们得出以下判断：第一，网民具有个性化的价值追求（如创建博客），可以有利于理解与选择的平衡；第二，看中通过互联网为共同应对难题带来更多希望的网民中，理解与选择可以取得平衡，说明共同的困境，可以产生共谋的合力；此外，有些网民直接就可以兼顾理解和选择两种取向。而且符合这种规则的网民，支持度和置信度都不低。

同时我们还可以发现：对社会和谐的期待和行为，对这个问题有影响。

第一，合作意识来自哪里：那些包容度较高，不太依赖由共识产生信任的现实主义者，能够同时接受理解与选择；将增进共识和信任摆在第二位的人，容易在理解与选择之间找平；但没有因为把信任摆在期待的头位而在理解与选择之间找到平衡的人。也没有什么人仅仅出于利益互惠而将权利与义务对等起来，哪怕放在第二位也没有。这与人们把“为共同应对难题带来更多希望”摆在首位而产生合作意识的情况，形成对照。

第二，合作行为影响合作意识。那些参加圈子等博客之外其他互助、共享活动的人，可以在理解与选择之间找到平衡。

因此我们得出一个初步的结论：政府与网民共建和谐社会的合作基础，一要建立在应对共同的难题基础之上；二要建立在合作行为的鼓励之上。

（四）网民合作性是由什么行为决定的

我们通过数据挖掘中的决策树技术，以网民是否加入社交圈为代表，分析决定网民合作性的规则。

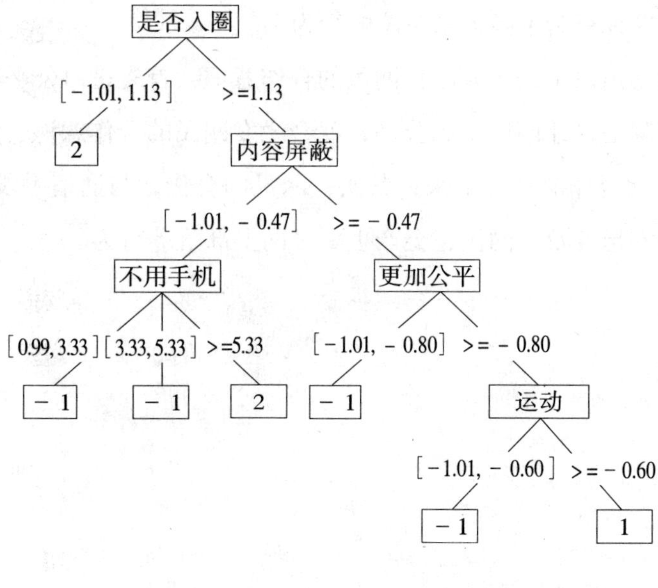

图9.8 网民合作性的决策树分析

对形成的决策树进行规则解读，我们看到：网民形成一种自发合作，如加入朋友圈（或兴趣小组、群组、网上部落），并把这种行为当作一种经常性的互助行为，有三种情况：

第一种情况是有条件地把它排在第一位。首先要取决于网民对管制（这里以“内容屏蔽”为代表）的态度；当网民面对“网络给你更多带来哪种感觉”时，感觉“可以提高公平感”（“更加公平”）时，其中那些喜欢行动（以业余生活中运动占用时间较多为代表）的网民，就会倾向互助合作。而那些认为网上缺乏公平感的网民，选择了放弃。

第二种情况是有条件地把它排在第二位。它同样取决于网民对管制的态度，那些对管制不如上一种人评价高，但又对交往工具有强烈依赖的人（用“不用手机”生活会因此变得困难代表），选择了参与互助合作，但把它降为第二位的行为。而对交往工具不那么依赖的人，选择了放弃。

第三种情况是无条件地把它排在第二位。这种情况是网民出于本能参与互助合作行为，但这种行为不是他第一位的行为。

由此我们得出以下初步判断：网民的合作意识，首先是由公平的网络规则决定的。政府管制一旦让网民感到公平，就会激发网民的合作意识，将其中的活跃分子引导到互助合作的行为上来；其次，网民的合作，与通信手段的普及有关。社会交往的技术越普及，网民越会产生更多网上部落等行为。

第三节 网民权利诉求及合作意愿

一、治理重心的选择及其影响

按照权利结构，现有的互联网治理体系至少可区分出五种不同角色，即充当主导者的中央政府、充当执行者的部门与地方政府、充当协作者的运营机构（包括运营商、社会中介机构、民营企业等）、作为公民的个人，以及作为网民的个人。

不同角色的行动逻辑也各不相同，例如，中央政府可能是基于全能国家的治理惯性、信息多元的合法性困局、虚拟广场的挤迫效应、以退为进的博弈策略；部门与地方可能是基于仕途平安的利弊权衡，或者监管政策的寻租可能；运营机构可能是基于资本与权力的双重威慑；网民可能是基于认同、冷漠或者谨小慎微（李永刚，2009）。

表9.8 权利重心不同对利益目标的影响

利益主体 / 利益考量	公域				私域	情况说明
	公权		社会	私权		
	国家	部门		个人		
一元必须						
兼顾农业、工业、信息三元结构	+	+		−		农村人口
兼顾稳定、发展、改革	+	+		+/−		

（续表）

利益主体 利益考量	公域				私域	情况说明
	公权		社会	私权		
	国家	部门		个人		
维护统一	+	+		−		
防止颜色革命	+	+		−		
维护核心价值	+	+				
多元必然						
国民酷	−	−		+	+	
减少文化贸易逆差	−	+/−		+	+	
提高国家软实力	+/−	+/−	+	+	+	
提高监管的技术可行性	+/−	+				
						管不了
避免防不胜防	−	−	+	+		
降低监管成本	−	−	+	+		
扼制网络暴力化	+/−	+/−	+	+	+	
提高治理绩效	−	−	+	+		管不好
扼制寻租	−	−	+	+		
自律	−	−	+	+	+	
多元无害						
缓冲阀（压力释放）	−	−			+	
促进法治		−		+		
节制官僚主义		−		+		
政事分离		−		+		
世俗化（非政治化）	−		+	+	+	
多元有益						
提高国民幸福指数					+	
提高国家软实力				+	+	
推进民主				+		
促进服务型政府转变				+	+	

（续表）

利益主体 / 利益考量	公域				私域	情况说明
	公权		社会	私权		
	国家	部门		个人		
活力和创造力				+	+	
推动自主创新	+	+		+		
满足多样化的精神文化需求				+	+	
扭转文化贸易逆差	−			+	+	
促进产业发展		+/−		+	+	
大企业形成	+	+/−		+		
产业结构调整		+/−		+	+	
发育社会中介			+	+		
促进社会和谐			+	+		
扩大合法性基础			+	+		
发育市民社会			+	+		
克服官僚主义	+	−	+	+		
惠及全民				+	+	

国家在网络监管的试错学习过程中，将网络治理的边界，从管技术、管人，推进到信息内容管理。然而，“对它更加深远的威胁，并不是那些随时可以删除的‘有害’信息，而正是这种网络信息交换体系和生活方式”（李永刚，2006）。因此从生产方式与生活方式这个更深的层面，分析价值取向的利弊，对于求同存异，共建和谐，显得非常必要。

高一飞认为：“所谓主体价值即青年所追求的比较开放、前卫的个体价值；所谓主导价值即能被社会绝大多数群众接受，并能影响未来实际走向的社会价值。”[1]我们采用主导价值与主体价值这种说法，并对它们进行进一步的界定。

我们认为，主导价值处于公共领域，即生产方式[2]领域；主体价值处于私人

1 高一飞：“和谐社会：和而不同的社会”，韩雪选编《从多元到和谐：和谐社会的构建》，中央编译出版社，2006年5月。第77页。

2 包括公共品生产方式。

领域，即生活方式领域[1]。公共领域存在的权利，是政治权利，它包括三种权利，一是公权，即国家[2]、公共部门代表的公共权利；二是社会权利；三是个人权利，如选举权、财产权等。其特点是可以通约，可以交换（委托）。私人领域存在的权利，是自然权利，它是一种个性权利。其特点是不可通约，不可交换。

我们认为，在政府和网民之间，存在着价值取向的"共谋"空间，它主要表现在对一元化的主导价值与多元化的主体价值的认同、多元化主体价值不可或缺、多元化主体价值无害、多元化主体价值有益等几方面。

二、对一元化主导价值与多元化主体价值的认同

表9.9　一元化主导价值是必要的

利益主体 / 利益考量	公域				私域	情况说明
	公权		社会	私权		
	国家	部门		个人		
一元必须						
兼顾农业、工业、信息三元结构	+	+		−		农村人口
兼顾稳定、发展、改革	+	+		+/−		
维护统一	+	+		−		
防止颜色革命	+	+		−		
维护核心价值	+	+				

政府加强网络监管的动力机制，要从政府在公共领域的行为动机来考察。政府要在公共领域，维护一元化的价值，避免私权膨胀导致的政治多元化和自由化，主要有以下几方面的动力因素，是网民必须理解，也可以认同的。

（一）在农业、工业和信息三元结构的社会条件下，快速推进现代化

1. 来自农业社会的价值干扰

1　它属于个人隐私空间。

2　包括政党。

中国的农村人口占绝大多数；产业结构和组织结构具有工业化的典型特征，即工业产值占主导地位，官僚制和科层制是社会组织的主要形式；信息化在新兴产业、发达地区和高教育人口中得到相当的普及。

在这种国情条件下，如果实行直接民主，由于农民占人口优势，在没有精英缓冲和代议的情况下，难免会让人有逆转工业化进程的担忧。尤其是在当前中国城乡结构差异较大的情况下，可能使中国城市和工业化的现代化成果遭到中国农业社会平均主义传统的破坏。历史经验表明，经历急剧政治变动后，平均分光公有资产，几乎是一种不可避免的民粹冲动。农村改革初期分大型农机具、苏联瓦解初期分光国有资产就是例子。

此外，在中国，封建传统以民族主义的形式卷土重来，会对整个国际秩序带来冲击。在反对“藏独”的斗争中，网民表现出巨大的爱国主义热情，对政府来说，表现出一种重大的正面价值。但也应实事求是地指出，中国的民族主义根本不需要政府去鼓动，如果依其自然倾向发展，会表现出农业国特有的政治冲动，即按照血缘、地域这些自然要素决定政治立场的冲动。

在王千源事件中，王千源自己讲是想在“藏独”和华人群体之间进行沟通。但仅仅是由于她作为汉人，走进了“藏独”分子的圈子中这个事实本身，就被视为“卖国”，父母家门口被扣上了屎盆子。王千源始终声明自己不是“藏独”，如果王千源走近“藏独”分子是为了沟通这个事实成立（这有待确认），网民对王千源的“追杀”，就包含有狭隘民族主义成分，而不仅仅是正常的爱国主义了。同样，在反对家乐福的事件中，如果政府不加以干预，民族主义会像脱缰之马，横冲直撞。因此政府在这些方面，进行价值主导，站在现代化高度，是可以理解的。

2. 维护工业化价值的两难处境

工业化价值本身也处在矛盾之中。采用代表制来代议，固然可以将民众的眼前利益转化为长远利益，缓冲民粹压力，形成对工业化意义上的现代化的向心力。但是，它受到农业化和信息化两方面的压力。

政府面临封建社会人治传统的巨大压力，希望以科学管理和法制取代人治。同时，传统的官本位借现代的官僚制，以官僚利益、部门利益自我膨胀这种工业化的形式，显示了异化于群众利益的负面效应，不自我节制，会脱离群众。如果政府不作为，会导致人治和官本位的同时泛滥。

如果采用电子政务，进行旨在克服官僚主义僵化病的灵活治理，官僚主义倒是可以在一定程度上被抑制，但得大还是失大，在现有条件下是难以确定的。因为在行政体制工业化之前就对官僚制动手术，给人最大的担心，就是难以区分封建的人治与后现代的自由裁量，导致科学管理和理性相对于它的合理性被削弱。政治学家卡里奥珀·斯帕努在分析希腊案例时，曾解释希腊行政为什么首先采用“韦伯主义”，而不是管理主义。结论是：如果采用过于“先进”的管理主义，希腊人担心的是“坚持前韦伯观点的社会力量和政治力量很可能从中获益并阻止合理化的东西”。换成我们的说法就是，如果人治的问题还没有解决，贸然解构法治，就可能让封建主义人治抬头。

结论是，在中国社会三元结构条件下，政府出于对现代化进程的控制，不仅不能削弱公共领域的权力，还有进一步加强的压力。

（二）在改革、发展和稳定之间保持平衡

兼顾稳定、发展与改革，是政府加强公共领域权力的第二个主要动因。中国没有像苏联与东欧那样发生政治权力转移，发展起了决定性的作用。按学者的研究，一国人均收入在三千到五千美元以下时，人民群众以满足物质需求为主。能否解决衣食住行等温饱和发展的问题，对政权稳定关系重大。中国处于从较低的人均收入，向中等收入快速转变的发展过程中，用20年走完了西方工业化200年的经济发展路程，人民生活水平提高之快，在各国历史中都是比较少见的。有人把中国这段历史表述为经济上低收入决定的政治上低人权的状态。意思是由于中国人权的起点低，还处在争取生存权这种物质权利的阶段，因此产生了一种国际比较优势。在“世界是平的”力量推动下，产生了取齐效应——让福利国家向右转，降低福利，以适应中国低成本竞争；让自由主义国家向左转，回归贸易保

护主义，以适应中国的低成本竞争。以此达成所谓“北京共识”。这种描述得出的结论存在悖论，既可得出稳定是由于发展的结论，也可以得出发展导致不稳定的结论。因为既然稳定取决于低人权状态、低收入状态，由于发展改变了这种状态，发展的过程必然是削弱稳定的基础的过程。

改革促进了发展。中国改革主要是在经济领域调整公权与私权的比重，不断扩大私权的比重，表现为农村改革、城市改革推动了民营经济的大发展；而在政治领域，公权与私权的调整是不同步的。私人的政治权利并没有随着经济权利的增长而同步扩大。这就造成政治领域较大的公权，对应经济领域相对较小的公权，前一种权利转化为后一种权利的特有现象。吴小波的《激荡三十年》强调了这样一个主题，三十年改革发展史，是一部“政治”经济学史。民营经济的起伏，与政治同步。民营经济与政治合拍时，企业家其兴也速；与政治不合拍时，其衰也忽。这样的结论有点绝对，但也不无事实根据。

从稳定的实质来看，公权内国家和部门是有别的。改革是一个资源重新配置和利益重新调整的过程。在资本成为主要稀缺因素的工业化进程中进行改革，资源和利益势必向资本所有者聚集。在全社会福利改善的过程中，物质资本和权力资本的持有者，成为改革的最大既得利益者；劳动者在绝对福利提高的过程中，成为相对分配意义上的弱势群体。在物质资本和权力资本之间，由于垄断资源的经济权力形成的部门资本和政治权力形成的官僚资本，相对于民营资本，又具有资源配置和利益分配上的优势。稳定在很大程度上，是垄断资本、官僚资本、民间资本和劳动者之间的博弈。外资或与官僚资本合作，与垄断资本竞争；或与民间资本合作，盘剥廉价劳动力，也成为利益的一方。以经济学家为代表的主流知识分子群体，出于推进工业化的客观共识和增进利益分享渠道的主观原因，更多倾向于将稀缺因素（资本）主流化的角色选择。

如果把利益分配作为一个独立维度来看，由于劳动力相对过剩而形成弱势地位的群体，成为各种稳定因素中相对最不稳定的一环。群体事件的不断增多，就是不稳定的一种表现。完全照顾弱势群体，会造成平均主义和民粹主义，不利于工业化发展；完全无视弱势群体，又会造成政治上的不稳定，也包括经济上的不可持续。发展过快，也会带来不稳定。

在这种情况下，政府对政治多元化的顾虑是可以理解的。从对于以往民粹主义群众运动的批判中，可以看出一部分既得利益者对于群众路线的异议，对群众运动的忌惮。反过来说，一旦政治多元化，政府受到的冲击，知识分子关于民主的要求倒在其次，首当其冲的是弱势群体对官僚集团的政治报复。“文化大革命”中群众斗“走资派”的情景，显示出民粹主义一旦挣脱体制牢笼，在制造社会动乱中的能量。担心改革尤其是政治体制改革，破坏安定团结局面，破坏稳定，是政府不能容忍政治多元化的一个重要的根据。

（三）维护统一的考虑

推进政治体制改革，本是中国人自己的要求。但西方国家的推动，反而使问题变得复杂起来。有相当多的人，本来对政治体制改革乐观其成，但看到东欧、苏联颜色革命，总是伴之以统一国家的瓦解、不同民族的分裂，反而对政治体制改革望而退步。这主要是担心在政治体制改革中，国家被分裂，民族利益受损。

由于存在“台独”、“藏独”、“疆独”等诸多背后受到国外支持的分裂势力，无须政府多说，一般民众也可以理解政府在政治体制改革问题上的慎重立场。大家想的是，政府强大的时候，“台独”、“藏独”尚且闹得这么厉害，一旦政府控制减弱，社会出现不稳定，它们岂不会像苏联的加盟共和国那样一个一个独立出去。应该说，人们并不怕“台独”、“藏独”本身，而担心美国出于地缘政治利益，借民主而分裂中国，在地缘政治利益上占中国的便宜。一般民众并不会认为政治民主的利益，可以高于祖国统一的利益。相反，在争取民主化的过程中，会将祖国统一作为爱国主义的信念来坚守。

（四）防止颜色革命

对于颜色革命，一般老百姓并不像政治家那样关心，但是对有一点人们是很敏感的，就是每当颜色革命发生时，所在国家都会有一个困难的转型期，在这一时期西方列强趁火打劫，在地缘政治利益上“占便宜”，令人对西方的动机产生怀疑。

美国的先哲曾经强调民主的手段，与民主本身同样重要。但在现实政治中，为了实现民主而不择手段，已经成了一种西方惯例，使中国百姓对西方推行民主的真诚性产生了深深的怀疑。西方越是宣传他们的民主，鉴于此前他们不择手段的表现和地缘政治行为，人们越是心存疑虑。伊拉克战争加重了人们的怀疑心理。让人担心西方嘴上说的是一回事，心里想的是另一回事。在“藏独”干扰奥运火炬的宣传中，西方媒体的“过度诠释”，歪曲报道，又从另一个方面让人看到：西方媒体也是不可靠的。

政府对颜色革命会产生本能的反对，一般老百姓则不会有这种本能反应。而西方借民主牟取国家私利的现实表现，却为中国政府赢得了群众的理解和支持。北约东扩，让相信美国的俄罗斯人吃了眼前亏，这等于代替中国政府教育了人民：“看，如果听信了他们，下场就是这个样子。”

（五）维护核心价值

任何一个国家、一个社会，都有自己的核心价值。核心价值是指那种信仰与日常生活经验相一致的价值取向。古人讲修身齐家治国平天下，认为核心价值，必须在个人、单位、国家和世界四个层面得到一致性检验。仅仅从政府角度维护核心价值是有限的，但政府有责任维护它所能认识到的核心价值，这是可以理解的。

孟子有“浩然之气”一说：“其为气也，至大至刚，以直养而无害，则塞于天地之间。其为气也，配义与道；无是，馁也。是集义所生者，非义袭而取之也。行有不慊于心，则馁矣。”说的就是这种信仰与日常行为统一的状态。如果行为有愧于心，气就萎缩了。官员失去信仰，以权谋私，就理不直、气不壮；百姓不认同信仰，就会玩世不恭。当前核心价值缺失的一个重要表现，就是信仰与日常生活脱节，“说的不信，信的不说”，潜规则盛行。它使社会生活犬儒化。

政府必然要在公共领域引导人们的看法，维护某种核心价值，包括在对世界潮流看法上争取人们的认同。世界应该是和谐社会，还是丛林社会？认同东方价值还是西方价值？包括对幸福、正义、自由、民主等基本价值的诠释，包括对市场经济与社会公正关系的认知，甚至包括对个人行为准则，如他律（伦理）和自律（道德）的认同。如果这四个层面不统一，人们的认知与认同就会紊乱，行为就会失范，社会就不能稳定。因此，政府在核心价值方面维护主导价值，是可以理解的。

以上这些，属于政府应该管，管得好，管得了的事情。退一步说，即使管得不是那么好，有些也管不了，但只能通过提高政府效能来解决。然而，仅仅认识到政府在公共领域维护政治权利统一的必然性与合理性，是远远不够的。还必须认识到另一个方面——政府允许那些不该管，也管不好、管不了的权利，尤其是私人领域的自然权利，要通过社会自组织的方式来实现和规范。

三、多元化主体价值不可或缺

《国语·周语》有“和实生物，同则不继”的说法。认为事物失去差别，就会停止发展。和谐要建立在差异生成基础之上。孔子提出“和而不同”，是说人际关系既要和谐，又要保持每个人的不同。要承认多样性，承认差异性，承认多元性。好比不同的琴弦才能奏出和谐的乐章。“若琴瑟之专一，谁能听之？同之不可也如是。”（《左传·昭公二十年》）[1]

没有一个理性的价值主导系统，社会便会失去基本规范，陷入无序状态。因此主导价值的一元化是不能忽略的。但主导价值不应当过多地干涉个人的主体价值。多元价值不是来源于政府的恩赐，而是来源于人们的自然权利。极其不同的生活方式可以同样是合理的（高一飞，2006）。生活方式属于私人领域，在这个

1 高一飞：“和谐社会：和而不同的社会”，韩雪选编《从多元到和谐：和谐社会的构建》，中央编译出版社，2006年5月。

领域完全可以容纳多元化的主体价值，可以由社会发挥自组织、自协调的作用。尊重网民在私人领域的多元化主体价值，不仅有益无害，而且是必然的。

表9.10　多元化主体价值是必然的

利益主体 利益考量	公域				私域	情况说明
	公权		社会	私权		
	国家	部门		个人		
国民酷	−	−		+	+	
减少文化贸易逆差	−	+/−		+	+	
提高国家软实力	+/−	+/−	+	+	+	
提高监管的技术可行性	+/−	+				
						管不了
避免防不胜防	−	−	+	+		
降低监管成本	−	−	+	+		
扼制网络暴力化	+/−	+/−	+	+	+	
提高治理绩效	−	−	+	+		管不好
扼制寻租	−	−	+	+		
自律	−	−	+	+	+	

（一）提高国民幸福水平

尊重主体价值多元化的首要必然性在于，社会发展要求在多元化层面提高幸福水平。网络时代国家竞争同与往时代的一个重要不同，在于国民幸福水平的竞争。这种竞争已从主导价值的实现能力，转向了多元化主体价值的实现能力。以美国的国民幸福指数和日本的“国内酷总值”为代表，关注点日益从代表主导价值的同质性的幸福，转向了多元化的快乐。

正如国际著名经济学家黄有光先生所言：“各种研究都表明，在收入水平非常低的时候，收入与快乐之间关联度更为紧密，但尽管如此，在影响个人快乐的所有变数当中，收入决定快乐的比重仍不超过2%（Diener et al. 1993）。在同一个国家里，钱多快乐多这种正比关系会逐渐地消失（至少在发达国家可以找到这方面的数据证明)。”

这就带来一个大问题，到了人均3,000美元之后，如果有钱对于快乐（幸福)，只有2%的贡献，而政府仍把“为人民谋幸福”的全部“宝”都押在这2%上，就会有巨大的执政风险。那就是，人民可能“端起饭碗吃肉”(比喻“有钱”，即“穷人不断地变为富人”)，“放下筷子骂娘”(比喻“不快乐”，即人民群众不满意、不幸福)。为人民谋幸福，只有把工作既做在2%上，更做在98%上，才能保证不做无用功，才能保证不发生苏联崩溃时人民群众因98%的幸福都不是由你谋的，而高举双手把你选进历史垃圾堆的事情。

客观规律显示，在低收入阶段，有钱即快乐。到了人均收入3,000至5,000美元后，有钱难买快乐。仅仅提高GDP，难以继续提高人民的幸福水平。为人民谋幸福，必须从对大规模同质化的物质需求的满足，转向对多品种、异质化的精神文化需求的满足。多元化、异质性的精神文化满足，带来个人快乐的生成机制。由人人快乐，成就社会幸福。仅仅依靠一个一元化、同质化的主导价值，解决不好这类问题，由此产生了尊重多元化主体价值的必然性。

(二)减少文化贸易逆差

尊重主体价值多元化的另一个必然性在于，它是减少文化贸易逆差，增强文化国际竞争力的要求。

曾经有一份统计数据显示，我国文化市场文化产品进出口的“贸易逆差”渐趋明显。第九届北京国际图书博览会上，国内出版社输出和引进版权的比例约为1 ∶ 8。第四届中国上海国际演出交易会上签订的82项意向书中，大部分也是“引进”项目。这种状况现在仍然没有得到彻底扭转。

提倡主旋律，对于在国内维护主导价值，无疑是必要的；但对于提高文化的国际竞争力这一目标来说，是不够的。显而易见的事实是，目前主旋律产品难以大量出口。文化贸易中大量存在的交易，都是体现多元化主体价值的产品。造成文化贸易逆差的根本原因在于没有尊重多元化主体价值的发展规律。

倡导主旋律，与用主旋律产品占领市场，是两个不同概念。主观上希望用主旋律产品占领市场，结果往往是事与愿违，导致市场的大规模的丧失。前些年，在我国有关部门密集出台政策，限制游戏发展的时期，正是韩国游戏占领中国市场75%以上的时期。这种局面直到我国转变为鼓励游戏产业发展时，才得到扭转。

汽车业之后，日本要发展的，不是洗车业，而是洗脑业（文化产业）。文化产业与其他产业不同，是可以通过改变人的观念而赚钱，也就是让别人花钱被洗脑。日本外相在《文化外交的新构想》演讲中明确提出，日本应大力开展“动漫外交”，他说：“你们所做的事情已经抓住了包括中国在内的许多国家年轻人的心，这是我们外务省永远也做不到的事情。”仅举一例，日本兵侵略中国时，还知道去拜关帝庙。而在日本出口到中国的游戏中，故意设计花钱收买关公的情节，让中国儿童在文化基因上串种。中国人用文化贸易逆差来被人洗脑串种，这显然是日本关东军做不到的事。

这不仅仅是形式上喜闻乐见的问题，深层原因在于我们是否能尊重多元化主体价值，内在地满足群众需求。你不去满足，别人就会占领。价值吸引力决定文化的国际竞争力。缺乏价值吸引力，在文化产品市场上就会出现文化贸易逆差，就会成为一个文化低地，就会出现文化污泥浊水的倒灌下流，成为别国下三烂文化的垃圾场。

主导价值作用于同质化的公共领域，主体价值作用于异质化的私人领域，将主导价值与多元化的主体价值人为对立起来，排斥在多元化主体价值领域有所作为，结果必然是在主旋律不及的维度中，造成巨大文化贸易逆差，花钱被洗脑，最后反过来损害主旋律的维系。

（三）提高国家软实力

尊重多元化的主体价值，也是提高国家软实力的必然要求。软实力的核心，是价值认同。冷战结束后，意识形态层面的认同，重心日益转向文化层面。人们认同的价值核心，正从工业化已解决（对于中国是将解决）的普遍社会价值，转向个性化价值的确定。

文化是一种“准意识”形态，它包括意识形态未及的“细节”的、约定俗成的价值判断、生产方式之外的生活方式、正式制度和固化成果之外的行为和过程。意识形态与文化的关系，有点像意识与潜意识的关系。从这个意义上可以说，认同之争，开始从意识形态层，转向潜意识形态层。民族文化与文化帝国主义争夺的前沿，都是人们潜意识中的价值认同，即潜移默化的认同。

文化产品要做到喜闻乐见，看似形式问题、技巧问题，实质涉及认同问题。接受一种文化，或不接受一种文化，都与是否认同其价值有内在联系。麦当劳文化是一种典型的美国文化，迪士尼文化体现的是美国精神，在形式的接受背后，是价值认同上的接受。软实力就表现在让人们潜移默化地接受异国文化的价值观。

准确地适应与把握不同时代的价值认同取向，是文化国力形式的软实力的具体体现。卡斯特在《认同的力量》中认为，由合法性的认同产生公民社会，拒斥性的认同产生公社与社区。工业化时代的认同，主要是围绕“意识形态级”的形而上价值展开的。泰勒在《自我的根源：现代认同的形成》中，考察了整个西方思想史后认为，现代人继承的相互冲突的道德观，是现代性境遇中自我把握或定义“善”的结果。到了吉登斯的“晚期现代性”时期，认同的重心，已经从形而上的生产方式和意识形态，转向了形而下的生活方式。在《现代性与自我认同》中，吉登斯指出：“在现代社会生活中，生活方式的概念具有特殊的意义。传统的控制愈丧失，依据于地方性与全球性的交互辩证影响的日常生活愈被重构，个体也就愈会被迫在多样性的选择中对生活方式的选择进行讨价还价。”

网络时代的价值认同，更多强调生活方式和商品消费的积极意义。强调在互联的整体中，发挥个体的主体意识。强调以人的自由而全面的发展，作为价值认同的新方向。对年轻一代，光唱高调是不起作用的，要设身处地想一想他们追求时尚、追求“酷文化”的道理所在，毕竟未来是他们的，我们不能代替他们走进未来。我们不能因为过分“关心”他们像不像自己，而毁了他们。

一旦尊重多元化的主体价值，按照产业化来发展的话，文化发展就会逐步从文化事业，转向文化产业；由过去强调意识形态化的“热”文化，转变成为强调文化吸引力的“酷”文化。这种健康、时尚、符合年轻人心理的文化，对年轻一代有强烈的吸引力，从而赢得新一代的价值认同。

四、多元化主体价值是无害的

表9.11　多元化主体价值是无害的

利益主体 利益考量	公域				私域	情况说明
	公权		社会	私权		
	国家	部门		个人		
缓冲阀（压力释放）	−	−			+	
促进法治		−		+		
节制官僚主义		−		+		
政事分离		−		+		
世俗化（非政治化）	−		+	+	+	

（一）互联网作为缓冲阀的作用是无害的

多元化主体价值是无害的，其中一个原因在于它起到缓冲阀的作用，释放了潜在的压力。对有害信息进行过滤，对纸质媒体来说是自然的事情。但被过滤的信息，通过网络仍然可以畅通无阻地到达想要得到它们的人群。当这种情况发生时，过滤信息时所担心的那种严重后果，往往并没有发生。例如，人们在网上比在网下看到更多社会的阴暗面，也为此而义愤填膺，但是见得多了，发泄发泄也就完了。相反，意见长期憋在心里，找不到宣泄的渠道，反而是更加危险的事情。

互联网心理学表明，人们在网上比网下、匿名比实名表现出更多的语言上的攻击性，这并不表明这样的人在现实中具有更多的攻击性。事实很可能相反。怨气分多次随时发泄出来，比积攒在一起总爆发，更符合心理健康的原则。

互联网之所以可以成为现实的缓冲阀，是因为公共领域与私人领域之间，存在着人们至今还没有研究透机理的能量转换关系。如果私人领域能量因压抑而过度聚集，最终会导致在公共领域的爆发，那么将互联网作为缓冲阀，释放掉部分压力，应该是无害的。

（二）在主体价值多元化中长出的社区自治是无害的

价值观的多样化与人类社会的进步并存。社会经济发展与政治发展都导致对于具有代表性的利害关系或关系的选择多样化（高一飞，2006）。在这种情况下，执政党及其领导下的政府不再是唯一的社会治理主体，不再能包揽一切社会事务的管理职责。非政府组织、社会公益机构、社会中介组织以及各种类型的社区自治组织开始发挥不同的社会治理作用（李斌，2006[1]）。

社会建设和管理的重心在基层。以往比较重视发挥城乡基层自治组织协调利益、化解矛盾、排忧解难的作用，在农业、工业、信息三元结构下，应把网络视同一种基础组织，同时发挥城市、农村和网络基层自治作用。

政府将管不好，管不了和不该管的事，交给社会，通过行业自律和自组织的方式加以管理，对于政府来说是无害的。

（三）主体价值多元导致市民社会的发育是无害的

以往在历次政治运动中，动员群众“关心国家大事”，造成社会生活的过度政治化，是一种不正常状态。

在成熟的社会治理中，发育非政治化的、世俗化的市民社会，对于政治稳定是有利的。网民与居民、农民一样，既有关心政治的一面，也有世俗的一面。相对于政治的诉求来说，世俗的利益诉求更加多元化，具有注重眼前、注重实际、注重特殊利益表达等多种特征。

1 参见李斌：“构建和谐社会要处理好‘一’和‘多’的关系”，韩雪选编《从多元到和谐：和谐社会的构建》，中央编译出版社，2006年5月，第81页。

这种非政治意义上的多元化，对于社会是无害的。相反，对网民的多样化的世俗权利要求的满足，对社会稳定是一种促进因素。政府应该通过多为群众办实事来响应市民社会的要求，而不是抑制市民社会，迫使它政治化。

五、多元化主体价值是有益的

表9.12　多元化主体价值是有益的

利益主体 利益考量	公域				私域	情况说明
	公权		社会	私权		
	国家	部门		个人		
提高国民幸福指数					+	
提高国家软实力				+	+	
推进民主				+		
促进服务型政府转变				+	+	
活力和创造力				+	+	
推动自主创新	+	+		+		
满足多样化的精神文化需求				+	+	
扭转文化贸易逆差	−			+	+	
促进产业发展		+/−		+	+	
大企业形成	+	+/−		+		
产业结构调整		+/−		+	+	
发育社会中介			+	+		
促进社会和谐			+	+		
扩大合法性基础			+	+		
发育市民社会			+	+		
克服官僚主义	+	−	+	+		
惠及全民				+	+	

尊重网民的多元化主体价值有以下方面的益处：

（一）有利于为国民幸福水平的提高提供微观基础

个人快乐是社会幸福的微观基础，在网民出现之前，传统社会以物质需求满足为主，个人牺牲往往是低水平社会幸福的前提；网民的出现，是与我国社会发展到精神文化需求满足为主的阶段基本同步的。这时个人快乐已经成为高水平社会幸福的重要基础。没有这样的微观基础，宏观意义上的幸福就无法充分达成。从尊重网民的多元化主体价值入手，可以在解决温饱问题、“端起饭碗吃肉”的基础上，建立一种避免“放下筷子骂娘”的微观机制，建设性地提高为人民谋幸福的水平。

（二）有利于提高价值认同和国家软实力

信仰不是教条。在日常生活中建立信仰，是中国价值观的一个重要特点。无论是被独尊的儒家，还是被废黜的百家，都非常强调从身边一点一滴的日常生活经验中，领悟、践行那些代表根本和长远利益的价值主张。

网民的多元化主体价值存在于私人领域，存在于日常生活之中。重视和尊重网民自发形成的主体价值，并把它与居民、农民的日常生活体验结合起来，对于建立信仰与日常行为统一的状态，克服当前社会普遍存在的犬儒主义，是有益的。一个国家只有自己认同、并且上下一致认同的价值，才能真正作为软实力，在全球化中产生更为普遍的价值认同。相反，让国际社会认同两千年前的孔子，在书本上认同外国传来的马克思主义，在生活中认同自发形成的潜规则，一个国家是不可能具有凝聚力的。

（三）有利于推进政治民主

网民的多元化主体价值虽然不同于政治权利，但在日常生活中实践多元价值的自组织、自协调，对于在政治领域推进民主，具有间接的促进作用。至少可以为推进民主提供一种行为模式上的、潜移默化的支持。

对于网民以电子公民身份参与政治民主，可以纳入自由职业者的范畴加以研究。中国统一战线理论研究会将自由职业者的生活态度、政治倾向、社会参与等，纳入政策研究，显示出对这一问题的重视。进一步健全民主制度、丰富民主形式、拓宽民主渠道，积极稳妥地扩大政治参与的覆盖面，有序地开辟电子公民参与机制，有利于推进政治体制改革。

此外，将具备条件的网上社区，作为政治民主试验区甚至特区，进行政治体制改革试验，也有助于渐进推进民主。有人提出“采取局部激进、全局稳定的策略”，“设置政治改革特区”的主张（王凌峰，2006[1]），一旦在网上社区率先实现，其效果如何，也是值得期待的。

（四）有利于提高服务型政府水平

尊重多元化的主体价值有利于将为人民服务提高到个性化水平。通过电子政务，推动服务型政府向更高的水平迈进。

从后现代公共行政的观点看来，无论是新公共管理还是治理理论，都还没有彻底回到政治本身。因为它们语义中的政治，还只是一种本质，一种抽象；而每个公民的利益是具体的。后现代公共行政，就是从本质的抽象，再回到现象的具体，使公共行政可以响应公民个性化的公共需求。就是不光要讲政治大道理，还要具体问题具体分析，替老百姓办实事。

现代公共行政，相当于公共品的大规模生产，只能对共同的公共利益进行批量化满足。如果非让它去满足公民个性化要求，就相当于定制了，做做秀可以，但挨个去满足，就相当于个性化定制，它的成本太高了，不可能实现。

通过加强对社区的电子政务建设，通过居委会、村委会上网，提高对广大非上网群众的服务水平，实现跨越式发展。这可能比勉强地一个台阶、一个台阶重复发达国家的做法，更符合中国特色，也符合广大人民群众的利益。

（五）有利于提高社会活力和创造力，推动自主创新

当我国提出建设“创新型国家”时，创新的背景含义，在国际上，正在发生

1　王凌峰：“政治改革可设置特区”，韩雪选编《从多元到和谐：和谐社会的构建》，中央编译出版社，2006年5月，第143页。

更新换代式的升级。创意在创新中的地位和作用日渐突显，尤其在以人为本、艺术化创造方面，体现了从技术创新到人文创新的话语转变。重视人文创新对技术创新发挥的基础作用，有利于全面建设创新型国家。

信息化这一新现代化条件，使传统“创新”概念中隐含的“创意”内涵，越来越被作为创新的主流含义突出起来：从创新的内容来看，创意更强调创新的人文内涵，创新不光是针对中间生产手段和工具的技术创意，而且是对人的意义和价值的创造性响应；从创新的方式来看，一方面更加强调创意是原生态的创新，一方面更加强调创意是“活”的创新。对创新的生命有机性方向的强调，使全球创新潮流，呈现出哈佛商学院教授罗布·奥斯汀所说的从“工业化制造”向“艺术化创造”的转变。创造而不是制造、艺术化而不是工业化，成为创新的新意所在。

尊重多元化主体价值，是发挥人的创造性，鼓励创新的前提，它有利于推动我国向创新型国家的方向转型。

（六）有利于满足多样化的精神文化需求

我国新型工业化的深层文化矛盾，源自社会主义生产目的中的基本矛盾，即落后的生产，不能满足日益增长的物质和文化需求。具体来说，温饱阶段形成的以物质需求满足为主的生产体系，与小康乃至更高阶段的日益升级的文化需求不相适应。

在网络时代，随着经济发展从主要依赖自然资源、能源等物质资源，转向更多依靠信息资源、知识和文化资源等精神资源，精神文明本身也会产业化，而经济建设本身的重心也可能向文化方面倾斜，出现所谓“文化产业化，产业文化化”现象。比如，消费文化，可能发展成融精神文明、意识形态、日常生活、产业发展于一体的经济现象。

倡导多元化主体价值，有利于在全面建设小康阶段，进一步满足社会生产目的，解决社会发展的基本矛盾。

（七）有利于促进产业发展，逆转文化贸易逆差，提高文化的国际竞争力

日本文化产业超过制造产业，主要是基于主体多元化价值满足。其中，动漫产业、游戏产业、时装产业都形成了相当规模。游戏产业的利润超过汽车工业。

如果内容管制过严，超过公共领域的界限，深入私人领域，将对产业发展形成有害的抑制作用。宣传与发展都重要，不能偏向一边。毕竟发展是硬道理，不能因为疑神疑鬼，就耽误发展的机遇。

当前，创意产业成为发展中国家继软件业后的又一重大机遇。它涉及的领域包括文化遗产、视觉和表演艺术、出版业、纸质媒体、新媒体、设计等。创意产业与宣传事业在规律上的一个重要不同，就是要把宽容、鼓励多元化主体价值的发展，摆在发展的第一位。

以多元化主体价值为主发展网络文化创意产业，将使中国获得不亚于印度软件业规模的机遇。据联合国公布的《2010创意经济报告》指出，中国创意经济产品出口在近些年来一直处于世界第一的位置。2008年中国创意经济产品出口值达848亿美元，占全球市场的20.8%，相比较2002年的323亿美元，六年间年增长率达到16.9%。紧随中国之后的美国在2008年创意经济商品出口值达到350亿美元。这些足以说明这一产业发展的潜力。

（八）有利于促进产业结构调整

随着温饱问题的基本解决，特别是发达城市、沿海地区率先完成工业化，产业结构调整被摆上重要议事日程。在产业结构调整中，以满足物质需求为主的制造业的比重将不断下降，满足精神文化需求为主的服务业的比重将不断上升。

波特认为，产业链的选择，是构成国家竞争优势的重要因素。信息技术革命带来技术融合、业务融合、产业融合，形成国际范围的产业分工与合作。要在战略上把握产业结构发展趋势，需要识别与选择价值链延伸带来的产业结构高端上的机会。

亚洲国家普遍存在的误区和教训在于，基于传统经验，逆向选择产业低端，在国际社会普遍选择产业链高端时，主动选择了传统产业，并形成一种偏好有形财富创造的思维定式。具体表现为偏好硬件产业的倾向，造成了附加值偏低的长期恶果。

亚洲各国将一如既往地面临放弃国家竞争优势的种种诱惑，比如，因担心文化上的负面影响而放弃机遇，因维护垄断既得利益而放弃机遇，为短期和局部利益而拒绝产业升级，等等。印度坚定选择价值链高端，对各国仍有巨大启示意义。

吴敬琏认为，服务业尤其是生产性服务业在中国发展不起来，不是人的素质问题，而是一个制度环境问题。他还转述耶鲁大学陈志武教授的观点，即：低附加值的加工制造业对制度环境敏感度低，高附加值的服务业尤其是生产性服务业，对制度环境敏感度高。服务业尤其是生产性服务业主要跟人打交道，主要是一种非人格化交易。而非人格化交易必须保证安全，才能持续。而要保证交易安全，就需要一整套的规则体系。没有一整套的规则体系的保障，交易成本就会居高不下，就会让人望而却步[1]。

对涉及内容的现代信息服务业来说，处理好主导价值与主体价值的关系问题，成为网络文化产业能否发展为服务产业的关键。只有牢牢树立为网民服务的观念，才能真正把网络文化作为服务产业发展起来，进而对经济结构调整，产生正面的、积极而巨大的推动作用。

（九）有利于推动大型文化企业形成

印度软件和信息服务业的崛起，形成了一系列领先国际的大企业。一个重要经验，就是采取宽松自由的政策，通过风险投资，鼓励对不确定价值的投资，鼓励企业家的自由创造。中国并不缺乏像张艺谋、郎朗这样的充满激情、活力的艺

1　吴敬琏：《呼唤法治的市场经济》，http://www.zgjrw.com/News/20071226/zgjrw/844718218800.html。

术家，但缺乏像迪士尼、新闻集团这样的具有国际竞争力的大型文化企业。

目前我国互联网民营企业，大多借助纳斯达克上市做大做强。如果环境宽松、政策得当，中国的网民市场本身，将会孕育一大批互联网企业做大做强。同是做门户，民营互联网企业欣欣向荣，而官办互联网企业缺乏市场竞争力，说明价值取向对企业做大做强有直接的影响。鼓励多元化主体价值生长发育，与一元化主导价值并行不悖，是催生有国际竞争力的大型文化企业的必由之路。

（十）有利于发育社会中介

成熟的执政党，在社会管理上，应形成党的领导，政府负责，社会协同，公众参与的格局。要以民间组织服务经济社会发展为核心，以提高民间组织能力建设为重点，推进管理体制创新（李学举，2006[1]）。

网民自治，作为社区自治组织的一种，多元价值协调，起到了政府起不到的、无害有益的作用。

对于网络组织，重点发挥三个方面的功能：一是完善网民自治，增强互联网社会管理的合力；二是整合网络社区服务，建设网民服务平台；三是丰富网上社区的生活，营造良好环境。

（十一）有利于促进法制，扩大政府的合法性基础

在孙志刚案中，网上强大的舆论，导致了收容遣送制度被废止。客观上起到了促进法制建设的作用。

尊重网民的多元化主体价值，有利于扩大政府的合法性基础。合法性虽然主要是通过主导价值，在公共领域形成和体现的，但人们在私人领域的主体价值越是得到广泛尊重，越有利于人们公共领域的私人政治权利的实现，从而在日常生活中形成对公共领域的维护。

1 李学举："加强社会建设和管理 促进社会和谐与发展"，韩雪选编《从多元到和谐：和谐社会的构建》，中央编译出版社，2006年5月，第64页。

（十二）有利于克服官僚主义

以人为本，是相对官本位而言的。以人为本，就是反对以官为本，反对官本位，反对官僚主义。

从这个角度看，网民在日常生活中发泄不满，有时作用并不完全是消极的。在黑龙江的宝马撞人案中，网上舆论发挥了群众监督作用，最终使背后的贪官得以暴露。在华南虎事件中，网民以独特的方式，表达了对官僚主义的不满。当湖南再次冒出假虎风波的苗头时，政府做出迅速反应，说明网民的意见表达对于督促政府转变起了正面推动作用。

正是由于有网上千百双眼睛的监督，对官僚主义和贪污腐败，形成一种无形的威慑。这种作用是无害的。

（十三）有利于惠及全民，促进社会和谐

建设和谐社会的成败，不光取决于目标的正确与否，还取决于手段的先进与否。信息化作为最先进的社会生产方式，可以创造出比工业化生产方式更为先进的边际成本递减、边际收益递增的新的效能状态。这主要是由于新的生产方式可以充分发挥信息和知识资源的外部性特性和公共产品制度创新的潜力。数字化、网络化的“千手观音”，利用大规模定制的新商务方式和个性化响应的新政务方式，通过广泛的网络资源共享，与经济社会实体结合，为人人办实事、谋幸福，将大大提高为人民服务，进而为人人服务的效能，实现“谋幸福”水平的质的飞跃。

第四节　互联网治理的问题与出路

一、政府转型与互联网治理思路的调整

有限政府是指政府的职能和权力有限，它是沿着“公民—市场—社会—政府”的先后顺序来构建政府职能的，即公民自己能解决的由公民自己解决，公民不能自己解决的，市场能够解决的由市场来解决，市场不能解决的通过社会能解决的由社会解决，社会也解决不了的才由政府出面进行管理和提供充分的服务。

我国政府已明确了向服务型政府转型的方向和要求，对于市场和中介组织能够管好的事情，政府要坚决退出。服务型政府并非全部取消管制，只是这种管制为服务而管制，而非为管制而管制，这种管制是有限度的，受法律严格约束，有固定的范围、程序，明确的责任机制。

服务型政府实际上是指政府该管什么不该管什么，都是由社会和公民的需要来决定，即实现社会本位和民本位，为社会提供基础性的服务和维护公共秩序的稳定。建设服务型政府是建立和完善社会主义市场经济的重要保证。建设服务型政府的一项重要内容，就是强化公共服务职能，向公众提供公共产品和服务，包括加强城乡公共设施建设，发展社会就业、社会保障服务和教育、科技、文化、卫生、体育等公共事业，发布公共信息等，为公众生活和参与社会经济、政治、文化活动提供保障和创造条件。

随着我国经济的快速发展和改革开放的不断深入，人民群众对物质文化生

活的需求日益提高，并呈现多元化的趋势。人们已经不满足于衣食住行质量的提高，还要求政府在教育、就业、生产经营、医疗卫生、社会保障、体育、娱乐、信息等方面能够提供更多更优质的服务。

基于网络监管取得深入进展和政府强化服务职能这一形势，我们认为，政府应把网络治理的重点，逐步转向服务。在继续完善网络监管的同时，大力加强对网民的全面服务。

在处理网民权益问题上，需要按照以人为本的原则要求，调整思路。

第一，首要的转变，应是在指导思想上区分政治权利上的多元化与自然权利上的多元化，正面鼓励网民自然权利上的多元化。自然权利属于私域权利。私域的划分标准，不是按照公开与非公开原则，而是以影响领域的大小动态确定。当达到一定临界值时，私域问题（个性问题）就转化为私权问题（共性问题）。按照不同情况，采取不同的治理办法，做到分类指导，趋利避害。

第二，从健全法制入手，理顺利益相关方的关系，调动一切积极因素，共建和谐。调整网络治理的利益关系，要从程序正义入手，建立国家、政府部门、社会组织和网民多方参与的程序机制，将被管理者纳入管理机制，从根本上建立良好的网络治理。

二、程序正义

在中国，关于公民基本权利的原则性宣言是比较完备的，但程序要件却一直残缺不全，网民的权利如何通过程序法则贯彻落实，是一个远未得到解决的问题。可操作的程序，往往比一打漂亮的原则宣言更加重要。如果不能对政府权力进行有效的程序规制，就不能保证网络在法治的轨道上运行，网民的权利就有可能经常性地受到侵害。

（一）程序正义：服务型政府是宪政框架下的有限政府

对于网民的基本权利不受侵害来说，建立公正的程序和规则是重要的；而比建立公正的程序和规则更重要的，是建立关于规则的公正规则、关于程序的公正程序。这就是网络治理的程序正义。

程序正义之所以重要，在于它是确可操作、可衡量、可统一的正义标准。程序越是严格，越能保证同等情况得到同等对待，就越满足形式上对于正义的要求。

关于宪政，路易斯·亨金总结说："宪政意味着政府应受制于宪法。它意味着一种有限政府，即政府只享有人民同意授予它的权力并只为了人民同意的目的，而这一切又受制于法治。它还意味着权力的分立以避免权力集中和专制的危险。宪政还意指广泛私人领域的保留和每个人权利的保留。另外，宪政也许还要求一个诸如司法机构的独立机关行使司法权，以保证政府不偏离宪法规定，尤其是保证权力不会集中以及个人权利不受侵犯。"

1. 程序正义首先要求政府在法律框架下行动

中国政府提出建立服务型政府的要求，对于网络建设具有重大意义。服务型的政府与全能型的政府在网络治理上的最大区别在于，服务型政府是宪政框架下的有限政府。服务型政府要求打造一个在市场经济条件下的"有限政府"，这意味着，政府在行使行政权力的过程中，要受到既定的法律约束。

2. 程序正义要求保留广泛的私人领域和每个网民的权利

网络社会与一般社会形成的规律一样，先有公民，后有社会和国家。公民是社会的基础。反映在程序正义上，程序应体现网民个人的基础权利，保留网民的广泛的私人领域。

3. 保证权力不会集中以及网民权利不受侵犯

保证权力不会集中，是为了保证政府在法律框架下行事，而不偏离立法的本意。事实证明，不受任何制约的权力，一定会被滥用。作为有限政府，需要与社会和网民共同接受法律的制约，共同维护法律。

（二）保证网民对程序的参与

程序的自治还要求程序的自愿参与，这种自治性是同意而非强迫。

集权体制不足以同时做到既维护良好的社会秩序，同时又有力地保障公民自由和社会正义等基本价值的实现。因此，包括网民的利益相关方的参与，就成为必要。假若人们得不到参与立法过程的机会因而对法律缺乏认同度，稳定就难以实现。

宪政具有不同于民主的含义。民主强调的是少数服从多数。而宪政则要求对多数派决策（majority decision）的限制，具体说，是指立法者自我施加的限制。这种自我限制是为使立法者不至偏离自己设定的初衷。全能主义不需要这种限制，但服务型政府需要这种限制。

服务型政府鼓励社会参与，政府不再是公共服务唯一的主体，随着社会管理面临的问题越来越复杂化，在充满复杂性、动态性和多元性的环境中，政府难以成为唯一的公共治理者。它必须与非政府组织、社区、民众，协同治理公共事务，推行公共服务的社会化和市场化。顾客导向，从根本上改变了政府的角色定位，政府部门必须尽职尽责地满足公民的多样化、个性化的服务需求。

宪政本身的一个基本特点是妥协性，它具有在不同利益集团之间达成一种求同存异的“重叠性共识（罗尔斯语）”和试错的功能。为此，它主张宽容和忍让，对话和沟通。

除了网民的参与之外，还必须从民主、法治、分权、权利保障、司法独立等多个角度对程序进行综合界定。公正的程序本身就意味着它具有一整套能够保证法律准确适用的措施和手段，并且由此能够形成保障法律准确适用的常规机制。

（三）分类控制：多元化主体价值的治理

“分类控制”原来是一种治理公共领域的思路。它与政策中常见的因地制宜、分类指导，有异曲同工之处，都是一种在一元化的原则指导下，针对不同具体情况进行多元化“具体问题具体分析”的治理方法。我们在悬置一元化的主导价值在公共领域中的治理问题的前提下，认为可以把分类控制，作为一种方法，运用到私人领域的多元化主体价值的治理思路中去。从某种意义上，可以认为分类控制是在网络治理的元程序下，一种依赖于语境的程序操作。

学者康晓光等认为：分类控制体系就是国家控制公共领域的基本策略和组织系统。在这一体系中，国家允许公民享有有限的结社自由，允许某些类型的社会组织存在，但不允许它们完全独立于国家之外，更不允许它们挑战自己的权威。同时，国家也有意识地利用各种社会组织提供公共物品的能力，使其发挥“拾遗补缺”的作用。在分类控制体系下，国家不再实行全面干预，允许有限的结社自由，大量的社会组织开始涌现，经济领域和私人领域已经放开。在公共物品的提供上，政府不再完全包办，而是开始利用社会组织提供一些公共物品，尽管社会组织所发挥的作用仅仅是“拾遗补缺”。所有的调查对象都有强烈的“底线意识”，它们对自己的活动都采取了严格的自律（康晓光、韩恒，2005）。[1]

对权威主义政府而言，社会组织具有“双重属性”：一方面，它是一种挑战力量，因为社会组织是最有力的集体行动的载体之一；另一方面，它又是一种辅助力量，因为社会组织可以为社会提供公共物品，而这也正是政府应尽的职责。从整体上来看，政府管理社会组织的手段不是“单一的”，而是“多元的”，即对不同的社会组织采取不同的管理方式。我们把这种“多元化的管理策略”称为“分类控制”（康晓光、韩恒，2005）。

三、网民自治的新形式

网络社区作为网民自律的空间，可以有以下几种具体的组织形式：论坛、会员制论坛、会员服务、门户、收费网站、博客、搜索引擎、电子邮件、游戏社区、虚拟社区（如第二人生）。在种类繁多的网络组织行为中，正在浮现出未来社会治理的新形式，它们共同具有网民参与，自建、自治、自律的特点。

1 康晓光、韩恒：“分类控制：当前中国大陆国家与社会关系研究”，《社会学研究》2005年第6期。

（一）物业模式

物业模式是一种业主自治模式。它适合网民共享共建网上社区的情况。例如虚拟社区，典型如第二人生。

业主是住宅小区（物业）的真正主人。他们在共同意志的基础上产生《业主公约》——“小区的宪法”，在公约的框架下进行业主自治，选举小区的业主委员会来执行广大业主的意志，选聘专业的物业管理（服务）公司管理小区，使其生活居住品质提高，同时提高了物业价值（涂振，2004）。[1]

虽然业主委员会是非法人组织，但这并不妨碍它成为业主的自治团体。因为它是所有权人会议——业主大会通过合议制定业主公约，依程序选举出来的代表机构。业主通过业主公约授予业主委员会一定的管理权限。业主委员会必须在业主公约的框架内运作。业主公约是全体业主（区分所有权人）在平等协商、意思自治基础上形成的共同意思表示。它经过了充分协商，各种业主利益之间相互妥协形成最后决议文本，由全体业主签署或加入。它是所有业主之间非单纯性债权性质的契约，它是众多业主之间的社会化契约，它是业主之间权利义务的基本规定，是自治团体的最高规则，也可称小区的“小宪法”。业主公约的主要内容关系到该物业管理区域内全体业主利益的基本事项，涉及物业区域共用、共有部分使用、共同事务的管理、代表机构的选举方式和权限。它对所有加入或签署的业主具有法律约束力（涂振，2004）。

当然物业模式对于网民来说，也有一定的局限。主要在于，一般网站是由企业所有，企业经营。网民在上面开店、开博，除少数例外情况，并不直接拥有网站所有权。

（二）公社模式

对于网络社区来说，公社模式是一种比较常见的自治方式。对于作为国家

1 涂振："业主自治是物业管理的基础"，《合肥工业大学学报（社会科学版）》，Vol.18 No.4，2004年8月。

对立面的公社的性质，马克思经典地概括为“公社——这是社会把国家政权重新收回，把它从统治社会、压制社会的力量变成社会本身的生命力；这是人民群众把国家政权重新收回，他们组成自己的力量去代替压迫他们的有组织的力量；这是人民群众获得社会解放的政治形式”。[1]

公社作为一种“无政府”但有组织的人民自治形式，在以下方面对网络社区具有启发性：

1. 公社采取议行合一模式。巴黎公社一个最主要的原则，就是公社兼管行政和立法的工作机关的原则。“公社不应当是议会式的，而应当是工作的机关，兼管行政和立法的机关。”[2]巴黎公社议行合一原则的后现代性表现在，它比新公共行政的政治与行政关联论更进一步，提出了二者合一的内容上的必然性，而且指出了二者合一的现实制度方式——公社的方式。

2. 公社采取全面响应的直接民主模式。本杰明·巴伯在《强势民主：新时代的参与型政治》一书中指出：“强势民主要求实行公民参与，实行无中间环节的自治。它需要一种制度，这种制度能够使个人在社区事务和国家事务中都能参与共同的对话，参与共同决策和政治判断，参与共同的行动。”[3]巴黎公社采取的就是这样一种直接民主的公共行政方式。

这个问题演化为公共行政的话语正当性理论。话语正当性理论的主旨是，打破“四年一届”式的形式限制，把政治响应，从适应工业化大规模生产的抽象宏观的宏大叙事，转变为适应信息化个性化定制的每日每时的、具体微观的“办实事”。强调每一个政治话语，也就是在哪种公共品供给上耗用公共资源的政策主张，都要接受公共品的个别需求的检验。

3. 公社坚持扁平化原则。新公共管理也强调扁平化，但其扁平化是非政治

1　以上关于“法兰西内战”的引文，均见马克思“公社的性质”，“‘法兰西内战’初稿（摘录）”，“法兰西内战”，《马克思恩格斯选集》第3卷，第91—99页。

2　转引自列宁《国家与革命》第三章。

3　转引自乔治·弗雷德里克森《公共行政的精神》第38页。

性的。巴黎公社的扁平化组织结构，具有明显的政治性，是为了“把国家这个阶级统治的工具，也就是把集权化的、组织起来的、窃据社会主人地位而不是为社会做公仆的政府权力打碎”。当然，由于时代局限，巴黎公社的扁平化，并不是建立在以先进信息生产力为基础的流程再造之上，而更多是由于组织的简化形成的。实践证明，公社这种扁平化组织，只有在生产力发展的高级阶段，在发达的工业化基础之上，才有可能成为历史的自然选择。超越工业化的历史阶段，用公社方式组织社会，不是一种正确的选择。公社只有在电子政务的先进公共行政方式下，才能真正达到其目的。

（三）代理模式

由互联网企业（如运营商、增值服务企业）代理网民进行的自律和自治的形式，我们称之为代理模式。在网上论坛、门户留言板上，常常看到这样的告诫：

- 尊重网上道德，遵守各项有关法律法规
- 承担一切因您的行为而直接或间接导致的民事或刑事法律责任
- 新闻评论管理人员有权保留或删除其管辖评论中的任意内容
- 您在评论系统发表的作品，本网站有权在网站内转载或引用
- 参与评论即表明您已经阅读并接受上述条款

在这种模式中，企业作为自律的主体，出于稳定运营自身利益，定出小圈子、小范围适用的游戏规则，让自愿参与其中的网民遵守。

在一些社区网站，版主或站长有权力采用封 ID、IP 等措施，将不遵守小圈子游戏规则的人，开除出圈子。

这种自治方式，优点是可以容纳不同价值群体，形成多元化的群落，以共生的方式和谐相处，避免了以一种价值观，一刀切方式，不加区别地对待不同主体价值；同时，又不因主体价值的多元化难以统一就放弃管理，而是对不同价值集合，采取不同游戏规则，进行自我治理。

（四）行业自律模式

在反对垃圾邮件、流氓软件的过程中，互联网协会组织发挥了行业自律的作用。互联网行业自律公约的制定，标志着互联网行业自律正走上正轨，为建立我国互联网行业自律机制，规范行业从业者行为，依法促进和保障互联网行业健康发展提供了保障。

互联网行业自律的机制是：

第一，由中国互联网协会负责组织实施行业自律公约，负责向公约成员单位传递互联网行业管理的法规、政策及行业自律信息，及时向政府主管部门反映成员单位的意愿和要求，维护成员单位的正当利益，组织实施互联网行业自律，并对成员单位遵守本公约的情况进行督促检查。

第二，公约成员单位尊重并自觉履行公约的各项自律原则。

第三，公约成员之间发生争议时，争议各方本着互谅互让的原则争取以协商的方式解决争议，也可以请求公约执行机构进行调解，自觉维护行业团结，维护行业整体利益。

第五节 简要结论

互联网发展到现在，政府应该可以理解，网民的频频“出轨”，并不一定是针对政府的“阶级斗争新动向”，而是从发达国家到发展中国家各国政府都正在遇到的难题。它是互联网这种新事物出现早期的暂时性的、正常性的失范，会随着规律逐渐得到认识而得到规范。网民应该理解，互联网既不是随心所欲的天堂，也不是无法无天的地狱，只有自律才有自由。

今天，中国面临规范互联网的难得机遇。一方面，建设服务型政府，为全能政府向有限政府转变提供了历史性的机遇。它必将推动对互联网由全能主义式的监管，向转变职能、优化职能的方向改变；另一方面，中国网络正在出现自发秩序的萌芽。在反对“藏独”、支持奥运、抗震救灾中，网民的建设性作用，从来没有像现在这样充分发挥出来。它必将推动网民从无组织状态，向自组织和自律方向发展。

认识到互联网发展存在的困境，是政府和网民共同的困境，抓住机遇，建立相互信任，在一元化主导价值和多元化主体价值之间求同存异，可以形成共建网络和谐社会的良好局面。

为此需要行动。概括需要展开的行动，第一，要建立共建机制，一方面从网民参与治理入手，将网民权利落实在政府主导的与政府的互动之中；一方面从界定政府职能入手，解决全能政府向有限政府的转变。第二，要以建立程序正义为基础，将网民权利保障纳入游戏规则当中，创造网民与政府共赢的程序条件。第三，要催生分层分类的管控体系，在操作层面协调主导价值与主体价值；第四，要鼓励网民自组织、自协调的微观组织创新，提高网民自治和自律能力。

最终，由政府与网民共同制定、共同遵守不同层面的游戏规则，通过良好治理，建立良好秩序，共创双赢，共建和谐。

第十章

信息化绩效问题

我国的信息化建设虽然发展很快，但在信息化能力建设及应用中，明显存在着许多低效乃至无效的问题。显然，如果我们片面追求信息化能力的建设，轻视应用或应用不当，已形成的信息化资源便不可能转化为实实在在的绩效。在信息通信技术加速更新的条件下，信息化能力的闲置意味着巨大的浪费。结合本课题研究的以信息化助力和谐社会发展的主题，我们需要特别重视信息化的经济绩效和社会绩效问题，原因在于信息化的经济绩效与社会绩效关系着构建和谐社会的成果。

第一节　信息化绩效与“信息化不等式”

一、信息化绩效问题的主要表现

我国信息化绩效的问题主要表现在以下方面：

一是信息化能力建设的结构不尽合理，其中，特别是信息资源的开发利用明显并长期滞后于信息网络的发展，造成有“路”无“车”、有“车”无“货”的现象，拖了信息化应用的后腿。在信息资源开发利用领域中，信息加工处理、数据库及咨询等子行业的发展尤其落后；根据国家主管部门公布的[1]数据，相对于信息技术硬件产品而言，软件和系统集成的比重一直太小，例如，2010年我国软件服务业销售收入共计1.3万亿元，在规模以上电子信息产业中仅占17%的份

1　工信部官方网站，http://www.miit.gov.cn/n11293472/n11293832/n11294132/n12858462/13593391.html。

额。2011年软件销售收入增长较快达到1.8万亿元，在电子信息产业中的占比接近20%。

二是信息制造加工业的产能过剩，大而不强，表现在产业规模大、附加价值小；加工能力强、技术创新弱；单机生产好、集成能力差；装备进步快、效益改进慢。例如，2010年，电子信息全行业的效益在比上年有所提高的情况下，仍存在着近4,000家亏损企业，亏损面在20%左右。[1]2012年第一季度，亏损企业为5,000多家，在纳入统计的企业中占30%以上，较上年同期亏损比例上升了20%以上。[2]

三是信息化过程中重复建设、盲目建设的问题难以解决，投入大、系统之间互联互通性差、信息资源共享和业务协同水平低，存在着较为普遍的“信息孤岛”问题。特别是，此类问题与体制机制不顺造成的部门利益问题结合在一起，成为妨碍信息化应用绩效提升的顽症。例如，在电子政务建设中，“纵强横弱”的问题一直存在，跨部门的信息共享、业务协同受部门数据保护，实为利益保护的影响难以推进。

四是在信息化应用的许多领域，存在着信息化应用主体的绩效情况不平衡的现象。比如，在企业信息化方面，虽然少数大型骨干企业信息化水平很高，但更多的中小企业信息化应用绩效明显偏低，已有的信息化能力形不成预期的绩效，而后续的追加投资看不见终点，以致许多企业主管面对信息化投资“黑洞”望而生畏；在电子政务领域，政府部门建立了功能强大的门户网站，有的成效明显，有的则很少有公众问津。

五是在涉及人们切身利益的信息化应用领域存在更大的有待提高的空间。比如，涉及“三农”的信息化应用，一直受到党政部门的关注，国家投入了许多资

---

1 工信部官方网站，http://www.miit.gov.cn/n11293472/n11293832/n11294132/n12858462/13593391.html。

2 工信部官方网站，http://www.miit.gov.cn/n11293472/n11293832/n11294132/n12858462/14618002.html。

源开展农村信息代化建设，不少部门已建设了覆盖到村的信息网络体系，但基层农村的农民群众应用的情况远不理想。在利用信息化手段扶贫，社会收入分配的信息监测，就业再就业的信息服务体系，社保信息系统的联网覆盖和社保信息服务，利用信息化手段改善教育、医疗、文化、科技资源配置，借力信息化推进城乡统筹和促进社会融合，满足社会弱势群体包括残障人士特殊信息需要等诸多方面，均需要付出巨大的努力。

以上信息化绩效问题，有些主要反映在信息产业的发展方面，有些反映在信息能力建设的结构方面，有些则主要是信息化应用领域的问题。解决这些问题需要政府、业界和应用主体等各方面共同努力。其中，在信息产业发展规划的调整和结构优化上，更需要政府主管部门和企业在战略上加以重视，通过资源投入和市场的调节与优化配置逐步解决。相形之下，我们认为，就信息化助力和谐社会建设的绩效而言，更值得关注的是信息化应用领域的绩效问题。其原因是它不仅关系到量大面广的应用主体，而且还与我国信息化发展进入应用主导的新阶段密切相关。

二、“信息化不等式”

信息化建设中存在的上述问题，集中反映为信息化装备、能力、应用、绩效之间的矛盾，我们将它称作“信息化不等式”，即：装备≠能力≠应用≠绩效。它是指：信息化装备具有较高的技术性能，不等于能够形成相应的系统能力；人们投入大量资源所建成的信息能力，不等于能够得到充分应用；而应用了已建成的信息能力，也不等于能获得理想的实际绩效。

首先，装备≠能力。信息化系统的整体能力，是由构成该系统各要素中的“短板”决定的，因此，仅有技术装备的就绪远远不够。比如，技术装备需要人来操控，各信息化应用主体上了新的软、硬件装备，往往需要进行人员培训，否则无法形成相应的系统能力。在信息技术更新周期不断缩短的情况下，技术装备乃至其部件的持续更新或升级，则会一而再、再而三地打破系统要素之间能力的平衡，如果只是片面看重技术装备，就会在系统整体功能上造成越来越大的损失。在我国信息化建设的实践中，长期存在着“重硬轻软”的问题，造成信息系统本身不配套，无法形成相应的信息能力。其实，应用主体只要有预算，购置软、硬件设备不算太难，难点往往是让这些装备与人员、数据、管理、业务等其他要素配合起来，不断形成系统的可持续更新的整体能力。

其次，能力≠应用。能力与应用之间的差，往往表现为对已建成信息系统能力应用得不充分或信息能力的闲置。在信息化实践中，能力闲置存在于许多领域。例如，在电信领域，随着连年巨大的资源投入，我国电信基础设施不仅早已根本扭转了供不应求的局面，而且在不少地方已出现了电信资源严重闲置的现象。当然，这种电信资源的闲置与电信资费问题相关联。一些地方的政府不顾当地的环境条件，建设了在线业务功能较为强大的网站，却并没有多少用户使用。在企业信息化领域，一些企业近年添置了许多专用的或综合性的信息应用系统，却因为各种原因未能充分应用，比如，企业花了大价钱上了功能强大的企业资源计划（ERP）系统，但其中不少功能模块长期闲置。考虑到信息通信技术更新周期很快，这种能力的闲置无疑意味着巨大的资源浪费。因此，在信息化建设中，应该树立即时生产（JIT, just in time）的意识，对一时用不上的能力，没有必要超前建设造成大量闲置。

再者，应用≠绩效。显然，已建设起来的信息能力，如果不加以应用的话，肯定不会带来绩效，应用是出实效的前提；然而，即使人们应用了已有的信息能力，也还存在着一个如何应用的问题，如果应用不当，结果同样是低效、无效乃至浪费。信息化普遍涉及“电子”和“业务”两方面，信息化建设早期的重点往往放在信息通信技术即“电子”上，在信息化应用深化的阶段会更加注重“业务”。这是一个普遍存在的规律性现象。前些年，我国许多企业建成了技术性能达到一定水平的信息能力，但是，由于在应用中并没有把“电子”与“业务”有机结合起来，信息通信技术的应用没有与企业运营真正融为一体，造成信息化的投入不仅不能提高企业竞争力，在一些企业里反而形成新的浪费。在企业信息化投资相对下降、趋于理性的情况下，我们发现，企业由于关注了电子与业务的结合，相关投资效果的大部分指标都有改善[1]。在坚持应用导向的前提下，各类信息化应用主体，都必须把作为手段的“电子”融入作为目的的“业务”，使技术创新与管理创新乃至制度创新结合起来，才能将信息能力通过应用转化为实际效益。

简而言之，信息化系统的整体能力，是由构成该系统各要素中的“短板”决定的。在信息化建设中仅注意购置软、硬件设备，忽视装备与人员、数据、管理、业务等其他要素的配合，就难以形成系统的、可持续更新的整体能力；能力与应用之间的差，往往表现为已建成信息能力的闲置。而在信息化实践中，能力闲置存在于许多领域。考虑到信息通信技术更新周期很快，这种能力的闲置无疑意味着巨大的资源浪费；应用不当，结果同样是低效、无效乃至浪费。在信息化应用绩效低的领域中，常见的原因在于，信息通信技术的应用并没有与业务和管理真正融为一体，因此，提高信息化应用的绩效，必须着力解决技术与业务和管理脱节的问题，为此又往往需要进行利益调整和机制体制创新。

---

1 中国社会科学院信息化研究中心：《中国企业信息化发展状况调查报告（2005年）》，2005年12月。

第二节　从企业应用看信息化的经济绩效

影响信息化经济绩效的因素众多，作用机理复杂，我们这里主要从企业信息化应用的角度加以论述。企业信息化，乃至经济信息化应用绩效的提高，不仅关系到应用主体本身的经济效益和经济发展，而且对和谐社会的建设意义重大。

一、信息化的绩效观

从经济领域信息化建设的发展过程来看，我国正在经历由信息化能力建设为主向拓展信息化应用、提升信息化绩效为主的阶段转变。在此背景下，我国许多企业的信息化已具备一定的基础，正陆续迈入一个应用主导、整合创新的新阶段。在这一阶段，企业整合应用已有的信息化资源和能力，通过一系列创新，系统地提升企业的信息化应用绩效水平，是这些企业信息化新阶段的主要内容，也是信息化向纵深发展的必然要求。就企业信息化而言，整合、创新，连同信息通信技术能力建设和应用本身都是手段，获得实实在在的绩效才是目的。

然而，企业信息化的经济绩效究竟是什么？对它的不同理解，影响人们对企业信息化的态度。企业信息化如何出绩效？这事关对企业信息化规律的把握，决定了企业信息化的具体部署和实施，决定了在企业信息化新阶段中去整合什么、创新什么，以及如何进行整合和创新。

在国内外信息化推进的实践过程中，人们都曾遇到对信息化经济绩效的质疑。比如，其中最具代表性的当属1987年美国经济学家、诺贝尔经济学奖得主罗伯特·索洛（Robert Solow）提出的“生产率悖论（Productivity Paradox）”。在随后的20年左右的时间里，企业经历了新一轮信息化高潮，特别是互联网革命的洗礼，信息技术应用反映在生产率上的绩效在经过一段时滞期后有所显现。从而，索洛本人在世纪之交也著文称“生产率悖论”得到了解决。不过，在许多企业的现实实践中，人们对信息化经济绩效的疑问其实远没有消除。近年，我们还常常能看到有关信息化项目成功率相当低的研究报告，听到诸如信息化“投资黑洞”之类的说法。

现实中，一方面，作为信息化应用主体的企业，的确会由于信息能力建设和应用的不当，造成事实上信息化应用的低效或无效；另一方面，也存在着信息化客观上已产生了经济绩效，人们却视而不见的认识偏差。我们这里先讨论后一方面，即信息化经济绩效显示度的问题，然后再探讨事实上的信息化低效或无效的原因。

越来越多的案例表明，信息化给企业带来的经济绩效是多方面的，比如：扩大企业销售和增加收入，降低成本和增加利润，堵塞人、财、物的管理漏洞，改进企业市场分析与经营决策能力，改善客户服务和供应链管理，等等。企业信息化的这些经济绩效，大致上可根据能否直观地在财务上反映出来，而被区分为直接效益和间接效益，或“硬效益”和“软效益”两类。后者包括加快企业决策层对市场变化和对客户需求的响应速度，提高客户的忠诚度等。更有甚者，当一些供货商、服务提供商把是否具备与其大客户企业资源计划对接互动能力视为他们能否取得可靠订单的前提条件时，通过信息化具备这种对接互动条件从而获得订单，这样一种带有市场“门票”性质的效益，虽难能直接定量地反映在财务收入上，但给企业带来的价值不仅实实在在，而且至关重要。可见，那种只重视企业信息化直接经济效益的片面的绩效观，会让人大大低估企业信息化的实际绩效，进而低估信息化的重要性和必要性。

信息化经济绩效的显示度如何，能否树立正确的信息化绩效观，会反过来影响企业推进信息化的态度。不管是出于何种原因，企业对信息化建设进行了投入但却迟迟见不到预想的绩效，特别是当企业过分关注信息化的直接经济效益或"硬效益"时，信息化间接经济效益或"软效益"的显示度不高，便很容易使这些企业的决策者产生"信息化疲劳"，认为信息化没什么大作用，而失去持续信息化建设与应用的动力。前几年，我们中国社会科学院信息化研究中心在调查中曾经发现，国内有69%被调查企业把"硬效益"列为它们信息化的第一目标；而当时有资料表明，发达国家的企业已将信息化"软效益"目标排在首位的为70%以上。不过，近年，有越来越多的迹象表明，国内持全面绩效观的企业正在逐渐增加。这当然是令人欣喜的现象。

二、做活企业，是企业信息化绩效的重要内容

在当今信息化的时代背景下，企业必须做活，这是企业应对日益多变的市场环境的需要。构成企业战略的核心因素，一是环境，包括用户需求、市场和竞争条件等；二是企业自身的愿景与任务；三是企业的核心竞争力。显然，这些因素都不是一成不变的。通常企业难以控制环境的变化，而企业可以，并必须努力把握的，一是让自己对环境的认知符合其快速多变的实际，保持对环境的敏感和认知的与时俱进；二是调整自身的愿景与任务，使之与市场环境相互配合；三是在企业上下形成共识并协调行动，一些企业能"看到（变化）"，能"想到（对策）"，但未必能"做到（成功调整）"，正是源自于内部的分歧；四是不断保持自我更新的能力，特别是在核心竞争力上的更新升级。

做活，体现为企业决策和执行两方面的应变能力。这正是信息化大有用武之地的所在。以信息化的视角来看，企业应变能力大致可区分为企业、业务、信息通信技术三层的动态适应性：企业的动态适应性，是指企业对环境变化的灵活反应状态；业务的动态适应性，主要指业务执行层响应企业决策变化的灵活程度；信息通信技术的动态适应性，指企业相关的资源（包括可利用的外部信息通信技术资源）对企业战略决策层及业务执行层的支撑情况。

首先，企业的动态适应性表现为企业战略，对市场环境、客户需求和竞争条件变化的灵活应变程度。事实上，不少企业经营困难带来的生存挑战，往往不是企业管理混乱造成的，而是来自环境变化，诸如产业波动、景气衰退、客户需求转移、竞争对手新产品威胁、技术标准或规制条件变化等，这些都要求企业及时进行相应的战略调整。从战略决策的适应性来看，企业无疑需要信息化。管理学中的决策学派早就强调战略决策比狭义的管理来得重要，强调“管理就是决策”。而在快速多变的环境下，及时正确的战略决策就更加重要。决策过程就是一种信息获取、传输和处理的过程。显然，企业战略决策的动态适应性，离不开信息通信技术的参与和支撑。

其次，业务的动态适应性是企业战略层的适应性在执行层的体现。企业适应性是起统领作用的，需要体现在主营业务、技术、资本安排、市场策略乃至企业文化等诸多方面。其中，由于主营业务是企业市场运作和竞争的主要载体，因此，企业战略与组织对环境的动态适应性，必须首先体现在业务模型上，即一旦企业决策有重大变化，企业的目标市场、主营业务和组织策略必须能够灵活响应和随之调整。与业务模型相对应，业务流程亦当以客户需求为中心，灵活响应环境变化组织企业自身的研发、供应、生产和分销。其中，组织的适应性非常重要，甚至有人把它置于战略决策适应性之上。如乔纳森·戴（Jonathan Day）在《组织促进增长》中所说，“因为未来取决于领导者、跟随者以及企业环境的互动，而这是非常复杂而难以预测的。这一观点的改变使我们从‘组织跟着战略变’的观念，也转变为一种新的领导模式，即组织设计、团队互动的质量和企业内部动能的扩散，对于成功而言，远比制订这样或那样的战略更为重要”。不管怎样，业务的动态适应性要求把即时生产原则用于企业组织，为此，企业需要对整个组织和业务流程进行信息化改造。要随时跟踪环境变化和自身运营动态，及时预警，做出资源调配和组织安排等。这当然离不开比尔·盖茨所说的“数字神经系统”[1]，而它要发挥功效，就不能仅仅简单地局限于信息部门，而是要融入企业整

1 （美）比尔·盖茨：《未来时速——数字神经系统与商务新思维》，北京大学出版社，1999年。

个组织肌体和业务流程，体现在研发、供应、生产和分销等方方面面。

最后，信息通信技术的动态适应性体现为在以上过程中信息化对企业战略决策与业务执行的技术支撑。信息通信技术的支撑能力，首先通过决策支持系统（DSS）、供应链管理（SCM）、客户关系管理（CRM）、电子商务（E-Commerce）等一系列信息应用系统的实际应用表现出来，现在不少企业已经建设了多种多样的信息应用系统；其次，这些应用系统的运行，需要结合各种数据，离开信息资源的应用系统是毫无意义的，相关数据的有效开发与应用在很大程度上影响这些系统的应用效果；再者，网络化是当今企业信息化的基本特征之一，上述应用系统和相关数据是基于网络支持的，而网络的形式可以多种多样，但或多或少与互联网相关联。信息通信技术对企业应变能力的支持全面体现在决策与执行的不同层面，涵盖从直接的成本控制、收入增加等"硬效益"，到决策支持、内外部资源沟通、客户服务等"软效益"的许多方面。凡此种种，信息通信技术都以不同的作用方式对做活企业做出贡献，当然，这种贡献远远超出了信息化带来的直接经济效益。

三、努力使信息化融入企业决策和主营业务

从上述分析可以得出以下重要观点：企业信息化的经济绩效关系做活企业和提升企业整体竞争力，信息化要为做活企业乃至提升企业整体竞争力做出贡献，就必须努力融入企业决策，融入主营业务。

近年，对我国企业信息化的跟踪研究让我们看到，在不少企业，信息化应用在经历由少到多、由点到面的普及发展的同时，还呈现出由表及里、从边缘到核心的深度融入的趋势。最能集中体现信息化深度融入企业运行的部位，就是企业的高层决策和主营业务，信息化融入决策和主营业务的过程，正是它直接参与企业核心价值创造的过程。

实践表明，企业信息化健康而顺利的发展，当然需要企业信息部门的努力，同时也离不开各方面条件的配合。其中，最重要的就是要取得企业领导和业务主

管的理解和支持，而取得他们理解和支持的最有效的基础，就是要在决策和主营业务，即企业核心价值的创造上，不断显示出信息化不可替代的功用。

在融入企业决策方面：企业信息部门越能及时、准确、全面地提供高层决策所需的信息，乃至在深入加工了企业内外部初级信息后，向高层不断提供决策急需的、有充分依据的态势分析和对策建议，就越能得到企业领导的支持。企业“数字神经系统”反应越敏锐、分析能力越强大，指挥控制企业整个肌体的协调性越良好，企业的动态适应性就越强。由此，企业领导也就越来越离不开信息化。

在融入主营业务方面：企业信息部门越能准确理解业务部门在生产经营中面临的问题和需要，通过信息化手段帮助业务部门克服生产运营中的难题，就越能得到业务部门经理们的支持。主营业务是企业在一定时期生存发展的主要依托和市场竞争的主要载体，信息化深度融入和有力支撑企业主营业务的生产、供应、市场推广、客户服务，乃至其优化和更新，为强化企业主营业务上的竞争力做出贡献的过程，也是信息化从企业运营的配角变成不可或缺的主角的过程。

在实践中，信息化要融入企业决策和主营业务，一方面，是对以首席信息官（CIO）为代表的负责企业信息化实施团队能力的考验，要求他们在推进企业信息化的时候，必须树立服务全局的战略意识，不断提高信息化支撑决策与主营业务的水平；另一方面，企业又要为信息化融入决策和主营业务创造必要的条件。

第三节 从农村应用看信息化的社会绩效[1]

无须赘言，影响信息化社会绩效的因素同样非常复杂，讨论信息化的社会绩效可以从诸多角度展开。我们在这里，主要从农村信息化应用的角度讨论信息化的社会绩效问题。要正确评价农村信息化的社会绩效，首先关系评价所采用的标准。显然，采用不同的评价标准，会得出不同的评价结论。

一、衡量我国农村信息化成败的根本标准

要探讨衡量我国农村信息化成败的根本标准，就必须回到农村信息化的本质问题上来，否则就会失之偏颇。在笔者看来，农村信息化有两个重要的本质问题，即：我国农村信息化的主体是谁？我国农村信息化究竟要解决什么根本问题？

假如我们能够摆脱当局者迷的误区，那么回答我国农村信息化主体是谁，其实非常容易——当然是几亿农民。我国农村最大的国情特点，就是拥有几亿组织率不高的农村人口，与此相应，农村的产业化、公司化的程度不高，这是在我国发展农村信息化必须牢记于心的国情。但可惜的是，在实践中，还是存在着农民“说起来重要，做起来忘掉”的情况。比如，在农村电子商务领域，就存在重

1 本节的一些内容主要参考作者汪向东的论文“衡量我国农村电子商务成败的根本标准”，该论文发表于《中国信息界》2011年第3期。

公司、轻农户的问题。在自20世纪80年代以来存在至今的“公司+农户”的农村经济基础结构中，公司不仅被当成农村电子商务的主体，更有甚者成了农村电子商务的最重要的主体，以致轻视，甚至忽视了广大农民的主体地位。这样的农村信息化不仅本末倒置，而且它得不到农民的广泛拥护和积极参与，自然也在意料之中。

当然，农村电子商务也有企业对企业（B2B）与企业对消费者（B2C）、消费者对消费者（C2C）的区别，发展大宗农副产品的企业对企业电子商务也是必要的，这另当别论。不过，基于我国的基本国情，就农村电子商务和农村信息化整体而言，我们必须牢牢树立为农民、靠农民来实现发展的战略指导思想，必须以广大农民是否积极参与并从中获得实惠，作为衡量我国农村信息化成败得失的根本标准，而不能以涉农电子商务公司和企业对企业业务的发展，以偏概全地作为对农村电子商务，进而农村信息化整体的衡量标准。

我国农村开展信息化究竟要解决什么根本问题？较之农村电子商务，农村信息化的范围更广，有更多方面的功能和目标诉求，比如，除了经济方面的诉求外，还有通信、社交、教育、文化、娱乐等方面的功能。归结起来，我们认为，农村信息化要解决的根本问题，是要帮助亿万农民克服自身的信息弱势地位。农民信息地位的改善，首先要体现在经济方面，进而体现在他们社会生活的其他方面。

在经济方面，农村信息化要解决的关键问题之一，就是要帮助亿万农民解决分散的小生产对接大市场的信息弱势问题。通过农村改革，家庭联产承包，改变了过去“三级所有、队为基础”的农村集体公有制结构。分田到户以后，农户种什么、做什么、怎么种、怎么做，都由自己说了算，增收归己，从而激发了亿万农民的积极性。但农民一家一户的小生产要面对变化多端的大市场，生产决策千差万别，原来集体经济规模经营的“统”的好处就没有了。针对这个问题，20世纪80年代，形成了“统分结合，双层经营”的结构，旨在把“统”的优越性和“分”的优越性结合起来。这一结构的直观说法就是“公司+农户”，用意在于以公司来帮助农户对接市场。这个基础性的经济结构一直沿用到今天。

然而，在“公司+农户”的结构下，农户分散的小生产对接大市场的难题并没有得到圆满解决。在这里，公司存在的用意是为农户服务，但在现实中他们却常常凌驾于农户之上，牵着农户鼻子走，与农户争利。之所以如此，一个重要原因就是市场信息大部分掌握在公司手里，农户与公司之间存在着明显的信息不对称。农户由信息弱势造成市场弱势、经济弱势和社会弱势的情况，比比皆是。

发展农村信息化，特别是发展农村电子商务，其经济上的根本目的或要解决的根本问题，就是要利用互联网打破时空界限、缩短流通环节、沟通供需双方等特点，帮助农民去克服原有的信息弱势，直接对接大市场。为此，就需要打破原来“公司+农户”结构的限制，在其中加进“网络”的元素，因此，信息化是必不可少的。不过，这个“网络”元素如何加进来，或者说农村信息化如何做，却有着不同的发展模式。

回到农村信息化绩效评价标准的问题上，要在经济方面评价农村信息化的成败得失，当然就要看通过信息化的开展，亿万农民是否在对接市场时真正摆脱了信息弱势，这集中体现在农民能否在订单和定价上拥有必要的话语权，并最终从中获得了实实在在的好处。换句话说，如果农村信息化，特别是农村电子商务开展了多年，农民面对市场依然盲目被动，仍然被人牵着鼻子走，订单和价格听由别人来决定，自己没有什么话语权，这样的农村信息化和农村电子商务远谈不上成功。

二、两种不同的农村信息化

经过多年的发展，我国目前事实上存在着两种不同的农村信息化。一种是自上而下式，一种是自下而上式。前者的特征是由政府主导、国家投入、通过官方机构或者带有官方背景的机构运营的平台开展信息化应用；后者是由市场牵引、社会或用户自己投入、农民自发地利用市场化的平台开展信息化应用。这两套农村信息化的动力系统不一样：前者是靠政府为主导的外在力量推动农民开展信息化，就是“要农民信息化”；后者则是靠农民自身的动力开展信息化，它是“农民要信息化”。

不同的动力系统带来的结果也不一样。多年来，国家花了很大力量推动农村信息化，很多部门都很重视，发改委、工信部、科技部、农业部、商务部等，都在推农业信息化，中组部也建了一个农村党员干部远程教育的系统。近年提出新农村建设的任务后，政府更是加大了农村信息化的推动力度。但是，农村信息化依然困难很多，应用成效不理想。自上而下式农村电子商务普遍遭遇的典型问题，就是前述“信息化不等式”的挑战。

有些同志往往喜欢用能力建设的数据来证明农村信息化的成功，其实不客气地说那是自欺欺人。须知能力建设只是手段，真正改善亿万农民的信息弱势地位的问题才是农村信息化的根本目的。已建成的能力使用不足，效果不理想，是自上而下农村信息化存在的突出问题。问题的关键何在？我们认为，关键就在于自上而下的农村信息化是靠外力去推动，这种自上而下的推动和农民发自草根的、自下而上的要求错位，没有真正调动广大农民开展信息化的内在动力。

反观自下而上式农村信息化，农民自发利用市场化的信息化平台，不要国家投入一分钱，信息化应用的效果却非常显著。以农村电子商务为例，阿里巴巴集团研究中心在其官方网站上推出了专栏，命名为“灯塔”，收集了越来越多的自下而上的电子商务案例。从阿里中心近年组织的全球最佳网商评选，以及我们中国社科院信息化研究中心对农村信息化的调研结果看，自下而上的农村电子商务及农村信息化正在涌现出越来越多的成功经验。我们在本书第三章介绍的“沙集模式”，就是其中的典型代表。此外，还有其他一些典型模式。

例如，“堰下村模式”。这种模式出现在江苏沭阳颜集镇，农民自发在淘宝网上开店销售花木，网销规模占到总销售的1/3以上。这一模式的主要特点是针对当地的农副产品面向大市场开展网络营销，在原有生产结构改变不大的情况下，电子商务发挥了作为辅助销售手段的重要作用。“东高庄模式”。这种模式出现在河北清河，东高庄村75%的农户自发从事羊绒纱线与制品的网络销售，年网上销售额超过100万元的有20多家，其中最大的年网上销售额超过1,000万元。这一模式的主要特点是先工业化后电子商务，当地农村的工业发展到了一定的程度后，再来利用网络销售发挥助推作用。“青岩刘模式”。这种模式出现在浙江义乌，凭借毗邻义乌小商品市场及货运市场的便利，一个1,000多人的小村子引来7,000—8,000外地人前来落户开办网店，销售小商品。这一模式的主要特点是充分发挥当地独特的区位优势，开展电子商务。“青川模式”。这种模式出自2008年四川大地震重灾区之一的青川。以返乡创业的大学生为领头羊，在阿里巴巴设立于当地的“阿里之家”的支持下，快速形成一批农民网商。他们以在网上经营当地农副产品为主，自己起到帮助当地山民对接市场的经纪人的作用，让信息化在支持当地灾后重建过程中发挥了重要作用。

自下而上的农村信息化，除了农村电子商务中多见的农民自发在淘宝、阿里巴巴企业对企业平台等社会化第三方平台上开店创业的形式外，人们还可以发现其他成功的案例。比如，福建省南安市的世纪之村就是其中的典型代表。

世纪之村信息化应用系统，是由世纪之村（福建）集团公司投资开发、拥有自主知识产权的农村信息化综合应用平台。该服务平台集软件开发、信息点建设、农村草根物流配送队伍建设为一体，针对农民的实际情况，以智慧和信息服务“三农”，促进社会主义新农村建设。该平台目前具有“农村电子村务、农村电子商务、农村社区信息服务”三大职能，包含27大功能模块，如三资管理系统、村务公开信息管理系统、党员廉政监督管理系统、触控查询系统、大学生村官创业网、农村教育信息共享系统、政府职能信息管理系统、劳务需求信息系统、企业展品系统、百姓新闻系统、视频点播系统、农村信息融合专家咨询系统、概念搜索引擎、WAP手机网站、便民通信缴费系统、综合便民服务平台、农惠通连锁商超系统、“农惠通”分销系统、农村信息服务站管理系统、防灾减灾及应急疏散管理系统、乡村旅游、网洽会、网上农家店、农民专业合作社电子商务公共服务、图书馆等，可提供500多项使用功能。这个平台基于村级信息点和信息员开展运营，通过村设的网点实现服务到农户。由信息员帮助农民发布信息和采集信息，依托信息点发展物流员进行短程的集中配送，信息员和物流员采用兼职方式，由现有人员兼任，从而降低平台运行成本，用信息平台来对供求信息以及物流信息进行统一管理。以此分销体系，来实现将一个区域的农产品供求信息聚集，向另一个区域销售或求购的区域对区域（Area to Area，A2A）模式。到2011年年底，世纪之村平台已发布村务公开信息185万余条，农产品信息868万多条、每月成交额2.1亿元，培训专职信息员8,613人，兼职信息员超过18,130人，发展农家店6,150家，创造就业岗位26,743个。2012年5月，福建省办公厅发文，出台支持世纪之村平台建设推进农村信息化发展的7个方面21项措施，大力推广农村信息化的这一成功经验。

这些自下而上的农村信息化实践真正切中了问题要害，并为农村发展带来实质的变化，较之于自上而下的农村信息化，它的应用绩效非常显著。

三、农村信息化应用的社会绩效

以“沙集模式”、世纪之村为代表的自下而上的农村信息化应用，其社会绩效十分明显。越来越多的农村草根网商返乡在网上创业，越来越多的农民利用互联网，不仅可以了解外部世界，而且能够了解村务信息、参与电子商务、参与村务管理和社区公共事务。在这些地方的农村，信息化起到了助力解决农村社会问题、推动农村社会变迁的作用。

我们不妨通过农村信息化应用的成功案例，将信息化助力推动农村社会变迁的应用绩效，主要归纳为以下方面：

图10.1　店商中闽弘泰雇了100多名本地农村打工者

一是农民通过信息化应用，特别是通过在电子商务平台上开网店从事经营活动，改变了自己原有的社会身份。越来越多的农民网商像沙集人一样从事网销活动，他们其实已经不再以务农为业，不再是“面朝黄土背朝天”、“日出而作，日落而息”的农民了。我们在实地调研中很有体会，早上入户访谈，大多会吃到“闭门羹”，因为头天晚上他们要适应买家的作息习惯，在网上做生意直到午夜，早上正是他们补觉的时候。有些农村网商在自己的网店和工厂里，雇用了很多当地和周边的打工者。他们就像城市的大工厂一样，上下班要打卡。这些原来的农民，现在已经变成了网商、老板、经纪人、工人、客服等。不少农村网商开始雇用城里人，开始给城里人发工资。

二是通过信息化应用提高了从业者和相关农户的家庭收入。特别是在农村电子商务取得实质发展的地方，当地农村电子商务参与者收入的提高相关明显。在河南辉县，出现了一批像“山之孕”那样的农村电子商务网店，主要经营太行山当地的山货。此类电子商务应用的开展，让太行山里原来因很少有人问津而烂在山里的山货卖出了好价钱，纯天然的野生山楂收购价由每斤1元涨到7元，不仅网商赚了钱，而且明显提高了山民的收入；在河北清河、江苏沭阳、浙江义乌等地，农村网商开网店销售羊绒制品，做花木生意或小商品批发，通过薄利多销增加收入。据我们调查，沙集家具网销的平均利润率为18%，网销的快速发展，使当地出现了招工难。招工难，进而又带动了当地工薪水平上升，一个大工的月薪可达到6,000元。信息化的应用，不仅让原来的贫困户通过网上创业、到网店或加工厂工作脱贫，而且在农民网商中涌现出了一批先富起来的老板。

三是农村信息化应用促进了农村经济和产业结构的优化，改善了环境。电子商务促进了农村主导产业转型。例如，在沙集，当地人生活的改善直接得益于电子商务带来的产业结构调整。原来，废旧塑料的回收加工是当地最大的非农产业，农民房前屋后堆积大量废旧塑料，再加上加工废旧塑料过程中产生的废气、废水，令当地环境污染十分严重。现在，随着越来越多的沙集人转型做网商，产业结构的改善使当地环境也有了明显好转。与沙集仅一河之隔，是宿迁的耿车镇，20多年前，“耿车模式”闻名天下，沙集学耿车发展起基于农户的废塑业；今天，耿车学沙集，也正在由废塑转向网销，从传统工业化时代跨入信息化时代。

四是通过农村信息化的应用，农民的组织化水平得到提高。许多农村电子商务的经营者们，担负着组织和汇聚农民原本分散的买卖需求的重任。他们利用各具特色的经营方式把农民组织起来，或直接，或间接地通过电子商务平台对接市场，在发展经济的同时，也提高了农户的组织化水平。例如，世纪之村为突破农民的分散性和低素质限制，用植根村级的加盟信息点和信息员，帮助农民利用互联网，除了在经济上聚合农民分散的需求，开展电子商务，还在电子村务、参与管理和社会文化活动诸多方面发挥了组织起来的优势。随着农村电子商务的规模发展，农村草根物流的状况也得到了逐步改善。更值得关注的是，信息化应用大大提升了农民专业合作社的营销、生产和管理水平，一些互联网公司专门为农民合作社开辟网上专栏、展开培训，甚至搭建起农超对接、农校对接的平台，一些电子商务协会起到了组织网商，进而组织农民，支持农户特别是青年人网络创业、学习和自我发展的积极作用。

图 10.2　沙集东风村街边标语

五是信息化应用有助于农民返乡创业与就近就业。比如，在沙集，在有着“鸡毛换糖”传统的义乌，不仅原来外出打工者现在几乎都返乡创业和就业，而且还吸引周边村镇的农民前来就业，甚至吸引众多外地人前来落户。沙集东风村路边的标语“出门打工东奔西跑，不如在家上网淘宝”，反映出农民对进城打工和返乡开网店二者利弊权衡后的答案。东风村每家网商平均雇用6人。而前来东风村农民网商中打工的周边农民，许多人也是通过打工来学习开网店创业的本领，然后回去开办自己的网店。这样的例子在当地比比皆是。

六是信息化应用所实现的农民返乡创业和就近就业，使传统农村显现出小城镇的雏形。其中，电子商务市场新生态与服务业的发展扮演了重要的角色。电子商务带动发展起一个由多元素配套构成的新的市场生态。在沙集，网商的产业链上包括了家具网销、生产、物流快递、原材料供应、配件购销、相关信息技术服务等；在义乌，不少村子已变得与城镇无异，青岩刘村原来人口只有一千多人，现在涌入上万外来人口前来落户，从事网上网下的小商品经营，本地农民当起了房东，当地经济结构已经去农村化和商业中心化。大量农村打工者返乡创业和就近就业，大量外来人口前来落户，对于农村富余劳动力就地转化，对于我国探索新的城镇化道路提供了新的启发。

七是信息化应用让农民工返乡，明显改善了他们的家庭生活质量和农村社会面貌。农民工大都是农村中年龄、文化处于最佳段位的人群。他们返乡创业和就近就业，直接给他们的家庭生活质量带来明显改善。农民工常年外出打工，老人没人管，孩子没人问，夫妻长期分居带来了很多社会问题。沙集的领导说，那时如果有人去世，想找四个抬棺材的青壮年都凑不齐。平时村子里人去房空，死气沉沉，社会治安也成问题。现在，随着大量外出务工者返乡从事电子商务，"空巢家庭"、"空巢村"带来的很多社会问题迎刃而解。村民家庭生活发生了巨大变化。沙集人将现在的生活归纳出"五不耽误"，即不耽误照顾老人、不耽误照看孩子，等等，一家人在一起一边努力为自己的事业打拼，一边享受着天伦之乐。村镇面貌也因此焕然一新，治安状态大为改善，东风村的老书记王维科形象地将其原因归结为"家家户户无闲人，人人手里有猴牵"。意思是村民们有正事干，就不再无事生非。这不仅有利于和睦家庭、和睦乡里，而且也造福整个社会。外出打工者的回归，还为当地农村社会管理和公共事务注入了蓬勃生机。

八是电子村务的应用有助于化解农村干群矛盾，构建农村基层和谐关系。例如，世纪之村平台就是从电子化的村务公开应用开始起步的。这个农村信息化的应用系统可在村一级开设子站，村里的信息员经授权后就可以发布村务公开的各种信息，村民和其他用户都可以随时了解村务信息，不便上网的村民也可以通过设在村里的信息点和信息员查阅，在外打工者也可以了解家乡的发展和村务情况。此类电子村务公开和基层农村信息化管理的典型应用，如张家港的“网上村委会”、湛江的“村务E路通”、溧水的“村务公开系统”、中牟的“村治在线”等，有利于保障农民群众的民主权利，改善农村民主管理，融洽农村党群、干群关系，促进农村基层民主政治建设和农村社会和谐发展。

九是农村信息化应用可促进农民提高自身素质，帮助他们实现自己的人生价值。农村信息化应用，需要农民克服文化知识、劳动方式，乃至思维方式上的限制。只要让农民看到了信息化应用的好处，他们就会激发起应用信息化手段的积极性，特别是先富起来的网商对周围乡亲们利用信息化手段脱贫致富，会起到巨大的示范效应。而且，其包容性发展的特征令人印象深刻。例如，在农村网商队伍中，不仅有朝气蓬勃见多识广的年轻一代，也有文化水平不高的农村妇女、年逾古稀的老人和残疾人。二十岁刚出头的小伙子段亮，经营着自己的网店和家具厂。2010年我们召开“农村电子商务暨‘沙集模式’高层研讨会”实地考察时，从县电视台到中央电视台，几台摄像机对着他，在众多媒体记者、专家学者和官员们的包围中，他在跟国家商务部的司长讲述网店经营之道。腼腆的表情，自信的话语，让人动容。七十岁的周为山不愿成为家庭和社会的累赘，不久前还在经营网店，只是眼睛有病，才在孩子和大夫的强力要求下离开了电脑屏幕，做一些线下的管理工作。山东嘉祥县的农民孟宏伟兄弟都有残疾，瘫痪的哥哥和失去一条胳膊的弟弟，在网上卖活牛羊卖出了国门，带动了当地二百多家养殖户和上千人就业。曾轻生过的孟宏伟当选了2011年度全球十大网商，书写出不平凡的人生。草根农民网商创业，带给他们的不仅仅是经济收入，还有个人价值的实现、自信和尊严！

可见，农村信息化一旦找到有效的应用模式，就可以产生明显的应用绩效，由此提升农民的幸福感，在构建农村和谐社会的过程中发挥巨大作用。

不过，整体来看，这些行之有效的农村信息化应用的发展很不平衡，在许多地方，农村信息化的应用绩效还远没有充分体现出来。较之自上而下的农村电子商务，草根农村网商的发展才刚刚开始。例如，根据淘宝提供的数据，农村网商目前在网商中的占比还仅仅是1/10左右。自上而下的农村电子商务近年有从信息服务向交易服务拓展的积极迹象，能否克服此前“信息化不等式”的限制仍有待未来的实践探索。农民群众自下而上的信息化应用如何克服自身草根性的制约，其实是信息化所带动的农村经济社会转型中农民自身的历史性蜕变问题。这是一项长期的历史性任务，既需要农民自身的努力，也需要政府、平台和其他相关的主体共同努力。

第四节 提高信息化应用的绩效

我们前面重点围绕企业信息化应用和农村信息化应用，讨论了信息化应用绩效的部分问题。在实践中，信息化的绩效问题，涉及更多的领域、更多的主体、更为复杂的因素。全面提高信息化绩效，需要更多的研究和实践来支持。比如，在信息产业发展和信息化能力建设中继续优化结构，努力解决信息制造加工业的产能过剩、大而不强的问题，突破阻碍信息化应用绩效提高的体制机制障碍等。在此，我们重点针对本章此前讨论的企业信息化应用和农村信息化应用的内容，提出以下建议。

一、通过整合"信息孤岛"提高应用绩效

现阶段，我国信息化建设与应用在诸多领域都正面临着整合"信息孤岛"的挑战。"信息孤岛"的存在，显然不利于整体上提高信息化应用的绩效。根据"诺兰阶段模型（Nolan's Stage Model）"等一些著名的信息化理论，整合（integration）被视为信息化发展必经的重要阶段之一。而根据大量的信息化应用实践，一旦信息化能力建设达到一定水平后，整合往往表现为经常性的动态过程。

要有效整合"信息孤岛"需要首先明确"信息孤岛"的成因。在实践中，形成"信息孤岛"的具体原因大致有三：一是由人为因素造成的，如分散决策、规

划失误、当事者失误，甚至腐败等，任何信息化建设与应用的主体在整合信息化相关资源的同时，都应采取相应措施努力堵塞人为造成“信息孤岛”的漏洞；二是由发展不足带来的，随着信息化的发展，此类“信息孤岛”通过补齐“短板”和整合资源理应得到克服；三是由技术差异所致，信息化是一个漫长过程，应用主体拥有的信息化能力和资源，由于技术进步过程中的“断点”，由于能力建设中的添加、更新和重新部署，也会打破信息化能力要素间原有的联系和系统的稳定，造成新的“信息孤岛”状态。这有时是技术进步的伴生物，技术更新周期越短，越容易出现此类现象；有时是信息化主体应变的结果，比如配套企业为之服务的龙头企业或新的战略伙伴、重要客户方面的变化，形成与本企业原有信息系统之间的差异所致。因此，对于特定的信息化主体，不仅要重视整合组织内部的“信息孤岛”，而且要重视整合与其相关的外部主体间的“信息孤岛”。

在整合“信息孤岛”的过程中，必须在进行技术整合的同时，高度关注非技术领域的问题。首先，要重点关注因整合“信息孤岛”切身利益受到冲击的当事者，努力化解他们因在整合中失去某种资源、地位、好处或权力形成的反面力量；其次，在整合“信息孤岛”时，要重视制定超越技术的规范，如行政规范和市场规范；再次，在整合“信息孤岛”的过程中，离不开大量的协调工作，以克服人们认识上、行动上的不统一，因此需要加强信息化的领导力；最后，要重视保障整合“信息孤岛”所需的额外的资源投入。

二、以技术创新促全面创新提高应用绩效

信息通信技术的导入和应用，给城乡各类信息化应用的主体带来全方位创新的机会，新技术有可能被用于技术研发、加工制造、市场销售、交流合作、用户服务、公共管理、人际交往、教育文化和人们的学习、娱乐等日常生活诸多方面。由于信息技术的广泛渗透性，这种技术创新所能带来的创新机会是全方位的，然而，技术创新能否真正带来和实现全方位创新，并非一种自然而然的过程，它离不开应用主体的正确选择和付出的努力。

信息化应用主体首先要重视技术的创新，同时又要处理好技术创新与非技术领域创新的关系。要明确技术创新是信息化的重要的动力来源，但不是唯一的动力来源，技术创新可以推动，但是不能替代业务创新、管理创新、制度创新。信息通信技术是信息化的必要条件，但不是充分条件。例如，我们将企业的动态适应性落在信息通信技术的动态适应性上，为的是说明信息通信技术对企业适应性的支撑不可或缺，但反过来我们不能简单地认为，有了信息通信技术就一定可以获得企业的动态适应性。其实，离开非技术创新，单纯的新技术导入不可能取得良好的应用绩效。[1]

特别是在实践中那些虽然建设了同样的信息通信技术项目，但最终应用绩效不佳的主体，更应该重新审视非技术因素与新技术不相适应的问题。要以积极进取的态度，面对信息化过程中技术创新带来的人际间利益调整和组织制度文化重建带来的挑战。要纠正对信息化的误解，不能把信息化简单理解为仅仅是新技术在应用主体原有系统上的叠加，需确立信息化是“数字神经系统”革命的观念，它是由技术创新带来的应用主体整个组织肌体和活动方式的再造。否则，就很难克服信息化发展到一定阶段后出现的阻力，也很难提高信息化应用的绩效。

三、以改革克服信息化阻力提高应用绩效

我国信息化发展到应用主导的新阶段所要求的整合与创新，要想取得理想的应用绩效，就必须重视和有效解决人的问题，为此，尤其需要以改革来克服信息化的阻力。对于那些市场化相对滞后的领域及应用主体，改革更是提高信息化应用绩效的必要条件。

首先，信息通信技术本身作为中性的工具，可以服务于不同的战略目标。如果与改革相结合，信息化就可以成为应用主体全面创新的革命性手段。以企业为例，信息化有助于打破企业过时的运营假设、组织设计、传统规则，以客户为中

---

1 （美）James A. Champy：“不改流程，IT 无用”，《世界经理人》，2004年8月，原文载于 *Financial Executive* 杂志，2003年10月号，杨彤译。

心变革企业资源配置、运作方式，乃至实现企业的再造，全方位地提升企业竞争力。反之，新技术也可以引入到陈旧的组织制度和结构之上，成为固化落后的工具。我们的改革仍在进行之中，本身尚未完全到位。完全迁就现状而脱离改革地建立“数字神经系统”，很有可能无益地加大未来改革的成本和转型的难度，这样的信息化本身也很有可能被推倒重来。

其次，随着信息化向纵深发展，一旦涉及各类当事者的权力和利益关系，就更需要靠改革才能化解阻力。信息化健康持续发展所需的内外动力机制，也需要随着改革的逐步到位，才能得以形成和完善。

再次，较之此前信息通信技术的导入，整合创新阶段的信息化更容易带来大量协调矛盾的要求，更需要信息化领导力的保障。信息化领导力，并不单纯是领导人认识上的问题，还要有制度建设和改革做保证。这样，信息化才不至于因领导人的更换或个人口味的变化半途而废。

最后，在整合创新阶段，信息化所涉及的权力与利益调整和制度改革，必然伴随着文化的重建。建立崇尚改革的文化氛围，是信息化向纵深发展所需要的。

四、加强应用绩效考核破解“信息化不等式”

加强信息化的绩效考核，是破解“信息化不等式”的必要措施。绩效考核必须以用户的评估为准。在调查研究中，我们发现，对于特定的信息能力应用，有时涉及不同的主体，而不同的主体又往往对同一信息能力应用的绩效会给出不同的评价。既然信息化建设的目的是为了通过应用获得绩效，那么，信息化应用的绩效如何，就不能由信息能力的提供者自说自话，而是要由信息化能力的用户来评价。信息化应用的用户，可以区分为内部和外部用户两类。以企业信息化为例，信息化是否能够融入决策和主营业务，融入决策和主营企业的应用绩效如何，不应由企业的信息通信技术部门说了算，而应该由企业内部的决策者和业务经理来评价，更重要的是企业决策和主营业务都必须经过市场检验。因此，说到底，企业信息化的应用绩效如何，是由市场、由企业的外部用户说了算。电子政务和社会管理服务部门也是如此，政府与社会服务领域的信息化应用绩效如何，不应该由政府机关和事业单位自己认定，而应该由用户即社会公众评价。

针对我国信息化建设中大量存在自上而下建设项目的情况，要提高信息化的应用绩效，就必须切实加强对这些项目的绩效评估。国家和地方的计划及审计部门应加强对国家投资兴建或支持的信息化项目的绩效测评。信息化绩效测评不能再仅以能力建设的工程指标为标准，而应以项目应用后的最终经济绩效和社会绩效为标准。以农村信息化中的电子商务应用为例，尤其是企业对消费者、消费者对消费者的农村电子商务项目，必须以农民的应用状况和效果为衡量标准。

加强信息化应用绩效评估，特别要对信息化平台的建设项目给予更大的关注。原则上，只要能够利用已有市场化平台的，就不应再以国家投资新建平台，以避免重复建设、资源浪费。对于绩效测评结果不好的项目，原则上不应继续追加建设资金，而应督促项目责任机构限期整改，提高其运营绩效。对于整改无望的项目，应及早关停并转，以减轻后续的损失。对于假信息化服务公众和弱势群体为名营私造成较大损失者，应依法追究当事人的责任。在信息化绩效测评中重视发挥用户测评和第三方测评的作用。通过严格的绩效测评和监管，推动自上而下的信息化建设项目进一步转向自下而上或上下结合的轨道。

要鼓励探索已有的上下结合提高信息化应用绩效的多条路径和多种方式。比如，鼓励自上而下式的信息化应用机构直接面向广大用户进行推广与业务拓展，切实克服沟通障碍，强化细分市场的专业性等，以增加自身对广大用户的吸引力和凝聚力；鼓励自上而下式信息化机构与市场化平台企业开展业务合作、股权合作甚至兼并重组，以改造某些官办平台不适应市场运作的属性，将其有用资产进行合理配置，真正纳入按市场规律运行的良性轨道。

五、鼓励发展信息化应用的第三方公共平台与服务

信息化应用的第三方平台与服务，可以有效避免各类应用主体的重复建设，降低信息化应用的成本和难度，特别是为广大中小型用户乃至个体用户提供方便

应用的信息化应用条件；同时，信息化应用的第三方公共平台与服务，体现了社会分工的要求，可以让人们更专注于自己最为擅长的工作，提高应用主体的整体效率和效益。

信息化应用的第三方平台与服务，按其性质不同，大致可区分为市场化或商业性、公益性两大类，后者又可区分为政府提供的和非政府机构提供的。前述自下而上农村电子商务的发展，实际上主要是依托市场化的电子商务交易平台发展起来的，它为农民网商创业提供了便利，帮助农民网商获得了经济效益，并从而体现了其社会绩效。反过来，网商的发展也为平台的发展提供了源源不断的活力。市场化的信息化应用平台与服务，本身是信息服务业的重要组成部分。大力发展市场化的信息化应用平台与服务，符合国家业已制定的产业发展政策。

政府要鼓励广大用户充分利用市场化的平台。比较而言，这些市场化的平台不仅更开放、服务更好、功能更强大，而且更重要的是这些平台上的资源更丰富，比如，农民网商选择在淘宝这样的市场化交易平台上开展电子商务，一个重要原因是平台上云集了海量买家，在淘宝上开店经营，可以方便地找到生意伙伴和交易对方，直接沟通供需，实现订单与定价上的话语权。这是许多自上而下式的电子商务平台难以做到的。政府应该充分肯定和进一步发挥这些市场化平台的作用，鼓励和帮助他们进一步提升服务质量，更好地服务广大用户。

政府和非政府机构提供的公益性的平台和服务，对于提高信息化应用绩效也非常重要。其中，政府特别要摆正自己的位置，应努力做到“不越位、不缺位”，集中致力于营造良好的信息化发展环境，不要越俎代庖地代替市场去干很多出力不讨好的事情。凡市场自己可以解决的事情就应让市场去解决，政府不越位；但对于一些市场失灵、靠市场个体自己突破不了的瓶颈，如土地、资金、人才、网络资费、基础设施建设等问题，政府应该不缺位，要出面帮助协调或出台有针对性的政策措施，同时不断改善政府自身的公共服务。要大力发展非政府的公益性平台和服务，重视通过成立公益性的组织，如行业协会、网商协会等，发挥这些机构在应用培训、信息共享、互通有无、信用保障、官产学研合作等方面优化信息化应用环境的作用。

第十一章

电子政务的战略调整问题

电子政务在构建和谐社会中具有不可替代的重要作用。这种作用，一方面来自电子政务中“政务”的属性，与政府在社会发展中所扮演的角色相关；另一方面来自“电子”的属性，即政府本身及其公共管理与服务的信息化，对社会发展、转型及社会和谐有着重要的影响。我国基于互联网的电子政府发展历史不长，能力建设与政务应用进展明显，但也在公共服务及政府转型上面临着严峻的挑战。本章将从历史与现实、供给与需求、管理与机制、国内与国外等不同角度，分享我们的一些观察与思考，论述要以电子政务助力和谐社会建设，需进一步调整电子政务的战略。

第一节　我国电子政务发展的历史与现状

政府作为国家机器，历来是信息技术应用的大户。我国政府以现代信息通信技术推进的信息化过程，是从20世纪80年代政府的办公自动化（OA）开始，到目前大致经历了单机应用、“政府上网”及能力建设全面推进，以及“应用主导”三大发展阶段。而电子政务一般指的是互联网时代政府本身及其政务活动信息化的过程及状态。以互联网为代表的信息技术，既为政府履行职责提供了新的技术手段，又对政府及其政务的转型提出新的要求。互联网不仅提供了一种全新的手段，用以突破原有政务活动中信息互达、即时交流、内容检索、决策参与、民主治理的时空局限、技术瓶颈和资源制约，使原来某些不可能变成可能，而且更重要的是，互联网的赋能作用是对政府和公众双方的，尤其大大加强了被管理公众一方的能力。互联网为广大公众所应用，便突破了原来信息技术主要或更多助力于政府管理，为政府自我服务，特别是为政府在“中心—边缘”结构下加强中心管控服务的格局。互联网的这种为公众赋能的意义和作用是空前的，从而，客观上成为推动政府转型的强大动力。这是进一步调整电子政务战略的基础，也是探讨电子政务助力和谐社会构建的重要前提。

一、我国电子政务发展的简要回顾[1]

（一）从单机应用到“政府上网”

1984年，根据邓小平的重要题词:“开发信息资源，服务四化建设”，国务院批准成立了信息管理办公室，负责推动国务院有关部委经济信息系统的建设工作，从而，拉开了我国党政机关初步信息化建设的序幕。1987年，国家信息中心正式组建成立，负责国家经济信息系统的规划与建设。20世纪80年代的后5年，全国先后建设了包括：经济、金融、铁道、电力、民航、统计、财税、海关、气象、灾害防御等12个国家级政府信息系统，有40多个部委成立了信息机构，配备了一批计算机等设备，开发各类数据库800多个[2]。同时，党中央和国务院决定在中南海实施“海内工程”信息化项目，此项目成为我国政府首脑机关信息网络化建设的开端。

当时政府的办公自动化，主要表现在政府机关办公室工作中引入微机打字和管理文件，软件、硬件和数据资源应用水平低，有的地方政府才刚刚开始使用小型机。在文件传输方面，开始较多地引入传真机。为防止重复开发造成浪费，国务院办公厅成立了“全国政府办公厅系统办公自动化工作指导协调小组”和“技术咨询小组”，推动政府办公自动化建设开始走向有组织、规范化的道路。

1989年，国办开始组建全国第一代数据通信网，次年10月实现了与各省级

1　汪向东:“我国电子政务的进展、现状及发展趋势”,《电子政务》，2009年第7期。

2　汪向东:《信息化：中国21世纪的选择》，社科文献出版社，1998年。

政府间的第一代电子邮件系统的应用。1992年5月，国务院办公厅明确提出用三至五年时间，在全国范围内初步建成“全国行政首脑机关办公决策服务系统”，并对此进行了具体的部署和指导。国务院办公厅还成立了“全国政府系统办公自动化协作网”及其理事会、技术咨询组，推动全国政府办公自动化和信息网络化的发展。政府间网络化的数据应用开始起步，多部门信息资源整合工作也启动起来。到1996年前后，国务院各部门和包括副省级、计划单列地区的政府办公厅，已全部联入政府系统第一代数据通信网。针对该网络速率低和应用范围不足的问题，基于互联网技术标准与架构，国务院办公厅主计算机系统和全国数据通信网络系统的升级换代工程于1997年开始启动，到1999年年底完成。[1]这一时期的政府信息化虽更多带有单机应用、分散开发的特征，但为此后基于互联网的电子政务建设与应用打下了必要的基础。

(二)“政府上网”及电子政务能力建设全面推进

互联网进入我国以后，国内一些地方政府机构便开始积极探索将互联网用于政务活动。1998年，青岛市政府在互联网上建立了我国第一个严格意义上的政府网站“青岛政府信息公众网”；1998年5月17日第30届世界电信日时，在gov.cn下注册的域名数为145个[2]。1999年1月，由国家经贸委经济信息中心和中国电信牵头、联合40多家部委信息主管部门，正式启动“政府上网工程”，一些部委还将1999年定为“政府上网年”[3]。一些地方政府主管部门还规定了“政府上网”的完成期限，推动越来越多的政府网站不断建成开通。与此同时，封闭性的或与互联网相隔离的政务专用网络的建设也在同步推进。

2000年5月，国务院办公厅下发了《关于进一步推进全国政府系统办公自动

1 陈拂晓：《我国政府行政首脑机关信息化建设起步、发展及基本经验》，http://news.xinhuanet.com/it/2005-09/07/content_3454454.htm。

2 “政府上网工程”官方网站的大事记，http://www.govonline.cn/frontmanger/index.jsp。

3 汪向东：“‘政府上网’话商机”，《中国计算机用户》，1998年12月14日。

化建设和应用工作的通知》，提出了要用三至五年的时间建设“三网一库”，即不断完善各地区、各部门机关内部的办公业务网（内网）、完善以国办为枢纽的全国政府办公业务资源网（专网）、逐步建立基于互联网的面向社会的政府公众信息网（外网），以及共建共享政府办公业务信息资源数据库。2001年4月，国务院办公厅制定的《全国政府系统政务信息化建设2001—2005年规划纲要》，再一次明确了以“三网一库”为基本架构的我国政府系统政务信息化建设目标。

2001年12月，重新组建的国家信息化领导小组第一次会议召开。会议提出推进国家信息化的五条方针。其中第二条是“政府先行，带动信息化发展”。2002年7月，国家信息化领导小组第二次会议提出“十五”期间我国电子政务建设的目标。2002年8月，《关于我国电子政务建设的指导意见（即“17号文件”）》正式下发，明确了“十五”期间全国电子政务建设的指导思想、发展原则、主要目标、重要任务、职责分工及相应的政策措施等，并相应做出工作部署。文件要求“十五”期间，我国要建设和整合统一的电子政务网络，要求副省级以上政务部门的办公内网与副省级以下政务部门的办公网实现物理隔离，明确政务外网是政府的业务专网，要与互联网逻辑隔离；建设和完善业务系统，加快建设政府办公业务资源系统、金关、金税、金融监管/金卡、宏观经济管理、金财、金盾、金审、社会保障、金农、金质、金水等12个重要业务系统；规划和开发重要政务信息资源，即组织编制政务信息资源建设专项规划，设计电子政务信息资源目录体系与交换体系，启动人口基础信息库、法人单位基础信息库、自然资源和空间地理基础信息库、宏观经济数据库的建设[1]。

为贯彻落实“17号文件”，各地各部门在电子政务建设方面纷纷采取新的举措，全国涌现出一批电子政务建设与应用的典型。国务院办公厅、国家信息办等领导机构还指定了一批电子政务的试点单位。

以上这些举措有力地推动了全国电子政务的全面建设。经过几年的快速发

1　这些任务，被合并简称为“两网、4库、12金”。

展，我国各级政府的信息化能力取得了长足进步。“十一五”时期，我国的电子政务开始进入一个以“应用主导”为主要特征的新阶段。

二、我国电子政务的现状

我国电子政务以“应用主导”为主要特征的新阶段，既是当前电子政务建设中能力、应用、绩效间不平衡发展的矛盾所致，又符合信息化发展的一般规律。

（一）电子政务能力取得长足进步

到“十五”末，我国电子政务在实践中取得了多方面进展。主要表现以下方面：

1. 政府门户网站的体系基本形成

据国家信息办公布的数据，到2005年，在我国国务院所属的76个部委、直属单位、办事机构及部委管理的国家局中，共有73个单位拥有自己的门户网站，普及率达到96.1%；81.3%的地方政府拥有网站。在我国县级以上政府网站中，31个省级政府有28个拥有门户网站，普及率为90.3%；333个地市级政府中已有316个拥有门户网站，拥有率为94.9%，没有政府网站的地市主要集中在西部地区[1]。县级政府网站普及率低一些，为78%[2]。我国中央政府门户网站，2006年1月1日正式开通。这标志着我国政府门户网站的体系基本形成。到2010年，我国中央部委网站普及率达到97.4%，省级政府网站普及率达到100%，地市级网站98.8%。[3]

2. 政府信息公开取得显著进步

根据我们的调查，现阶段，无论是政府方面还是电子政务的用户方面，大家

1 《中国政府门户网站普及率上升》，http://tech.163.com/06/0111/15/276RVUI4000915BF.html。

2 国信办电子政务组组长陈小筑：《贯彻落实总体框架，深化电子政务应用》，电子政务培训网，http://www.eg.china001.com/。

3 http://www.zzdjw.com/GB/165246/178396/12470592.html.

都把政府信息内容的提供列为政府在线服务第一位的功能。人们对政府信息内容提供重要性的认同、应用的普及程度和满意度，相对于政府网站其他各项业务而言，均列在首位[1]。政府重视信息内容的提供。据我们对政府网站的测评，目前大多数开通的政府网站都能每天更新信息，如“中国上海”的信息更新量每天有近500条，“中国宁波”的更新量有300条；有些地方增加了多种语言的内容，如，自2005年10月1日起，“中国宁波”政府网继繁体中文、英文版本后，又开通了法语、德语、韩语和日语四个外文版本，所开通的多语种版本，均可在中国境内外通过不同的浏览器查看[2]。《政府信息公开条例》明显推动了各地、各部门政务信息公开的进程，通过政务信息公开目录/规范性文件/行政许可事项/表格单据/办事指南等，大大提高了政府网站信息服务的质和量。例如，北京市政府通过“首都之窗”网站实现了五个100%公开，即：政务信息公开目录100%公开，面向社会和公众的规范性文件100%公开，行政许可事项100%公开，表格单据100%公开，办事指南100%公开。其中，政务公开目录达35,240项，网上信息公开达23,342项[3]。

3. 政府业务应用系统建设推进顺利

到“十五”末，金税的二期工程已经基本完成，投入运行，覆盖到全国区县以上税务机关，防伪税控系统覆盖全国一般纳税人。在二期工程取得成功后，启动了三期工程[4]。金审工程的一期工程在全国已部署了五万多套统一的审计业务软件和审计管理软件，二期工程完成立项准备[5]。金保、金财、金水一期建设稳步进

1 中国社会科学院信息化研究中心:《中国电子政务实施与应用调查报告》，2006年3月。

2 中国社会科学院信息化研究中心、国脉互联政府网站评测研究中心:《2005年中国特色政府网站经验报告》，2006年5月。

3 《中国电子政务发展报告》，No.3，社会科学文献出版社，2006年。

4 《金税工程三期建设已启动，税收信息化迈入新阶段》，http://tech.sina.com.cn/it/2005-06-15/1559636882.shtml。

5 见金审工程服务网站，http://203.207.93.61:9080/servicesite1/jsp/newpage/introduce/AuditIntro.jsp。

展[1]，金盾的一期工程已经完成或基本完成[2]。金质、金宏等工程也已经启动[3]。

4. 电子政务基础性工作得到加强

政府部门间的网络和业务的整合进一步发展。如，海关、公安、交通、质检等跨部门信息整合应用的“大通关”电子口岸平台建设，财税、银行与商业网点的联网应用。上海市黄浦区建设了人口信息资源库体系和信息交换平台，初步实现了信息“一数一源，一源多用”，按照“一口受理、内部协办”的方式进行流程优化和信息系统建设，现已开发了八项主要功能模块[4]。电子政务信息共享和业务协同的宣传进一步加强，电子政务的相关培训，相关法律法规和技术标准建设，相关的密钥管理、社会征信体系等其他基础性工作，也取得了一定的进展。

上述进展的突出效果，集中反映在政府电子政务能力的明显增强上。其中，又特别体现在政府对经济和社会的监管能力增强。政府网站的应用，促进了政务信息公开和政务透明，在线提供的服务功能也有所增强，为更多的用户使用电子政务创造了条件。

（二）电子政务应用绩效反映的深层矛盾

我国电子政务面临的典型矛盾是电子政务的能力、应用和绩效间的“信息化不等式”问题，反映出的深层矛盾是机制体制问题。

1. 已建成电子政务能力的闲置问题

我们连续几年进行政府网站测评，都能发现政府网站存在着用户访问量低，实际办事服务的比例更低的问题[5]。造成这种重建设、轻应用的现象，除主观偏差

---

1 http://www.molss.gov.cn/gb/zt/2006-05/24/content_117362.htm；http://www.mof.gov.cn/lm1820_1.htm；http://www.mwr.gov.cn/jbjc/20060221/65652.asp.

2 《全国“金盾工程”一期建设项目如期完成并通过初步验收》，http://ln110.nen.com.cn/Article/ShowArticle.asp?ArticleID=21636。

3 http://www.e-gov.org.cn/Article/news002/2005-11-16/11998.html.

4 《中国电子政务发展报告》，No.3，社会科学文献出版社，2006年。

5 详见中国社会科学院信息化研究中心、北京国脉互联政府网站评测中心自2006年以来连

之外还有其他原因，一是能力建设主要是政府端的事，比较容易操作，而应用需要用户端配合，工作难度要大得多；二是对电子政务已建成能力宣传不够，用户因了解少自然造成应用少[1]；三是电子政务的某些提供方式，用户使用起来不够方便；四是政务提供和实现的多种方式的互补性和互动性不够，等等。

2. 电子政务建设与应用的实际绩效不尽如人意

我们近年对电子政务业务进行的绩效满意度调查表明[2]，总起来看，用户评价不高，具体来看，受访者对政府对企业、政府对公民的正面评价（即包括“有显著实效”和“比较有效”）的比例，都低于负面评价（即包括“收效不大”、“目前没有实效”和“得不偿失”）的比例；尤其对政府对公民，受访者的总体评价更低；在政府对政府方面，正面评价的比例高出了负面评价的比例。电子政务应用绩效低的原因包括但不限于以下几点：一是重复开发、重复建设、重复投入；二是盲目上项目，缺乏足够的先期调研和论证，项目形同“鸡肋”；三是短期行为，后期应用所需的运行维护、管理、升级缺乏可持续的保障；四是成本过高，典型的问题是低估了运行维护和升级的成本；五是“电子”与“政务”两张皮，技术创新没有与业务创新、管理创新，特别是没有与制度创新结合起来，以致非技术因素限制了电子政务的实际绩效。

3. 纵强横弱，资源整合阻力重重

纵强横弱的问题，既存在于全国一级，也普遍存在于地方政府，典型表现是地方政府难以整合不同部门的信息系统。纵强横弱虽不是新问题，但“十五”以来，与条条管理的政府行政体制相对应建设自成一体的电子政务系统，在强化了纵向信息化管理能力和部门内信息共享能力的同时，的确进一步加剧了纵向“烟

续数年的中国特色政府网站测评报告。

1 见汪向东、姜奇平、田铮：“电子政务的行政生态学调查”，《中国计算机用户》，2006年第11期。

2 见中国社会科学院信息化研究中心：“中国电子政务实施与应用调查报告”，《中国信息界》，2006年第6期。

囱”更“粗”，横向整合更难的现象。例如，“12金”中的不少纵向应用系统，项目由相应的部委统一安排，地方政府不仅很难在建设投资、设施、内容，乃至技术标准上协调，更重要的是，这些纵向项目建成后，地方政府若要使之互联互通和资源整合，以实现信息共享、业务协同，更是阻力重重。这不光限制了已建成的局部电子政务能力通过资源复用更充分地发挥作用，而且限制了地方政府作为统一的主体为社会公众提供更有效的电子服务。

4. 公共服务虽有改善，但仍明显较弱

我们近年在政府端和用户端进行的一系列研究显示，较之信息服务的明显加强，政府在线办事与公共服务虽有改善但明显滞后。许多电子政务项目从一开始就是政府机构按自我服务的要求设计的，其主要目标是为提高政府自身的运行效率，或加强监管。从更深层的分析来看，这又是与许多政府部门本身职能转变远未到位有关。受访者对政府对政府的评价高于对政府对企业和政府对公民的评价，表明多数人认为在电子政务中政府自我服务强于公共服务。被调查者认为我国电子政务最主要的实际效果，集中体现在“提高政府工作效率”和“增加透明程度”方面，其他诸如在服务公众、改善政民关系，民主参与，乃至促进政务改革、廉政建设等方面，收到的效果有限。

5. 改革滞后，制约了电子政务发展

政府机制体制改革的相对滞后或不配套，是影响电子政务发展的关键原因。因此，如我们在后面的分析，加快政府机制体制改革的步伐，成为顺利推进电子政务的关键因素。

（三）阶段转换期的政策导向

自进入“十一五”以来至今，我国电子政务的发展进入由能力建设为主向应用主导阶段转换的时期。从《2006—2020年国家信息化发展战略》、《国家电子政务总体框架》，到最近的《国家电子政务十二五规划》，国家决策层对电子政务的发展做出一系列新的部署。如果对照2002年的“17号文件”，我们不难看出国家对电子政务新的政策导向。

我们认为，我国电子政务进入发展阶段转换期，具体表现在以下几个方面：

一是由电子政务能力建设为主转向以应用主导为主。当然电子政务的能力建设是一个持续的过程，下一步还会不断提升电子政务能力，但大力开发应用，将已建成的特别是闲置的能力应用起来，是更为突出的任务。

二是由电子政务为政府自我服务更多地转向公共服务。同样，政府对政府仍是电子政务重要的内容，降低行政成本，提高行政效率，仍然是电子政务的一个重要的诉求，但配合政府改革关于建设服务型政府的要求，电子政务必须加强政府对企业和政府对公民服务，让社会企业用户和广大公众满意。

三是由加强信息发布为主转向加强办事服务。在公共服务中，人们对当前电子政务各项业务评价最高的就是信息服务，相形之下，电子政务在其他方面的公共服务、在为公众和企事业单位提供办事便利方面，需要加以重点改进。

四是由分散的信息孤岛转向系统整合。包括用户接入手段的多元化和整合，用户可以在线也可以使用线下的其他方式接入电子政务服务；包括政府不同部门和上下之间的信息系统互联互通，为信息共享和业务协同奠定基础。

因此，我国电子政务在当前发展阶段转换的时期，着力的重点便应当放在以下方面：

一是强调应用。电子政务开展所需的基础设施仍需继续建设，但更值得关注的是已建系统和已建成能力的应用。

二是强调服务。随着政府自身由监管型政府向服务型政府转型，电子政务发展的重点也应从监管优先向公共服务优先转型，其中，政府网站也应更注重用户的满意度。

三是强调整合。为提高用户的满意度，应通过政府系统后台的跨部门政务流程重组和政府的改革，来提高政府网站前台的服务水平。

四是强调绩效。电子政务虽与电子商务不同，但也不能只计投入、不计结果；不能只讲能力建设、不讲应用效果。电子政务的应用效果既体现在经济效益上，又更体现在社会效益上，体现在公众的满意上。

第二节　我国电子政务供求两端的变化及新要求

跟踪研究我国电子政务的历史发展，当然应该肯定，我国电子政务建设有着明显的进步，然而，另一方面，电子政务的广大用户的不满意也是客观事实。我们在调研和座谈中，常听到一些从事电子政务工作的政府官员对此不甚理解，他们不甚明白为什么自己的辛苦劳动以及客观上电子政务的进步，得不到广大用户的好评，反而用户的意见似乎越来越大。其实，电子政务发展中的这种矛盾，恰好反映了电子政务供求两端的动态变化形成的新格局。理解电子政务供求两端的变化，对于研究电子政务助力社会和谐是非常必要的。

一、电子政务供求两端的差异

电子政务供求两端本来就存在着因各自立场不同带来的差异。我们在供求两端进行调研时发现，党政机关作为电子政务供给方，较之作为电子政务用户的企业及公众，不同的受访者对电子政务发展阶段、对本地区本部门政府对企业、政府对公民和政府对政府电子政务应用和实效的评价，都存在着明显的差异。其中，最典型的差别是，党政机关受访者对于电子政务的评价明显高于企业和公众用户的评价。即，党政机关对电子政务应用及绩效的自我评价偏高，用户评价偏低，有时正、负面评价的数据甚至相差一倍以上。

另一方面，电子政务供求两端对于不同的电子政务业务的重要性、应用率、满意度的认识也是不一致的。特别是，被广大用户认为比较重要的电子政务业务，不一定在实践中得到了较多应用；而在已应用的业务中，用户的满意度也不一样。以政府对企业业务为例，“为企业电子商务建立服务平台”，在各项业务的相对重要性调查中，以近65%的比例列在政府对企业各项业务的第三位；但在实际应用率的调查中，却仅以不到33%的比例跌至政府对企业各业务的第六位；在满意度的调查中，在67%的受访者未填报的情况下，仅获得中性偏差的评价。“电子报表与统计”和“企业电子税务”的应用率排序分列第二和第三位，但是，它们的满意度评价却相去甚远。同样，在政府对公民和政府对政府业务方面，调查也发现了类似现象。而且，用户对于政府对公民信息服务的满意度，明显低于政府对政府的信息服务满意度。[1]

电子政务供求两端对电子政务认识上的差异，以及对各项业务相对重要性、实际应用率和用户满意度评价之间的差异，关系到电子政务本身的应用绩效，也关乎以电子政务助力和谐社会构建。电子政务要以应用为导向、以用户为中心，就不能以党政机构供给者的标准行事，而应充分考虑用户的意见，把用户认为更重要的业务放在优先地位进行部署，创造条件提高这些业务的实际应用率，改进服务提高用户对这些业务的满意度。特别是，政府层级越往下，与企业和个人用户直接打交道的业务越多，服务用户的任务越重，在资源约束的条件下，他们就更应该围绕用户的需求来发展电子政务，力争实现电子政务业务相对重要性、应用率和用户满意度的统一。

二、供求两端的历史性变化

对我国电子政务进行跟踪研究，便会看到，现阶段我国电子政务的供求两端都在发生历史性的变化。

---

1 汪向东：《我国电子政务的进展、现状及发展趋势》，中国电子政务网，http://www.e-gov.org.cn/news/news007/2010-01-06/105809.html。

(一)电子政务供求两端的变化

在电子政务的供给端，最重要的变化是我国政府的历史性转型，即政府正在由监管型转向服务型，由过去计划经济条件下的全能型“大政府”，转向适应市场经济的社会治理架构下的有限政府。这场历史性的转型仍在推进中。政府自身的这种转型，要求公共管理在以人为本的原则下实现透明、廉洁、高效、服务的要求，同时，社会管理更多地则由政府监管的他律转向公众广泛参与治理的社会自律。

监管型政府向服务型政府的转型的历史性变化，反映在电子政务的发展上，就要求政府的信息化进程，除了要按信息化的规律发展外，还必须适应政府转型的要求。这是中国政府自身改革与转型的要求，政府的信息化如果不能适应政府转型的要求，那么，单纯引入新的信息通信技术不仅解决不了服务公众的根本目的，而且还难免固化落后。

政府向服务型政府的转型，为电子政务的开展确立了根本方向。无论是政府网站，还是电子政务的其他应用系统，建起来的根本目的不是仅仅满足政府自己，不是仅仅为了政府机构和政府官员自己用起来方便，而是为了服务公众、服务社会。因此，电子政务项目在其设计之初，就不应让用户、让公众适应政府管理的要求，而是应当反过来，必须以用户为中心来设计和建设。投入应用后，也必须以公众的需求和满意为标准来评估，并以此来调整和改进政府的电子政务工作。

电子政务的开展以用户为中心，就必然要求实现信息共享、业务协同，否则无法提高服务用户的水平。而为实现信息共享、业务协同，就必须推进政府机构和政务流程的改变，实现系统整合和创新。国外有识之士无不指出电子政务对政府具有改革效应，而在中国，对于长期习惯于发号施令和广泛监管的政府而言，由电子政务所伴随和推进的政府转型，更是一场深刻的革命。

较之电子政务供给端而言，我们认为，需求端的变化更具挑战性。如前所述，2008年中国人均GDP超过3,000美元以来，中国经济继续发展，2011年人均 GDP 达到5,432美元，列全球第90位左右。[1]与此相应，社会发展进入了一个新的历史发展阶段，公众的生活方式和价值诉求，也会先后经历一种历史性、基础性的变化。公众将更加注重精神满足、个性自由、丰富的社会关系和全面的发展，这对于中国构建和谐社会将产生空前的影响。

2012年年初，中国的网民数量超过5亿，仍在继续增长之中。个性化网络、虚拟现实、社会网络服务（SNS）、在线学习、在线交流、在线娱乐等，已成为许多网民的生活方式。网络生活以及由此带来的精神满足，尤其对青少年网民或“网络原住民”来说更为重要，他们更看重自己的信息诉求和精神诉求。信息化不仅影响手段，而且关乎目标。因此，对和谐社会的构建关系重大。

为满足人们新的精神需求，建设以人为本的互联网，不断繁荣网络文化，提供异质性、个人化的信息服务，不断缩小数字鸿沟等，这些都关系到人们的信息福利、全面发展和幸福程度。我国电子政务的发展，必须不断适应新的发展阶段公众价值诉求的新变化，依此改变和调整自身。

（二）原有信息权利格局的变化

综合电子政务供求两端的变化，我们不难发现，公共行政管理者和被管理双方原有的信息权利格局已经发生了历史性的变化。一方面，广大社会公众利用信息网络手段，使自己的知情权、话语权、影响力得到空前强化；另一方面，政府机构及政府官员不得不面对前所未有的审视和监督。这种历史性的变化，不仅改变着政府机构及政府官员的行政方式和为官之道，甚至改变着他们在生活中的为人处事方式。

在过去，广大公众对政府机构和政府官员的监督权很难得到强有力的保障，甚至媒体对政府的舆论监督权也很难充分体现。公众不太可能在大众媒体上随意公开批评政府机构和政府官员，其原因除了媒体掌握在官方手中，实行严格的新闻过滤、层层把关制度，习惯于坚持正面报道等因素外，更重要的是公众

---

1 http://finance.eastday.com/economic/m1/20120604/u1a6599896.html.

缺乏强有力的公共监督手段；而现在，公民个人诉诸互联网，便可拥有强大的能力，一件事往往经个体网民的报道披露以及其他网民的关注转发，就可以形成新闻热点，从而迅速形成强大的社会压力。以深圳林嘉祥“猥亵少女案”、南京周久耕“天价烟”、“天价表”为代表，近年许多腐败的政府官员栽在了网民的监督帖子上，公众借助互联网提升和实现自己对政府机构和官员监督权的能力可见一斑。

在过去，群众对政府人、财、物等方面的民主监督权很难充分体现。政府机构对官员进行组织考察、人事任命变动、定期公开述职等等，虽然也有征求群众意见的环节，但较之于今天，原来的群众参与和民主监督就显得太有限了。从湖北29岁市长周森锋引发的“人肉搜索”事件，到近年更多的官员因年龄/工龄、消费与收入不符、在社会生活中的不当行为等，成为网民关注的热点，表明互联网已经极大地改变了政府官员的生存环境。

公共行政管理者和被管理者双方原有的信息权利格局的历史性变化，对于我国今天构建和谐社会是非常有利的。然而，在这种信息权利格局变化中，电子政务的战略如何进一步调整，是政府必须面对的深刻挑战。

首先，互联网拓展了民主渠道。时任国家主席胡锦涛2008年考察人民网时指出，互联网是“了解民意、汇聚民智”的渠道。事实上，互联网在电子政务方面的作用远不仅限于此，比如，基于互联网开展政务问责、网络反腐等，已经成为电子民主领域的新热点，也成为电子政务推进和谐社会构建的重要应用领域。

其次，互联网改变了大众舆论环境。根据中国互联网络信息中心近年的报告，互联网已经成为网民第一信息来源，作用稳超电视、广播、报纸等传统媒体。基于互联网、特别是基于Web 2.0技术的应用，个人媒体或自媒体迅速发展，颠覆了传统媒体“先过滤后发布”的格局。互联网新媒体越来越多地显示自身快速反应、现场感、草根性等特点，许多新闻是通过网民第一时间报道出来，后经传统媒体转载为广大受众所知的。这种新旧媒体互动的形式，大大拓展了舆论传播的渠道和内容。

再次，互联网改变了党政机构和官员们的执政行为。近年，中央和地方主要领导人不仅鼓励，而且带头利用互联网与网民开展在线的互动交流，地方的一些官员开始向社会公开自己的电子邮箱、开博客/微博，并涌现出张春贤、蔡奇、廖新波、伍皓等一批有名的官员博主和“平安北京”、公安部打拐办等一批政府机构名博，在网络空间发挥着重要作用，在社会上产生了很大影响。

最后，互联网改变了现今国内的政治生态。以网民为代表的公众话语权明显增强，他们的民主权利开始越来越多地体现在议程设定、人事任免、机构问责、政策改进等许多方面。官员们也越来越重视网络舆情，尤其重视网民对于民生、国家主权、民主等重大问题的反应，并参考做出必要的政策调整和出台相应的行政举措。

（三）信息权利格局的变化对电子政务的新要求

推动以上信息权利格局变化的重要因素，是第三方公共网络信息平台的大发展，数以亿计的网民从而获得了此前从未有过的话语权。他们因此对电子政务产生了新要求。面对电子政务供求两端信息权利格局的变化，政府机构如果依然固守原有的行政方式显然是不行的，而必须利用已有的信息化能力推进行政改革。事实上，政府已建成的电子政务能力具有促进行政改革的可能性，但要把这种可能变成现实，则需要政府自身的努力。

以目前普及程度已经很高的各级政府网站为例。政府网站是政府面向社会公众提供电子政务服务的官方平台。根据我们中国社科院信息化研究中心与国脉互联合作主办多年的政府网站测评结果，尽管政府网站在适应信息格局变化上做了一些努力，实践中也出现了一些各具特色的积极探索，但整体上政府网站的创新明显不及商业网站。

从积极的方面看，近年政府网站的适应性创新主要在以下方面：（1）人性化：即从用户的角度进行调整和创新，以优化用户的体验，例如，推出虚拟场景导航、细化用户分类、关注弱势群体用户、开发不同语言版本、信息聚合（RSS）

订阅等；（2）开放性：有一些政府网站不再唱独角戏，例如，商务部门的网站通过链接和合作向进出口企业开放、旅游部门的网站向旅行社和景点开放等；（3）透明性：除了信息更公开、办事过程更透明外，通过官员博客、微博、网络举报、多种形式的互动、问策、问责、网络发言人制度化等，提高透明性；（4）灵活性：包括内容与服务的提供更多样化，多种形式灵活配合，例如，发展移动政务、开通政府网站的手机版、以在线的手段与线下手段配合等；（5）整体化：加强"政府作为一个整体统一行动"下的网站运作，例如，加强网站后台的支持、网站群的联动、探索"三集中"模式等。

从挑战的方面看，国家信息办2011年下发40号文件《关于进一步加强政府网站管理工作的通知》，就反映了当前政府网站管理工作上的一些突出性的问题。这个文件所针对的主要是政府网站信息发布与回复不及时，以及政府网站的安全问题，提出了改进管理工作的要求。信息发布是政府网站最基本的功能之一。实际上，我们对政府网站多年的测评结果表明，较之交流互动和办事服务而言，政府网站信息发布方面的进展是最快的，相对来说成绩也是最突出的。即便如此，一些地方政府网站也的确在信息发布的内容质量、数量、采编、时效性等方面存在问题，有些问题甚至已长期存在，造成明显的负面影响。国家信息办再次强调解决政府网站信息发布的问题是非常必要的。而在互动交流和办事服务方面，面对的挑战更加严峻，需要努力改进的地方更多。在政府网站的安全管理方面，2010年底，我们在发布政府网站测评结果时，曾提出一个观点，即安全问题已严重威胁政府网站的发展。据国家权威机构国家互联网应急中心（CNCERT）监测，2010年我国有近3.5万个网站被黑客篡改，较2009年下降21.5%，但与此形成鲜明对比的是，2010年被篡改的政府网站高达4,635个，比2009年上升67.6%。数据的一上一下，足以看出政府网站安全管理挑战的严重性。

较之于网站管理上的差距，在我们看来，更需要指出的是政府网站存在着因吸引不住广大用户，从而可能被边缘化的挑战。政府网站是互联网时代政府与广大公众在线联系和服务用户的重要的和官方的渠道。以用户规模论，目前，国内那些商业性的门户网站拥有数亿用户，政府网站用户的规模已经是明显落后。如果政府网站上的内容和服务继续僵化落后，在事关公众信任和关切的热点问题上失语，对公众的要求和诉求回复不及时甚至不回复，那么，公众对政府网站的失望是可想而知的。

总之，即便在政府网站的工作有进步的条件下，由于两方面的原因公众仍有可能产生更多意见。一是由于公众的要求更高、政府网站进步的速度慢于公众的标准提高的速度；二是公众用户很自然、也很合理地会用商业网站已经达到的水平来要求政府网站，只要政府网站落后于商业网站的水平，公众便很难满意。有进步的政府网站尚且如此，更不用说那些没有什么进步的政府网站了。除了信息发布、互动交流和安全管理的问题，如果加上办事服务方面的差距，政府网站提高对用户的吸引力要解决的问题当然就更多。

我们观察到，为了能更好地联系和贴近广大公众用户，一些党政机构和官员主动选择到非政府网站平台上“安家落户”，发挥作用，扩大影响。这种选择一方面是无奈的，一方面又是非常明智的，无奈和明智盖因海量公众用户云集在非政府网站平台上，而不是政府网站上。如果放在云计算的发展背景和“云—管—端”结构下来看，政府网站需回答的一个具有挑战性的战略问题是：当海量的用户“端”在别处、他们活动中生成的海量数据和因此形成的“云”在别处，那么，政府网站作为连接公众用户的“管（渠道）”还有什么用？因此，我们认为，调整电子政务发展战略势在必行。

第三节　国内外电子政务的发展趋势

近年，在国际金融 / 经济危机的背景下，国外在电子政务领域出现了一些令人关注的新动向，非常值得研究。其中，尤以“政府2.0”的理论与实践最具冲击力。其核心是强调网络带来的政府或政务转型到了升级换代的程度。国内有人把“政府2.0”理解为“政府1.0”+“Web 2.0”，这种理解是期望在不改变政府自身的基础上利用Web 2.0的技术手段，这显然是不对的。实际上，国内的电子政务近年也出现了一些各具特色的探索，它们在某种程度上预示了未来，但在现有电子政务的体制和管理下，未来我国的电子政务是否具备整体向“政府2.0”的演进趋势尚待观察。

一、国外电子政务发展的新动向

在国际上，尤其在发达国家，包括政府网站在内的电子政务的发展，近年出现了以下令人关注的新动向：

（一）应对危机，政府网站被赋予更大的责任

在2008年以来的金融危机的背景下，政府网站的作用更加凸显。其背后的原因不难理解：面对危机，公众迫切希望了解情况，包括危机的程度、范围、影响、政府的应对措施、社会各方面的反应等；政府也需要倾听社会公众的声音，

动员社会力量共同应对危机。于是，政府网站便成为政府与公众沟通的最好的载体和渠道。另外，克服危机的关键因素之一，是增强公众的信任和信心。而政府网站在获得公众信任、重塑公众信心上，能发挥不可替代的作用。

政府网站作用凸显的根本原因在于它本身的特性：

快速性：诚如联合国副秘书长沙祖康先生所言，"在困难的情况下，快速响应并提供预期结果的能力，是政府有效性的重要基石和公众信任的基础"[1]。政府网站为政府快速响应公众多样化，甚至个性化的关切，以其预期结果安抚民心，提供了比任何其他手段都要便捷得多的快速通道。

权威性：政府网站作为政府的喉舌，向公众传达的是政府的声音。一个负责任的政府，面对危机时通过政府网站介绍发展态势，表达政府立场，动员社会公众，解读所采取的政策和举措，它的权威性、可信度、号召力和说服力，是任何其他网站所不能替代的。

透明性：在危机的背景下，公众对政府采取的应对措施、资金来源及使用情况高度关心，要求政府有更高的透明性。而政府网站在技术上可以做到更为全面而深度的信息披露和行政公开，从而在实现公共管理的透明性上，具有其他手段难以比拟的优势。

广泛性：较之于政府与公众沟通的其他渠道而言，政府网站可以让公众实现较为广泛的接入和参与互动。尤其是在互联网渗透率较高的国家，广大网民可以通过政府网站更加方便地获得政府信息，表达自己对公共政策的意见。

正是基于以上特点，政府网站在应对危机中被赋予了更大的责任，从而，金融危机成为推动政府网站升级转型的新契机。

（二）政府网站的信息开放度取得新突破

公众对危机及政府应对危机举措的关注，极大地推进了政府的信息开放，从

1 2010 United Nations e-Government Survey: Leveraging e-government at a time of financial and economic crisis.

而推动了政府行政透明性和可问责性取得新进展。在美国，奥巴马于正式执政的第二天便发布了名为“透明与开放的政府（Transparency and Open Government）”的备忘录，提出要努力创建“前所未有的透明政府”。美国联邦政府据此于2009年5月出台了“开放政府计划（Open Government Initiative）”，建立并开通了专门向公众免费开放和下载政府数据的门户网站 www.data.gov。而另一个新建政府网站 www.recovery.gov 则用于披露政府应对金融危机的复苏基金的支出信息，为纳税人提供在线监督和举报的专门渠道。一些国家也随之跟进，例如，新西兰政府于2009年11月、英国政府于2010年1月也分别推出了旨在开放政府数据、提高透明度的类似网站 www.data.gov.nz 和 www.data.gov.uk，澳大利亚、加拿大和一些欧盟成员国在国家和地方的不同层级，也涌现出一批类似的政府网站。

国外这新一轮政府信息的开放，突破了此前政府信息开放尺度的局限。新突破主要表现在以下三个方面：一是在数据内容上，不仅开放经加工后的政府数据，而且开始开放元数据；二是不仅开放数据，而且开放数据标准，尽量采取通用开放的机读数据技术，方便用户使用，促进数据分享；三是不仅开放数据和数据标准，而且同时提供数据加工工具，鼓励和帮助用户对所提供的数据进行加工使用，生成新数据。并且，基于政府网站的所有这些开放数据的服务均对用户免费提供。

（三）创新政府与公众的交互方式

基于 Web 2.0技术，发达国家政府与公众的交互方式有了新的发展。首先，政府网站的作用不断提升，以致已经成为政府与公众加强互动交流的最主要的渠道之一。在金融危机的背景下，许多国家的政府比以往更关注与公众的交互。其短期的意义，是有助于政府与公众携手应对危机；而长期的价值是有助于按公众的意愿推进良政建设。

其次，依托政府网站所开展的政府与公众交互的方式也不断创新。从德国总理默克尔首开政治家个人博客，到“网络总统”奥巴马借力互联网在大选中获胜，越来越多的政治家和政府官员认识到利用互联网与公众交流的意义。这推动了政治家和政府官员个人网站、博客、微博等的流行，Web 2.0工具和资源被大量应用于政府网站的运作实践中。

与此同时，结合电话、手机短信等个人通信工具的应用，政府与公众之间呈现出多方式交互的新局面。

从政府与公众交互方式创新的结果看，一方面，政治领袖由此增添了谋取公众支持和获得权利的新路径，政府官员们由此可以更方便地听到来自公众的各种声音乃至来自社会边缘的声音；另一方面，公众也由此获得了更多和更方便地表达政治见解、参与政治决策和公共事务管理的新渠道。

（四）"政府2.0"正由概念走向现实

在电子政务发展水平较高的国家，"政府2.0"已不再是Web 2.0出现之初的概念推导，而是在实践中有了切实的推进。

以政府网站的发展变化为例。"政府2.0"主要通过链接和内生两种形式实现：一方面，越来越多的政府网站开始与具有草根特性的社会网络服务的网站链接，政府通过如YouTube、脸谱（Facebook）和推特（Twitter）等外部SNS平台发布信息；另一方面，更值得注意的是Web 2.0对政府网站登堂入室，开始在政府网站上内生化。从而，政府网站越来越多地拥有了博客、播客、图片及视频分享，利用在线合作工具如维基（Wiki）开展关于政府决策和规划的在线咨询。

在上述这些变化中，政府网站不仅仅是应用了一些Web 2.0技术，更重要的是这些新技术的应用推动了电子政务运作本身的转型升级。比如，政府不再仅以传统的政府对公民方式，即政府对个人的一对多、直线放射式地与公众互动，而是一方面加强了反向的即个人对政府发起的公民对政府的交互，另一方面，借助Web 2.0技术，同时发展了公众间的公民对公民互动，从而形成公民与公民、公民与政府之间多对多、多对一等多方位的互动。"政府2.0"允许公众间开展更多的横向交流，就各种政务问题展开讨论和辩论，可使公众的不同意见实现更充分的分类聚合，不同利益诉求得到更有效的协调，有利于政府在决策过程中兼听则明，在政策执行中减少阻力。

"政府2.0"的实践发展离不开政府的主动倡导和大力推动。借Web 2.0之力从竞选获胜中尝到甜头的奥巴马政府成为"政府2.0"的积极倡导者；澳大利亚成立了"政府2.0特别工作组（Government 2.0 Taskforce）"[1]；德国联邦政府早在2006年就出台了"'政府2.0'计划（Programme 'E-Government 2.0'）"作为"以创新面向未来管理"的重要内容加以实施[2]；英国政府甚至发文要求和指导公务员学习使用推特[3]；新西兰政府利用维基技术开设了全球注册用户的社区网站Participation Wiki[4]；欧盟于2009年11月通过了马尔默《关于电子政府的部长级宣言（Ministerial Declaration on eGovernment）》，决定发展更加开放、灵活、与公众和企业更密切合作的电子政府，欧盟议会也于当年开通了面向欧盟选民的微博平台（europatweets.eu）。

（五）政府网站进一步转型

政府网站作为电子政务的重要体现形式，推动了政府运作和政务提交方式的转变，近年"政府2.0"的实践又进而为政府网站的发展带来新的重大变化。政府网站的新变化主要包括以下几个方面：

一是平台化。按照"政府2.0"的始作俑者蒂姆·欧莱礼（Tim O'Reilly）的说法，平台化是"政府2.0"成功的真正秘诀所在[5]。政府网站的平台化，不仅

---

1 详见其官方网站：http://gov2.net.au/blog/2009/06/22/launch-speech/。

2 德国联邦政府对该计划的官方介绍"E-Government 2.0—Das Programm des Bundes"，载于 http://www.cio.bund.de/cln_164/DE/E-Government/E-Government-Programm/ e-government-programm_node.html。

3 Template Twitter strategy for Government Departments.

4 见 http://wiki.participation.e.govt.nz/wiki/Main_Page。

5 Tim O' Railly, Gov 2.0: It' s All About The Platform, http://techcrunch.com/2009/09/ 04/gov-20-its-all-about-the-platform/.

是利用 Web 2.0实现公务员间的横向交流和合作，如为公务员博客或 GovLoop 之类的服务提供平台，而且更是向非政府的机构和社会公众开放，使政府网站成为动员社会和实现“大家帮助大家”的平台。

二是去中心化。起初，政府网站是与实体政府机构相对应建立起来的，从而具有同样的树型或金字塔型的结构特征，无论是政府对公民、政府对企业，还是政府对政府的政务提供方式，都体现出传统政府体系以自身为中心的“中心—边缘式”的行为特征。随着电子政务日益转向以用户为中心，政府网站发展的去中心化便不可避免。丰富多样的用户需求，在驱动政府网站分分合合的同时，模糊了政府网站的边界，开始令政府网站由原来相对封闭的树型结构，变成开放的网状结构。借助 Web 2.0的手段，政府网站的去中心化趋势更是如虎添翼，以致人们开始对未来一站式政府门户的前途发生质疑，转而认为以开放、合作、参与为基础的混搭（mash-up）的网络服务，将成为政府网站去中心化后的常态。[1]

三是多样化和个性化。近年，用户个人定制也越来越多地被用于政府网站的服务中，用户可以在自己的计算机或手机终端上，选择自己常用或感兴趣的政府网站业务与内容，定制“我的政府门户”界面；政府数据的开放和允许用户对政府数据进行再度加工利用，推动政府网站与非政府网站业务模块层的捆绑混搭向数据层的融合深化，从而加大了用户体验的差异性；用户接入电子政务的渠道也未必一定经由政府门户，相反可以“由一个互联网公司［如谷歌、雅虎或微软服务网络（MSN)］，一个媒体公司（如美国有线电视新闻网或《纽约时报》)，一个电信运营商（尤其是对移动设备)，一家投资公司，一个家长协会或高尔夫俱乐部提供[2]”。以上终端、界面、业务、数据和渠道的差异，将政府门户原来的千人一面变为多样化与个性化的异彩纷呈。

---

1 Richard MacManus, E-Government Meets Web 2.0: Goodbye Portals, Hello Web Services, Nov. 2007.

2 《中国政府门户网站普及率上升》，http://tech.163.com/06/0111/15/276RVUI4000915BF.html。

（六）强化政府网站的广泛包容性

近年，国外电子政务发展的另一趋势，是进一步与电子包容的信息社会目标相结合。在不少国际同行看来，电子政务的根本目标之一是向广大市民的授权或赋能（citizen empowerment）。这种电子授权或赋能必须体现为公共服务的均等化。因此，电子政务的发展，必须高度关注电子包容问题。一方面，政府在信息化政策体系的设计上，要与相关措施密切配合，持之以恒地缩小数字鸿沟；另一方面，在政府网站到电子政务其他应用系统的建设和服务提供上，要更多地考虑语言、文化、内容、辅助功能和提交方法等方面，尽量方便弱势群体、特殊用户群体的应用。

二、国外电子政务新动向对我们的启示

随着我国经济社会对外开放日益发展，包括政府网站在内我国电子政务发展国际化的必要性毋庸置疑。研究和把握国外电子政务及政府网站发展的新动向，目的是为了更好地推进我国电子政务及政府网站的国际化。

（一）正确把握电子政务国际化的实质内容

在我国，电子政务国际化的一个突出表现，是政府网站外文版的发展。我们中国社科院信息化研究中心与国脉互联政府网站评测中心合作，在全国开展政府网站国际化测评工作已有几个年头。在实际的测评工作和相关的研讨中，我们发现，能否正确把握电子政务及政府网站国际化的实质内容，直接关系到电子政务及政府网站国际化未来的发展。

以政府网站为例，其国际化其实包括内容和形式两个方面。外文版体现的是语言形式。政府网站的外文版对于政府网站的国际化当然是很重要的，考虑到现阶段中文在国外用户中的普及程度还不高，政府网站如果没有外文版，就会大大限制国外用户的使用。我们在前几届“政府网站国际化程度测评”活动中，着重解决外文版“有无”问题，将测评的重点放在外文版上是必要的。

但是，政府网站的国际化仅有外文版显然不够：政府网站本身的对外开放特性，相关内容与服务的提供与实现方式，尤其在以用户为中心还是以政府自我为中心运作的基本问题上，如果不能与国际发展潮流接轨，那么，网站外文版做得再好，仍会限制政府网站国际化功能的实现。因此，政府网站的国际化，应该从形式和内容两方面结合去推进。电子政务的其他方面也同样如此。

（二）推进电子政务的国际化与坚持中国特色并不矛盾

如同我们加入世界贸易组织并不牺牲中国特色和我国的根本利益一样，推进电子政务及政府网站的国际化，不仅不牺牲中国特色，而且相反是为了更好地实现对外开放不断深化条件下政府履行的相关职能。

我们这里所说的电子政务及政府网站内容的国际化，是相对于其外文版的语言形式而言的，指的是政府以电子方式主要面向国外用户提供信息与服务的状态和过程。比如，是否以及在何种程度上根据外国用户的情况和需求提供有针对性的在线信息和服务，在线内容与服务的提交与实现方式的发展是否符合国际政府网站发展的一般趋势等。电子政务及政府网站内容的国际化，并不是要机械地拷贝发达国家政府网站的信息和服务。

不仅如此，在研讨中，我们还发现，我国一些地方的主管官员对电子政务国际化与本地特色的辩证关系也有深刻认识。他们相信，政府网站提供的信息和服务，越是本土化的，越能符合当地国外用户的需要，越能起到事半功倍的效果。[1]

（三）研究国际电子政务发展新动向需把握要点

借鉴国外的成功经验，对于提升我国政府网站的国际化水平和电子政务的整体能力是非常必要的。新的信息通信技术层出不穷，电子政务及政府网站的创新方兴未艾，对此，我们必须保持一种开放的、与时俱进的心态，不断跟踪研究国

1 陈广胜：《使政府外文网站既“国际”又“本土”》，http://211.138.126.84/gb/zjnew/node3/node22/node168/node370/node2922/userobject9ai115602.html。

际电子政务发展的新动向，总结规律，用于我们自己的实践。

透过国外电子政务及政府网站发展的种种现象，我们认为，主要应从以下三个方面把握其要点：

第一，为国外电子政务及政府网站发展带来种种新变化的最根本的驱动力量，来自电子政务“以公民为中心”核心理念的贯彻。这一理念的集中体现，是使公共管理围绕公民需求进行不断的调整和变革，而不是单纯为了强化政府自身的管理能力去发展政府网站和电子政务。“政府2.0”发展背后的动因其实很简单：既然越来越多的企业已经使用Web 2.0工具给用户带来好处并提升了用户对“政府2.0”的期待，既然公众越来越多地活动于社会网络服务空间，那么，政府和政治家如果不去主动介入和使用Web 2.0和社会网络服务，则有疏离选民和服务对象的风险，无异于自毁长城。进而言之，只要能够更好地响应和满足公民的需求，政府网站不仅在手段上可以不断花样翻新，而且连它本身也可以转型，完全不必拘泥于一定之规。

第二，政府应保持对新技术的高度敏感和开放态度，通过采用新技术，有效提升政府响应和满足公民需求的能力。这不仅在上述近年国外政府网站积极采用Web 2.0技术的实践中得到证明，而且以后还将在政府利用云计算、物联网等新技术上继续得到证明。

第三，“政府2.0”不是“政府1.0”加Web 2.0技术，而是政府及其网站转型的深刻变革。例如，政府网站的平台化必然令其本身的属性发生改变：在1.0的阶段，政府网站的建设和运行维护虽不排斥外包，但它所提供业务与内容的政府属性无可置疑；但在2.0阶段，政府网站的平台化使其业务与内容不再由政府机构独家提供，而是大量加进了由公务员个人乃至非政府机构和个人提供的业务与内容。由此，政府网站本身的属性变得复杂化了，由原来“政府机构”的属性向“政府机构 + 公务员个人”和“政府机构 + 公务员个人 + 社会机构与公众”的方向发展。

这样一来，电子政务发展的未来轨迹值得重新探讨。前几年，关于电子政务发展趋势的一种最具广泛影响的观点，当属联合国公共经济与公共行政署（DPEPA）和美国公共行政协会（ASPA）提出的“五阶段”论，即电子政务将经历起步、强化、互动、交易、整合或无缝五个阶段[1]。它为人们描述了电子政务及政府网站功能演进的一种发展轨迹。依此观点，政府门户最后会变成可7×24提供一站式服务的、功能极为强大且边界清晰、无可替代的政务中心。然而，随着近年“政府2.0”的发展，这种认识越来越不符合实际了。在贯彻“以公民为中心”理念的过程中，电子政务及政府网站随需而变，“政府搭台、企业（及公民）唱戏”越来越多地体现于政府及其网站的日常运作，最后网站的无缝可能不是政府网站高度整合后的无缝，而是政府向社会开放、融合非政府主体后的无缝，网站本身会走向边界模糊化，但服务泛在化、定制化、便捷化的状态。

（四）我国特色政府网站的新探索符合国际发展潮流

实际上，近年我国政府网站在向特色化发展的过程中，也出现许多新的实践、新的探索。这些实践探索主要是面向用户提供有特色的内容和服务，其发展的方向，尤其是强调更人性化、更开放、更透明、更灵活等，符合国际政府网站发展的潮流。例如：

更人性化：优秀的特色政府网站从用户角度出发，强调通过不断改进服务来优化用户的体验，比如采用虚拟场景导航、按用户不同类型细化服务分类、关注服务弱势群体用户、提供不同的语言版本、提供信息整合订阅等。

更开放：优秀的特色政府网站已不再唱“独角戏”，而是让企事业等非政府机构利用政府网站的平台，共同面向广大用户提供服务，比如，商务部门的网站向进出口企业开放、旅游部门的网站向旅行社和景点开放等。

更透明：优秀的特色政府网站除了信息更公开、办事过程更透明外，近年也在积极探索利用官员和公务员的个人博客、微博、政务会议网上直播、网络

---

1 详见联合国DPEPA和美国ASPA：“Benchmarking e-Government: A Global Perspective—Assessing the UN Member States”。

反腐举报、在线即时互动、网络问策、网络发言人制度等形式增强政务活动的透明化。

更灵活：优秀的特色政府网站在内容与服务的提供上更加多样化，并注意各种技术手段和提供方式的灵活配合，比如：积极发展移动政务、开通政府网站的手机版、注意在线与线下手段的配合。

（五）我国政府网站国际化程度的测评方法应与时俱进

显然，研究国外是为了改进之后完善我们国内的电子政务及政府网站的工作。相关的测评有助于引导实践。根据实践的需要，我们主办的政府网站国际化程度测评工作今后的发展方向，是在完善外文版语言形式测评的同时，加强对内容国际化的测评。

我们建议我国电子政务及政府网站的实践者和主管者，重视国际电子政务的发展新动向。在政府网站未来的建设中，把推进政府网站的国际化与特色政府网站建设结合起来，把外文版和中文版统筹设计，使二者都有更多更好更具特色的内容和服务，开放办网站，扩大各类用户的参与，更好地满足中外用户的需要。在勇于创新的同时，不断探索网站国际化建设与管理方法。第三方测评机构也应加强与电子政务实践者的交流，积极着手研究改进测评指标，共同完善电子政务的测评方法。

（六）政策建议

综合我国电子政务历史发展的经验、供求两端及国际国内发展变化的趋势，未来电子政务在战略上应予以必要的调整。在以人为本和建设民主、透明、法治、服务型政府的原则要求下，更多利用信息化及互联网助力政府行政管理和自身组织的转型，构建更加开放的电子政务平台，尽可能利用企业和非政府组织已有的信息化资源，促进公民利用信息化手段实现更好的自我管理和对公共事务的民主治理。政府的电子政务建设本身，也必须以扩大应用和强调实效为导向，借助新的信息通信技术，加快提高政府在行政管理、社会监管、治理腐败和社会不正之风，以及提供公共服务等各方面的能力。电子政务战略调整的成功与否，需以广大民众的实际应用效果来检验，其中就包括了民众关于电子政务助力社会和谐与否及程度如何的体验。

首先，政府应继续加强电子政务的监管能力，重点提高涉及民生类的电子监管的应用效果，以提高人民群众的满意度和幸福感。近年，政府在各项监管类的电子政务金字工程，如财税、金融、公安、工商行政、食品药品安全、国土、建设、海关、质检、环保等领域信息化建设与应用已取得了一系列长足的进步的基础上，继续向联网覆盖、资源整合、业务协同的方向发展，以进一步提高对涉及民生类的电子监管能力。

其次，重点加强公共服务类的电子政务能力，发挥信息化作为推动行政改革与创新手段的作用。政府以信息化为手段建立起来的气象、交通、疫情、治安、环境污染、重大事故与突发事件等方面的应急系统，应优先列为拓展政府不同部门间横向联系的突破口，向建立经常性的资源整合、业务协同的方向发展。与政府门户网站的"一站式"服务形成前后台的良性互动，推动政务流程的重组。

再次，应继续加强信息资源的基础建设、有效管理和数据开放。对此，有专家提出通过建立全国统一的信息化公共服务平台和建设国家社会和谐状况的监测体系的建议，我们非常赞同。正如他们指出的那样，"只有解决了可观测性问题，才有可能解决社会和谐的'可控性'或'可调节性'问题。"[1]这也正是信息通信技术可以大展手脚的地方。我们想补充的一点是，在加强国家相关信息系统建设的同时，还应当积极利用非政府的信息系统，尽量形成资源互补和充分利用。其中，比较突出的是，应加强对和谐社会测评体系与测评方法的研究。

另外，政府在治理腐败和社会不正之风方面，也应更多地利用信息化的手段。以信息化提供的各种便利，进一步推行政务信息公开、办事程序的透明化。这不仅有助于减少暗箱操作，打造"阳光政府"，而且有助于促进公务员勤政，

1　周宏仁等："论以信息化推进社会主义和谐社会建设"，《中国信息年鉴（2007）》。

为扭转社会不正之风做出表率。同时，鼓励广大民众利用网络和其他信息化手段更好地开展民主监督和问责。

最后，政府要利用信息化的手段，包括在线和线下的方式，提高公共服务的有效性和效率，为人民群众提供更多更好更便捷的服务。结合缩小数字鸿沟，特别要重视解决电子政务服务均等化问题，以电子政务服务的均等化促进社会公平。

第十二章

信息化相关的体制机制问题

信息化不是自然而然发生的，以信息化助力和谐社会建设同样也不是一个自然过程，而是一个有各种社会力量参与其中，多元利益主体存在矛盾和博弈，人们可以从中选择的社会过程。在此过程中，既然存在着人们进行选择的多样性，既然有各种条件各种因素影响着它的实际进程，既然有不同的利益主体牵涉其中相互博弈，那么，信息化的规制、信息化的体制机制便成为信息化进程中的必不可少的因素。自20世纪80年代以来，全球信息化领域掀起了一波广泛而持续的规制改革浪潮，至今仍方兴未艾。我国信息化的推进机制和规制体制也经历了一系列变革，机制体制因素对信息化的影响，进而对信息化助力和谐社会构建的影响值得我们高度关注。

第一节　信息领域的规制

影响国家信息化体制机制及其改革的因素较为复杂，在这里，我们重点讨论其中的两个因素：一是国家在信息领域的规制任务，二是特定时期信息化发展的特点与需要。

一、信息领域规制的任务

根据我们的理解，信息领域的规制，指的是国家机构通过立法、制定政策和确定技术标准等方式在信息领域建立所需的规范，并以各种措施促使相关的行为主体按照既定规范行事的一种社会职能或社会过程。

信息领域规制的产生，有着多重复杂的原因。在技术原因方面，信息化从信息网络设施的建设需要满足互联互通的技术要求，到数据库中一个特定的指标需要有明确的界定，都要确立和执行技术标准规范，否则，信息技术设备和网络很难兼容，信息难以沟通和共享。从经济上看，国家需要维护本国信息市场竞争的正常秩序，保护投资者、运营者和消费者各自的正当利益，在全球信息化发展和国际竞争中提高本国的竞争能力等，就不能对信息化过程及出现的矛盾置之度外。从社会方面看，要保证信息安全、保护国家与机构的秘密和公民隐私权在内的合法权益不受侵犯、保护知识产权、保护本国文化等，也离不开国家的信息规制。实际上，国家不分大小，信息领域的规制都是存在的，只不过规制范围、方法、力度各有不同罢了。

归纳起来看，现阶段，我国国内信息领域规制通过建立和推行必要的法律、政策和技术规范，旨在实现如下任务：一是为信息化的发展动员相关资源，改善信息化的发展环境，加快信息化进程；二是限制垄断，鼓励竞争，促进合作和协同，培育信息市场，维护市场秩序；三是维护信息安全，保护知识产权，打击信息犯罪；四是在国际竞争中维护本国信息权益，保护民族幼稚产业，促其成长壮大；五是分配和管理无线电频率、号码、域名等稀缺资源，我国政府还担负着相关国有资产保值增值的任务；六是为国内外厂商提供导向信号，促进产业技术改造及升级，指导信息产业健康发展；七是促进信息化应用的普及和深化，缩小数字鸿沟，实现信息普遍服务的目标。

二、信息领域的规制改革

自20世纪80年代以来，信息领域的规制改革已形成全球性的浪潮。这是一种不以既得利益集团的意志为转移的大趋势。信息领域的规制改革，在不同的子领域有不同的表现，其总的方向是打破垄断，促进竞争和市场开放。在许多国家，信息制造领域较早实现了较为充分的市场竞争和开放，因此，信息规制改革便集中反映在原来垄断程度较高的信息基础设施及服务领域，其中，广电领域的改革没有被纳入世界贸易组织的市场开放领域，而电信改革的浪潮已经席卷全球。

信息领域规制改革与市场开放的主要助推因素，首先是经济全球化的需要。经济全球化，要通过物流、人流、货币流和信息流反映出来。随着信息化的发展，信息流越来越对物流、人流和货币流起到改造或程度不同的替代作用，因此，经济全球化必然要求信息的全球化。要实现信息的全球化，就必须改革信息规制体系，尤其需要进一步打破电信垄断与封闭的体制。

其次，是建设国家信息基础设施和全球信息基础设施的需要。要发展国家的和全球的信息基础设施，政府的作用固然不可缺少，同时又离不开市场机制，离不开民间企业的管理经验、创造性和资本，因此，民间企业的参与必不可少。这就与信息领域旧的规制体系产生了多方面的冲突。实际上，目前以宽带、移动、泛在为特征的新一代信息基础设施的发展成为新的建设热点，与之适应的新规制仍在建立之中，信息规制的改革和开放并未完成。

再次，信息技术与市场的创新，从诸多方面冲击和动摇着旧规制体系的根基：一是持续快速地降低信息传输、处理和接入的成本与价格；二是不断为用户提供新的可替代的技术手段；三是造就了互联网这样开放的新的信息平台和基于此的各种应用平台；四是固守原有体制不仅会造成技术上的落后，而且在经济上也越来越不可行；五是在实践中已经形成良性循环之势，已取得的改革成效不断激发更大范围和更深层次的改革。

最后，是改革信息规制符合广大用户的利益，符合本国参与国际竞争的利益要求。打破垄断推动竞争，有利于将好处传导到广大用户，当垄断难以为继时，主动参与竞争则有利于提高自身的竞争实力，否则会带来竞争力的相对恶化。[1]

这一轮全球性的信息规制改革表现在诸多方面，特别在信息基础设施领域，以电信改革最令人瞩目。对各国电信改革的实践进行归纳和比较，我们可以看到，全球电信改革的一般性趋势表现为：除少数未经过国有电信垄断模式的国家

1　汪向东等：《中国：面对互联网时代的“新经济”》，三联书店，2003年第1版。

外，在绝大多数情况下，电信改革从改变国有垄断模式起步，先经过政企分开，形成电信市场竞争的前提（在实行邮电合一体制的国家，还需要经过邮电分营的环节），而后，电信改革的深化在市场经营与所有制两个层面，沿着扩大电信市场竞争和电信运营商私有化（或民营化）的方向发展，在电信改革的同时，伴随着国家电信市场的对外开放或国际一体化。在此总趋势之下，不排除各国的电信改革因其自身国情的差异，在改革的侧重点、先后次序、阶段安排和实施力度上有所不同，因而采取不同的具体形式。

具体来说，电信改革有以下主要内容。（1）政企分开。抛弃原来由政府电信部门自我运营、自我管理的做法，将电信运营职能交由电信运营商去行使，让政府某个主管部门专门或兼管电信行政管理职能。在我国，1994年政企合一的电信总局从邮电部机关中分离出来成立中国电信公司，1998年邮电部撤销并入信息产业部，是改革电信政企不分原有体制的标志性事件。经1997年开始试点到1999年，全国基本完成了邮电分营的改革。（2）业务解控。电信管理当局通过修改原有法律法规或政策，放宽竞争性业务的范围、压缩垄断专营业务的范围乃至取消垄断业务，允许新的电信运营商进入原来被禁止的电信业务领域。在我国，1994年成立联通公司，为国内原有中国电信独家垄断的市场引入新的竞争者。业务解控的目的是启动或促进电信市场的竞争。（3）市场重组。电信主管部门（有时甚至是国家立法机关）利用改变政策、法规甚至机构等手段，实现电信资源或电信产业的重新组织，改变电信市场力量对比，以实现电信市场的有效竞争。分切大电信公司，是电信市场重组最典型的做法之一。在我国，1999年、2001年两次拆分中国电信，以及2001及2008年的电信市场重组，大大改变了电信市场竞争的格局。（4）电信私有化 / 民营化。一般通过出售或转让国有电信公司的股份实现。这意味着政府对电信控制力的减弱，使电信发展更多地服从于企业目标和市场规则。在中国，几大运营商经历了公司股份化改造和上市的过程，不过目前仍是国有资产占控股地位。（5）对外开放。它意味着电信的竞争、重组和所有制改革，已经不局限于本国的范围，国内电信市场进一步融入国际市场，其运营和规制方式进一步与国际接轨。1997年2月15日，将近70个世界贸易组织成员签署了“全球基本电信协议”，标志着一个以多边贸易框架代替原有双边贸易的国际电信新体制的产生，标志着全球电信步入了一个更加开放、竞争更加激烈的新时期。随着我国加入这一协议和世纪之交“入世”，国内电信改革的对外开放也在逐步纳入全球化轨道。

互联网的规制，是互联网时代信息规制的全新问题和全球性的热点问题。它涉及的因素复杂，各国和不同利益主体对此也见仁见智。国际电联曾列举全球在互联网规制方面的四种做法：一是立法控制，由政府颁布有关的法律法规；二是由业界自己成立相应的机构来规制；三是当事者的自律加上申诉裁决程序；四是不施加规制。随着实践发展，越来越多的人倾向于对互联网发展采取“部分规制”的观点，把互联网的不同方面加以区别对待。

互联网规制涉及的领域众多。（1）与市场有关的规制，包括促进和保护互联网市场的有效竞争、对外开放、资费调整与管理等。（2）内容的规制，许多国家通过制定相应的法规，禁止利用互联网传播某些非法的内容。有些国家采取了内容分级的制度。如何界定互联网服务提供商的法律责任，是内容规制方面极易发生分歧的热点之一。（3）网上知识产权管理，由于互联网打破了原有的空间概念，从而对各国原有法律保护的规定、司法管辖权等提出挑战。（4）域名管理，其中，尤其以域名注册人与商标所有人之间的纠纷最具代表性。（5）信息安全管理，最令人关注的是黑客、网络病毒和个人隐私保护等问题。相关立法的滞后、不同国家法律规定之间的悬殊不一、司法管辖权问题、信息安全技术的垄断与控制等，成为网上信息安全管理的制约因素。在我国，互联网的规制将长期成为政府和社会面对的重要挑战。

三、信息化新阶段的发展特点与要求

纵观我国信息化发展的历史，我们可以大致将其分为四个阶段。（1）改革开放前的“瓶颈阶段”。当时的信息技术与产业尤其是电信基础设施非常落后，以致成为制约国民经济发展和人民生活的一个重要的瓶颈。（2）改革开放开始至90年代初的“政策调整阶段”。通过一系列政策调整，信息化战略上的优先地位得以确立，为信息化持续高速增长创造了良好的环境。（3）90年代初至世纪之交的“起飞阶段”。国家信息化战略全面实施，信息产业长期持续超常增长，国家信息基础设施获得长足发展。（4）本世纪以来信息化进入“应用主导阶段”。我国信息化发展与应用出现了某些根本性的变化，国家信息化战略和政策开始因面对新挑战而再次调整。

我国信息化发展的上述四个阶段之间存在着明显的逻辑，我们不妨将其理解为“挑战—回应—结果—新挑战”的循环上升。即：瓶颈阶段信息通信技术供给的严重短缺，是对我国现代化发展的“挑战”；随后的政策调整，是国家对此“挑战”所做出的“回应”；信息化实践发展的起飞，则是以上政策“回应”带来的“结果”；而这种“结果”为信息化实践带来的新变化，又对未来的信息化如何深入发展提出了“新挑战”。对“新挑战”如何做出“新回应”，势必在未来导致不同的“新结果”。

应该指出，在实践发展的不同阶段中，国家信息化所呈现的发展特点和面临的主要矛盾有所不同，与此相应，国家信息化的推进机制和管理体制也应该与时俱进。

具体来说，早期信息化瓶颈阶段的挑战，在性质上是信息技术与产业供给严重短缺的挑战。这种信息通信技术供给的短缺，意味着投入到信息部门的资源的短缺，尤其应该指出，当时我国实行的是计划经济，国有制的经济结构和封闭的国内市场，这些决定了我国当时以政府主导为鲜明特点的应对短缺挑战的行为方式和推进信息化的体制机制。

既然当时信息化要解决的基本矛盾是供不应求的问题，于是从80年代初，政府开始自上而下地调整发展战略，先后把电信、电子等产业纳入优先发展之列，并从投资体系、信息通信技术贸易、财税体系、收入分成、相关资费等方面进行政策调整，推进旨在开放市场和竞争的改革。这些归结到一点，就是要千方百计增强信息通信技术的供给能力，以满足全社会信息化的需要。

上述政策调整与改革，使我国在20世纪90年代以来信息化的起飞成为现实。到世纪之交，我国的信息基础设施有了显著的发展，主要电信业务用户的普及率快速提高，互联网用户规模迅速扩张，信息产业的实力明显加强，我国信息通信技术的许多方面在世界的排名跃居前列，信息化应用的经济社会效果也有不同程度的显现。

经过连年高速发展，我国的信息化已进入一个新的阶段。贯穿以往阶段的信息通信技术供不应求的主要矛盾明显缓解，甚至电信基础设施市场的一些方面已经由严重短缺变为供过于求，电子信息产品市场的激烈竞争，也印证了供求格局的变化。从而，在新的阶段，信息化的发展越来越多地取决于需求面的制约，而不再像以往阶段那样受制于供给不足。过去，只要能增加供给，不担心没有需求。而现在则必须将更大的力量放在启动需求上。过去，增加供给主要依靠能力建设，主要看供给方的资源投入，现在，克服需求制约的关键是激发和深化信息化应用，这主要由用户说了算。只有用户认为物有所值而且价格可以承担得起的应用，才能形成现实的市场需求。这与以往阶段政府主导信息化能力建设时的情况，有着根本性的区别。

其次是市场环境已有很大变化。一是我国加入了世界贸易组织，这意味着我们要按国际通行的规则竞争和发展。二是非国有经济的实力今非昔比，信息化推进的动力机制已经呈现多元化趋势，非政府的市场化主体在信息化推进过程中发挥越来越重要的作用。三是政府改革和职能转变，面对各类企业，政府应该更为中立。四是更具竞争性的信息基础设施供给。五是随着广大用户信息化需求的变化，信息化服务的目标不再仅限于经济方面而转向以人为本的全面发展。这些变化意味着，无论以往阶段政府回应原有挑战所采取的政策措施如何成功，今后都不可能再继续沿用过去“政府主导”的政策调控方式。

面对新阶段的新挑战，必须给出正确的政策调整与回应。新政策不能仅仅关注增强信息通信技术的供给能力，而应该同时完成双重的任务。即在某些方面，如软件、系统集成、信息资源开发、新一代信息基础设施等，继续加强和提高供给能力；而在另一些方面，为充分利用已建成的信息化能力，要大力开发和创造信息化应用的需求。由于在许多领域，多元主体分权的和自主的决策取代了政府集中决策，因此，上述双重任务，需要越来越多地通过市场机制，在兼顾各主体利益的基础上加以实现。面向应用的信息化发展战略比起以往增强供给能力的战略要复杂得多，因为它不再是一种单纯的信息通信技术的引入，而是经常要求改变组织的原有流程和（或）结构，才能获得更好的信息化应用绩效。这意味着需要解决更多的政治、经济和文化问题。制度的创新，相应体制机制的变革至关重要。信息化应用的范围越来越广，信息化应用主体的差异巨大，需要更多的分类指导乃至个性化服务，这些都不是政府主导的体制机制所能实现和满足的。因此，信息领域体制机制的变革势在必行。

第二节　我国信息领域相关体制机制的变革

前述信息领域的规制任务，是依托特定的体制机制，通过具体的领导机构及其实际的管理运作实现的。特定时期信息化发展的特点和需要，其中便包含了对信息化推进机制和领导体制的要求。在信息规制体系中，除了全国及地方的立法机关，通过制定全国及地方性的法律规范信息化进程之外，各级政府及其相关部门在信息化规制方面，直接承担着政府行政管理的职能。从而，信息规制体系的改革，在很大程度上也体现在政府的信息化领导体制的变革上。

一、我国信息化领导体制的历史沿革

自20世纪80年代以来，我国信息领域的领导体制经历了如下几个阶段的变化。

1. 1993年以前，信息部门分立、各自为政的阶段

改革开放之初，随着国家将发展重心转向经济建设，信息技术与产业严重滞后于国民经济的矛盾便日益突显出来。当时，信息化涉及的通信、电子、广电、信息技术及信息资源的应用与管理等，分别隶属于不同的政府部门领导。虽然信息化开始得到了决策层的重视，国家出台了一系列加快信息化建设的政策，并在实践中取得了效果，但是信息化在整体上缺乏统一性，各相关领域和部门间缺乏协调，相关的政策法规也不配套。这与当时部门分立的管理体制有关，不仅在政府顶层缺少一个跨部门、跨地区的信息化领导机构，而且从上到下也未形成协调

互动的信息化领导体系。

2. 1993—2008年，统筹协调的信息化体制建立与不断加强的阶段

1993年年底，为应对全球信息化浪潮，国务院成立了以邹家华副总理为主席、20多个部委及国务院直属部门和大公司负责人组成的“国家经济信息化联席会议”，并赋予其统筹规划、组织协调、决策建议、立项预审等五项任务和职责。同时，启动了金桥、金关、金卡、金税等一系列国家级信息化重大工程——“金字系列工程”。“联席会议”之下设立了专门的办公室，负责日常工作。联席会议及其常设办公机构的成立，开始改变了我国以往信息化由不同部门各自为政的体制，第一次形成了顶层的跨部门、跨地区的领导与推进机制，并推动了信息化建设进入快速发展的新阶段。

1996年，“联席会议”在运行两年以后，被“国务院信息化领导小组”取代，由吴邦国副总理担任组长，相应的常设办公机构相应转为“领导小组”的办公室。从“联席会议”到“领导小组”的转变，其实意味着由一个议事和决策支持机构来领导信息化已不敷实践需要，因此，这一转变表明中央政府对信息化加强了统一领导和综合协调的力度。在此阶段，一些部门和地方为推动本系统、本地区的信息化建设，也相继成立了专门的信息化领导机构，从而自上而下地在全国初步形成了信息化工作的领导体系。

1998—1999年，曾一度短期撤销了国务院信息化领导小组。1998年，国务院换届，进行机构改革，将电子部与邮电部合并，成立信息产业部，作为国务院主管全国信息化工作的专业职能部门。撤销信息化“领导小组”，将其职责及下设的办公室转移至信息产业部，历史更长久一些的国家无线电管理委员会也一并并入信息产业部。不过，仅仅一年多的时间，便又重新恢复成立了由吴邦国副总理为组长的信息化工作领导小组。这说明，信息化实践中的确存在大量跨部门、跨地区统筹协调和顶层决策推动的问题，信息产业部这样一个专业部负责的体制不能满足信息化发展的客观需要。

2001年以来，中央政府为信息化成立的“领导小组”的体制得到了进一步

加强，领导小组的组长开始先后由朱镕基总理、温家宝总理直接兼任。这一体制一直持续到2008年撤并信息化办公室为止。

3. 2008年至今，信息化领导体制削弱的阶段

2008年，国务院又一次换届并进行机构改革。此次机构改革，撤销了信息产业部，将原信息产业部的职能并入新成立的工业和信息化部；在中央政府顶层，仍保留信息化领导小组，但将其原来下设的信息化办公室并入工信部。

虽然成立工信部有推进工业化和信息化“两化融合”的用意，“两化融合”也不等于仅仅是工业与信息化融合，而是涉及农业、建设、交通、商贸、教育、科技、文化、卫生、服务、公共管理等等极为广泛的领域。另外，正如我们前面所述，我国的信息化已进入应用主导的新阶段，这一阶段的信息化不同以往，转型的任务更重，对决策和协调要求更高。工信部的体制即使有利于工业领域的信息化，但也不利于解决其他领域信息化推进中的问题，尤其是实践表明，将国务院信息办撤并到工信部，不利于跨部门和条块间的信息化顶层决策支持、部署实施和利益协调。

二、对现有信息化体制机制的分析

（一）信息化体制机制两方面的问题

我国现行信息化体制机制已运行了几年，总体来看，信息化体制机制方面存在的不足有两方面的问题。一是虽然信息化的发展已经由政府主导为主，进入多元主体、多种力量驱动的阶段，但是多元主体、多种力量之间尚未能形成新型、良性、高效、稳定的互动机制。二是如上所述，政府领导或指导信息化发展的体制存在着明显的缺陷。尤其是顶层的信息化领导小组缺少执行机构，由部门领导全国信息化进展的体制在实践中已暴露出许多问题。此外，各地政府信息化领导体制差别明显，有的设立经信委，有的是工信局，有的是信息化局，有的是信息办等，政府体系上下层级间也存在着体制不顺的问题。

以电子商务领域的体制机制问题为例。近年，我国电子商务交易规模不断发展，其中，以阿里巴巴企业对企业和淘宝网为代表的第三方市场化平台上实现的在线交易所占的比例不断上升，已大体占到总交易量的一半左右。电子商务服务业有长足发展。在企业发挥主体作用的基础上，由政府、平台、卖家、买家、服务商共同推动电子商务发展的格局日益明显。2005年，国办下发2号文件《关于加快电子商务发展的若干意见》，指出要"充分发挥企业在开展电子商务应用中的主体作用，建立政府与企业的良性互动机制，促进电子商务与电子政务协调发展"。

从实践来看，在电子商务领域"建立健全相互协调、紧密配合的组织保障体系和工作机制"愈发重要。在我国电子商务以往的发展中，政府的鼓励政策固然功不可没，但在相当大的程度上电子商务的发展得益于其早期的"野生"状态：规模小、没有威胁到传统既得利益者的时候，后者可以听任其发展；但当它发展到有能力和市场去和既有的占有者竞争、碰撞的程度，就会遭到后者的反对，就会出现对电子商务新势力的限制，有些限制往往假借政府部门之手，假借规范之名进行，实际是新旧市场力量利益博弈引致的反弹。为克服现阶段电子商务的发展阻力，的确需要有一股力量，它是由各方面主体包括政府、企业、网民、用户、中介机构、投资人、平台支撑体系等，以一种很好的机制整合而成的合力，用以冲破原来既得利益者及代理人设置的有形的、无形的障碍。可惜，这一整合各方面主体力量的新型、良性、高效、稳定的机制，目前并未形成。

政府跨部门的工作机制也是如此。2006年，国家信息办下发"九号文件"的重要精神是创新政府跨部门的电子商务工作机制。但是，随着作为牵头机构的国家信息办在2008年撤销，这一机制创新的工作不了了之。2007年以来，商务部发布的相关文件中又几次提出建立部门间工作机制的问题，在电子商务试点城市工作中，发改委等相关部门也形成了处级官员间的工作协调的形式。这一方面说明这种机制创新是客观需要的，另一方面，商务部等部门近年形成的机制存在着覆盖面不够（主要是流通领域）、针对特定问题（试点城市）等客观的局限。

未来信息化的体制机制保障与创新，仍是一个大问题。从“十一五”期间的实践来看，信息化既涉及建设和发展，又涉及转型和改革，总体来看，前者进展顺利成效显著，但后者困难重重举步维艰。传统工业化的惯性很强大，如，应对全球金融危机时“4万亿”的投向，当时就很少考虑到信息化领域。信息化带动工业化的成效不理想、不显著，经济发展方式转变滞缓。应用主导阶段的信息化，与以往不同的一大特点，就是转型的任务日益突出。转型，必然触及深层的利益关系和权力配置，对决策和协调的要求更高。“两化融合”的机制创新难度很大，信息化推进的执行力不足。在许多领域，信息化推而不进的重要原因之一，便是政府与其他多元主体间以及政府内部未能真正形成良好的体制机制。归结起来，以改革和创新为动力推进信息化，已体现在文件上、战略上、规划上，但就是未能充分体现在工作上、行动上，尤其是未能体现在成效上。例如：信息基础设施领域的“三网融合”，电子商务中的业态创新，电子政务中的政府转型，网络管理中的程序正义，网络文化中的主体价值，信息安全上的深层隐患，等等。显然，只有好的政策规划是不够的，还必须解决执行力的问题。这就要靠有效的体制机制来保障，就政府系统来说，明确谁来负责很重要。要有明确的责任主体和问责对象，再配上相应的权力和资源，这样，才能真正解决执行力的问题，信息化的有力推进才有希望。

（二）信息化领导体制顶层机构的缺位

从我国近年的信息化发展实践来看，信息化领导体制方面存在的一大问题，便是顶层重要领导机构的缺位，这对信息化产生了非常重要的影响。

以电子政务领域为例。工信部杨学山副部长在“2008中国电子政务论坛”上的讲话中，指出我国电子商务领域存在以下8个问题：（1）认识不到位；（2）人的观念、能力不适应；（3）动力不足，阻力不小，体现在习惯、制度、利益方面；（4）制度没理顺，协调缺章法；（5）发展不均衡，前后不衔接；（6）管理体制不健全；（7）运行机制还在探索中；（8）人才队伍、装备和技术支撑跟不上。其中，从第3到第7，8个问题中有5个属于体制机制的问题。

在我们看来，[1]包括电子政务在内，我国信息化的推进，非常需要设立一个顶层、专管、超脱、强力的领导和协调机构。其中，(1)顶层，是因为信息化顶层推进所需的全局谋划、整合协调等工作，下层无法越俎代庖；(2)专管，是现有信息化应用组织及其活动方式转型的需要，即信息化的推进需要在划清责任的基础上，设置专门职能机构作为责任主体和问责对象，由此机构将责任化为推进信息化的源源不断的强大动力；信息化不是一蹴而就的，必须有保证性的机构编制和相对稳定的专职队伍，作为该机构履行其重大职责的前提条件；(3)超脱，信息化所需的转型，一是需要该机构超脱于部门局限，如果推动各部门转型的任务与特定部门本身的任务搅和在一起，它就很难取得其他部门的积极配合；二是转型势必冲击现有的组织运行秩序，该机构最好能超脱于日常行政运行；(4)强力，应本着责权对等的原则，赋予该机构以决策、执行和协调方面的足够的行政权限。

在2008年国家信息办并入工信部以后，国家信息化已无顶层、专管和超脱的执行机构，工信部属下的司、处在协调其他部门和地方时，一旦触及权益，便难以胜任；国务院办公厅、中央机构编制委员会办公室虽处顶层，缺点是不专管、不超脱，比较起来，国务院办公厅承担着异常繁重的日常行政运行的职责，他们想必更希望保持，而不是冲击现有国家行政机器的运行秩序；原国家信息办能够满足顶层、专管和超脱的需要，当时的缺点是不够强力，现在可惜这一机构也已不复存在。

此重要机构的缺位，对我国信息化推进效果带来诸多不利影响。这不仅反映在决策力上，更反映在执行力上：一是责任与难度巨大的全局谋划、部署实施和利益协调，更加无人负责。信息化领导小组甚至几年没有开过会。例如，电子政务“顶层设计”、“纵强横弱”等问题几年前早已被提出来，但至今不仅问题依然如故，而且甚至有增无减。二是靠现有体制惯性推进，加重了“建设”顺风顺水

1 汪向东：“关于我国电子政务领导体制的思考”，《中国信息界》，2009年第7期。

成绩显著，“转型”困难重重举步维艰的结果。在实践中，人们倾向于选择先易后难的推进路径，结果致使难题累积，矛盾加剧。其难点主要集中于信息化与改革的结合部。三是动力结构不平衡，带来条块间和条块内信息化发展的不平衡。哪里责任边界清晰，加上权力、能力等条件较好，哪里的信息化往往进展就大，反之就小。由于上述重要机构缺位，便很难改变这种倾斜的动力结构，也就难以解决信息化发展的不平衡状态。四是在信息化发展与转型带来的利益博弈中，缺少顶层、专管、超脱、强力的信息化机构从中平衡、协调和引导，不利于及时克服前进中的障碍。从“三网融合”推进的艰难中，我们不难想见利益博弈对转型的影响，不难看到缺少顶层机构推进带来的被动。五是顶层的问题如果长期不解决，势必阻滞和影响地方和部门信息化的健康发展。

当然，即使设置了这一顶层、专管、超脱、强力的机构，由于信息化特别是转型本身的难度，也不一定就能确保从根本上完全解决上述问题。然而，反过来讲，这一重要机构的缺位更不利于解决上述问题则已被实践所证实，是确定无疑的。

（三）信息化体制机制创新势在必行

我国信息化发展进入应用主导的新阶段，工作重心与其说是建设，不如说是转型，为使得转型顺利实现，特别是为使转型过程中的利益协调顺利进行，克服信息化进程中的障碍，必须推进信息化体制机制的创新。

以电子政务为例，一方面，信息化发展新阶段的电子政务，在由自我服务为主转向公共服务的情况下，要想真正提高服务公民和服务社会的水平，就必须在资源共享、业务协同上取得突破；另一方面，多年来电子政务按业务线分头建设的各类系统（即树“烟囱”），已带来整体绩效的损失，不应再继续下去，必须通过整合创新，转变为一个整体的、协调的服务型政府。为此，当务之急是需尽快解决上述重要机构的缺位问题。电子政务业务线的梳理、整合，必然要面对大量跨部门的和纵横协调的难题。我们不能再一厢情愿地寄望于靠现有体制的惯性推动，最终就可以磨合出理想的服务型的电子政府；恰好相反，公共服务的对象在基层、在地方，要真正做到以用户为中心，就要尽量在贴近他们的地方提供整合的服务。可是，“纵强横弱”问题多年来的惯性发展，结果是“烟囱”变得越来越粗大和强硬，条条的“数据大集中”使得地方政府信息整合与共享的难度加大。

信息化其他领域面对新阶段的转型要求也是一样。在信息化推动的转型中，业务流程乃至组织本身的再造和创新将提上日程。实践告诉我们，信息化进程中的流程重组和组织创新历来就不是单纯的技术问题，必然会触及深层的利益关系和权力分配，其失败的风险远远大于此前的信息系统建设期。面对转型的风险，我们与其把希望过度寄托在“一把手”个人身上，不如以体制的完善、以制度的力量弥补人治的不足。

在可见的未来，信息化的发展，尤其是转型，会更多、更密切地与改革的问题结合在一起，其工作量、特别是工作难度之大远远超过以前阶段，这就更需要在体制上予以保证。总之，信息化体制机制的创新势在必行，包括前述信息化顶层重要机构的缺位问题也不宜久拖不决。

（四）政策建议

这里所述的重要领导机构的缺位，其实不仅反映在电子政务领域，信息化的其他领域也存在类似问题，因此最好能一并解决。

实践表明，国家信息化领导小组的日常办事机构——国家信息办并入工信部，虽然有利于推进工业领域的信息化，但并不利于其他领域信息化的推进。工业化与信息化融合，绝非仅限于工业与信息化融合，即使是工业信息化本身，也离不开其他领域的信息化。就其对信息化的实际影响来看，在顶层，国家信息化领导小组缺少一个超越现有部门地方条块局限的日常执行和协调机构，工信部和许多地方实行的经信委的体制，事实上不利于非工业和非经济领域信息化的发展，造成信息化在实践中被边缘化的不利结果。

历史的经验教训值得汲取。1998年国务院机构改革时，曾一度将当时承担跨部门协调职能的国务院信息办撤销，并入当时新成立的信息产业部，但不久便又重新恢复建立。如果说，当时在信息化推进中，客观上需要这样一种超越条块局限的体制设置，那么，在信息化越来越多地涉及整合、转型和创新，日益触及深层利益关系和权力结构的现阶段，这种重要的体制设置的必要性则更是有增无减。

为此，我们强烈建议：国家尽快采取有效措施，在非常设的国务院信息化领导小组和常设的部委之间，设立一个超越部门权益之上、又能承担日常决策支持、实施和协调的行政机构。

具体可以考虑从两个方案中选择：

1. 在中央政府成立信息化委员会，用以统筹领导全国各领域的信息化工作。

2. 如果设立中央一级的信息委员会难度较大，可以考虑尽早恢复国家信息办，加信息化部的体制，以此在顶层专门领导信息化工作，并依照责权对等的原则，赋予信息化部更大的推进和协调的行政能力。

比较起来，第一方案力度更大，信息化整体推进和宏观协调的确迫切需要。第二方案，依托国家信息办的体制设置推进信息化，从1993年的国家信息化联席会议的执行机构算起，已经跨越了三个五年计划的时间，积累了丰富的经验教训，设置和运作起来不会增加额外的条块摩擦阻力。同时把信息化领导职责从现有工信部、经信委的工作中独立出来，委以重任和职权，可以体现顶层、专管、超脱、强力的要求。

时不我待，建议抓住新一届政府换届的时机，充分研究，早做决策和调整。

另一方面，要结合政府行政体制改革，更大力度地探索和推进更适合市场经济体制、公民自律与民主治理要求的信息化多元主体合力推进的新机制，更大限度地发挥非政府组织与机构在信息化发展和以信息化助力和谐社会建设中的主体作用。

为此，政府必须明白，信息化及其助力和谐社会建设，都不是仅靠政府就可以包办的。这不仅因为政府的力量有限，而且因为在市场经济的基础上必须形成政企分工合作和社会广泛参与的规则，才能为信息化及其助力和谐社会建设提供源源不断的动力。这就需要加快体制机制的探索和创新，更好地动员和协调广泛的社会力量，特别要尊重和鼓励各方主体和人民群众的创新。

在推进信息化和以信息化助力构建和谐社会建设中，政府的资源投入、公共服务和政策引导都是必要的，但政府更重要的作用主要体现在推动、指导、组织和协调方面，体现在解决市场失灵方面。

在信息化相关的体制机制创新领域，各地、各部门、子行业乃至业务门类、各用户群体的特点及基础条件千差万别，应该区别不同情况，采取灵活措施，加快体制机制创新的研究与探索。换一个角度来看，目前这方面发展相对滞后的现实，也为未来的探索提供了巨大的发展空间。